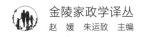

金陵家政学译丛

赵 媛 朱运致 主编

U0463528

件、可持续与

中生活

Geoffrey Craig

[新西兰] 杰弗里·克雷格

著 —————————

沈继荣

译 —————————

Media, Sustainability
and Everyday Life

南京师范大学出版社

图书在版编目（CIP）数据

媒体、可持续与日常生活 / (新西兰)杰弗里·克雷格著；沈继荣译 . -- 南京：南京师范大学出版社，2025.1

（金陵家政学译丛 / 赵媛，朱运致主编）

书名原文：Media, Sustainability and Everyday Life

ISBN 978-7-5651-6160-5

Ⅰ . ①媒… Ⅱ . ①杰… ②沈… Ⅲ . ①日常生活社会学—研究 Ⅳ . ① C913.3

中国国家版本馆 CIP 数据核字（2024）第 032509 号

First published in English under the title Media, Sustainability and Everyday Life by Geoffrey Craig, edition: 1, Copyright © The Editor(s) (if applicable) and The Author(s), 2019.

This edition has been translated and published under licence from Springer Nature Limited. Springer Nature Limited takes no responsibility and shall not be made liable for the accuracy of the translation.

CHINESE SIMPLIFIED language edition published by NANJING NORMAL UNIVERSITY PRESS, LTD. CO Copyright © 2025.

本书简体中文版由南京师范大学出版社独家出版发行。未经出版者书面许可，不得以任何方式抄袭、复制或节录本书中的任何部分。

著作权合同登记号 图字 10-2022-386 号

丛 书 名	金陵家政学译丛
丛书主编	赵 媛 朱运致
书 名	媒体、可持续与日常生活
著 者	[新西兰]杰弗里·克雷格（Geoffrey Craig）
译 者	沈继荣
策 划	徐 蕾 王雅琼
责任编辑	李思思
装帧设计	有品堂_刘俊
出版发行	南京师范大学出版社
地 址	江苏省南京市玄武区后宰门西村 9 号（邮编：210016）
电 话	（025）83598919（总编办） 83379735（营销部）
网 址	http://press.njnu.edu.cn
电子信箱	nspzbb@njnu.edu.cn
排 版	南京私书坊文化传播有限公司
印 刷	镇江文苑制版印刷有限责任公司
开 本	787mm×1092mm 1/16
印 张	14.75
字 数	241 千
版 次	2025 年 1 月第 1 版
印 次	2025 年 1 月第 1 次印刷
书 号	ISBN 978-7-5651-6160-5
定 价	59.00 元

出 版 人 张 鹏

南京师大版图书若有印装问题请与销售商调换

版权所有 侵犯必究

"金陵家政学译丛"编委会

主　编

赵　媛　朱运致

副 主 编

熊筱燕　薛传会　边　霞

编　委

沈继荣　柏　愔　黄　颖　周宇芬

编译单位

南京师范大学金陵女子学院

南京师范大学江苏家政发展研究院

江苏省家政学会

总 序

家政，是一个既熟悉又陌生的名词。

熟悉，是因为它是千家万户的日常，一家老小，三餐四季，一辈子守望幸福的付出都浓缩在这两个字里。人们为了家人平安健康、孩子茁壮成长、夫妻相知相伴、家庭和谐幸福所做出的一切计划、选择、决定、努力和坚守，就是家政。

陌生，是因为很少有人知道"家政"也是一门学科，即使知道，也常常将它与家政服务职业技能培训相混淆。其实，现代家政学是一门大学问，它聚焦不断变幻的社会文化背景中家庭的需求和挑战，并试图通过教育、社会服务和政策制度的调整和迭代来创造有利于家庭幸福的最佳环境。

家政学，这个与每个人的幸福息息相关的学科理应受到广泛关注与重视，它的内涵、价值和最新的研究成果需要得到推广和认同。在这个背景下，有着家政教育传统的南京师范大学金陵女子学院与南京师范大学出版社联合推出"金陵家政学译丛"，把家政学领域最有影响力的研究著述引进学术圈，以期拓宽家政研究的学术视野，丰富家政学科发展的思想资源。

2021 年 7 月，南京师范大学的家政学学科团队、由金陵女子学院英语专业教师组成的译者团队和南京师范大学出版社的编辑团队组成了译丛项目工作组，从世哲、美国培生、施普林格等国际知名出版集团遴选优质图书，分辑推出系列译著，介绍国际家政学研究的新理念、新视角与新进展。遴选的主要原则是：①近年出版的反映学术前沿成果的书籍；② 国内比较稀缺的主题或视角；③ 受到学术同行高度评价的著作；④对国内家政学目前的教学和研究有实际指导意义的著作。

工作组最终挑选 6 本图书作为译丛首辑推出的译著，主题围绕家庭与家庭生活方式的可持续发展，从家庭结构、家庭生活管理、家庭教育等多个维度展现家庭在当下社会变迁中所面临的机遇与挑战，以及家政学在帮助人们构建可持续的美好生活方面所扮演的角色。这 6 本书包括《转型中的家庭》（第 17 版）、《生活经营学：构建可持续发展的社会》、《家庭生活教育原则与方法》（第 3 版）、《家庭资源管理》（第 4 版）、《进化视角下的儿童发展与教育》和《媒体、可持续与日常生活》。

这套译丛整体上呈现了以下特点：①动态视角和未来导向，突出了家庭结构、个体发展、家庭生活状态的动态变化和未来走势，有前瞻性。②生态视角和系统导向，揭示了影响家庭生活的个人的、人际的、社会的、文化的、技术的层层因素，尤其是前所未有的新技术、新媒体带来的冲击。③全球视角和多元文化导向，理解不同文化中的家庭发展的共性与差异，借鉴促进家庭发展、个人幸福和社会进步的理念与方法。

家政学是一门跨专业的综合学科，社会学、心理学、教育学、管理学、人类学、沟通学、传媒学等都与之有密切的实质性联系。本译丛选择了不同学科视角的著作，也是希望吸引相关专业的研究者、教育者和学生，期待他们从这些著述中看到自己的专业与家政学的关联，从跨学科碰撞中找到灵感，加入家政学学科建设的队伍，实现家政学研究、教育与实践的创新和突破。

　　本译丛的出版从书目遴选、章节筛选、版权谈判、三审三校到最后的发行，都离不开出版社的支持。出版社的总编辑与各分册责任编辑和金女院的译者团队多次开会讨论、切磋，为保证译著的质量和按时出版发行付出了很多努力。在此感谢南京师范大学出版社的总编辑徐蕾，责任编辑刘双双、阙思语、王嘉、熊媛媛、王雅琼、李思思及项目团队的其他成员。感谢南京师范大学金女院外语系的沈继荣、黄颖、朱运致、周宇芬、柏惜老师，在2022年那个酷热的暑假埋头伏案，完成译稿。特别感谢南京师范大学金女院的领导赵媛、薛传会和熊筱燕老师，是他们的鼎力支持让本译丛得以顺利出版。

前言与致谢

在日常生活中，我们应该如何应对气候变化？在居住、工作、能源使用、交通和食品消费等日常实践中，我们应该实施哪些改变？相关改变在让我们的社会和地球变得更可持续方面，效果如何？对很多密切关注全球变暖的人（应该是我们所有人）来说，气候变化似乎是一个压倒性的问题。困境之巨，呼吁我们对经营经济和管理社会的方式进行结构性变革，而仅靠个人的可持续生活似乎收效甚微。本书的出发点之一是：社会必要的大规模重组必然会涉及个人生活方式的改变。这种改变既是对大规模社会重组的回应，也是其驱动因素。同时，这种个人应对的累积终将对整个社会产生实质性的影响。本书的出发点之二是：无论是政客、全职父母、活动人士，还是机械师、美发师或学者，每个人的决定——从哪里购买食物、如何去上班、买哪种衣服等等——都会给环境带来不容忽视的后果。本书的出发点之三是：社会组织应对气候变化的核心特征是形成有弹性的地方社区，其中，"个人"的生活方式以道德、社会和环保生产之间的关系为基础。

本书更为关注的是可持续生活方式的传播问题。本书考察不同类型的媒体如何表征可持续生活方式，其批评性框架主要源于媒体、传播以及更广泛的文化研究。本书同时借鉴不同学科的研究成果，以阐释媒体、可持续与日常生活之间错综复杂的关系。本书重点关注的是流行媒体中的环境和可持续表征，并对相关表征进行具体探讨，但从广义上来说，本书的研究仍然从属于柯克思（Cox, 2013）创立的环境传播研究领域。本书认为，研究可持续日常生活表征的重要性主要有两点：一是其有助于揭示媒体文本的意义建构过程；二是其有助于阐明可持续日常生活意义的生成方式。在奥沙利文等学者（O'Sullivan et al., 1994: 265）看来："表征既是一种社会过程，也是这种社会过程的产物。"鉴于此，本书进行的文本分析，致力于解释具体文本之间的关系，并阐释其背后的意识形态及价值观。源自故事、节目和在线网站的文本性（textuality）生成意义，而这些意义从根本上来说具有社会性（sociality），因为它们总是以特定的方式呈现世界，并努力自然化这种呈现。本书探讨可持续日常生活文本的含义，评论相关表征的意义，但这种研究并未扩展到对该类表征的具体影响进行讨论和评估。可持续日常生活的媒体表征，虽然通常受制于我们的认知，即所有人都应该认识到改变自身行为的必要性，但本书对该类表征的分析，既不是为了衡量它们的影响，也不是为了实证某种表征形式比其他形式更为有效。

　　本书探讨媒体文本的前提是对媒体权力的认知，即其可以"再现"或"调节"我们的日常生活和更广泛的公共生活。正如我过去所言（Craig, 2004），媒体不是其表征对象的外部观察者，相关调节也不是提供明晰的世界观。"调节"一词的概念直指媒体在知识生产过程中发挥核心的、不可或缺的作用，而这往往会导致人们对媒体产物采用一种批评性视角。本书认为，该视角不应该受到一种影响，即认为媒体的调节过程通常是提供对真实世界事件、故事和关系的"扭曲"或"不准确"的表征。相反，在本书看来，"调节"一词的概念也突出了我们接触世界的方式，即通过话语和媒体的意义生成机制。第一章的讨论表明，可持续和日常生活在多大程度上是媒体调节的产物，尽管对这两个概念的理解通常是基于其物质现实，即自然环境以及特定的、有据的空间、时间和实践。

　　在本书中，媒体并非铁板一块，一味强加对可持续日常的单一看法。例如，本书虽然会考察媒体的政治经济和广告活动的商业环境，并探讨这两点对媒体描述日常可持续、架构生活方式所造成普遍的影响，但也将证明可持续日常生活的描绘和意义，并非仅通过援用这种理论视角来加以捕捉。本书所析媒体涵盖传统的大众媒体形式（如平面媒体、电视、广告等）和新兴的社交媒体形式。虽然六、七两章的案例研究的确会展示社交媒体在促进环保行动主义、形成地方社团等方面的能力，但驱动相关分析的评估框架，并不会将一种媒体形式凌驾于另一种媒体形式之上。相反，本书的重点是突出媒体在可视化、表征可持续日常生活方面的普遍能力和权力，并提供一个通常在公众意识的阈值之下，却具有公共存在感和意义的主题。这一点本身就很重要，因为正如第三章专题讨论的那样，日常可持续并不容易适配现有的媒体类型和格式：全球政治、科技背景、气候变化的新闻报道，往往掩盖了环保行动的光芒。但同样，可持续日常生活的政治性，通常会质疑消费社会的价值和实践，这使其在生活方式媒体的传统呈现中显得格格不入。从这个意义上说，本书探讨的问题非常简单：通过媒体的表征形式，可持续的日常生活是什么样的？

当然，这个简单的问题掩盖了该类表征的复杂性和多变性。正如我们将看到的那样，可持续日常生活的呈现虽然发生在广泛的媒体领域，但鉴于其主要与个人、家庭和私人领域相关，因而基本限定于特定的媒体类型和格式之中。在私人领域，个人向来被视为消费者。阅读本书中媒体表征的案例研究，我们会看到，可持续日常生活不仅挑战既存的媒体框架和价值体系，凸显私人领域的社会和政治意义，而且强调私人领域内的个人活动与更广阔的背景之间千丝万缕的联系。这里所说的更广阔的背景，既指空间层面的社区、国家乃至全球，也指物质层面的生产、分销和消费过程。案例研究还表明，不同类型和格式的媒体影响着可持续日常生活的描绘：从朗朗上口的 30 秒广告、全国性报纸的头版故事，到真人秀节目及地方组织对社交媒体的使用。整体而言，这不仅突出了生成可持续日常生活样貌和意义的多样性，而且突出了在更广泛的、关于"如何迈向更可持续未来"的公共辩论中，吸收和使用这些表征的不同潜力。就公众理解环保主义而言，种种类型的表征至关重要，特别是考虑到全球变暖的复杂性，以及人们对"日常生活中应该如何应对"所经历的焦虑。正如我们将看到的那样，媒体的可持续生活文本谈论可持续问题的方式并不统一：它们或将其与生产和行业的需求进行关联，或将其置于既存的消费社会背景之下，而报纸故事、电视节目、在线网站和广告中的故事和图像，有时也会投射对环境更为友好的生存可能性。

在参与可持续的过程中，人们如何作为可持续主体，又如何与自然环境和他人进行互动，这是本书对可持续日常生活进行分析的重要特点。本书考察当人们寻求以更可持续的方式生活时，环保生活方式媒体是如何投射它们的这种自我提升的。该方面的分析聚焦娱乐媒体文本，重要的是，该类文本不仅关涉治理的主体，而且影响并教育这些主体。这种治理可以通过不同的表征形式和对话模式来实现：引发人们对缺乏可持续知识的恐惧和担忧，借此规范人们的生活方式，并建立文化成熟度的标志；呈现可持续日常生活实践可以产生的替代性愉悦感和成就感，借此激励人们采取可持续的生活方式。本书还探讨可持续的显性互联特征。后续章节的分析将表明，媒体文本表征并探讨日常可持续网络，从而质疑家庭日常生活孤立、有限的本质之说。这些文本既追踪生产、分销和消费的物质网络，也追踪激励、激活这种物质网络的随附符号网络。

本书对媒体如何表征日常绿色生活方式的关注，强调的是可持续的话语基础。鉴于其明显的物质实现，"话语基础"这一概念的特征有时并未得到充分考察。作为一个复杂的主题，可持续在一系列学科中得以援用和研究，并跨越了所谓的"硬""软"科学之分，且体现在不同的知识体系之中。当然，对可持续的理解也被应用于公共政策、企业和更普遍的公共论坛。正如我们将在第一章中看到的那样，可持续被用来推动截然不同的政治项目，重振经济增长，并深刻挑战全球资本主义的"不可持续"。显然，本书不可能尽数涵盖可持续的不同学科、政治和公共用途，以及对其的所有解读，但如前所述，本书聚焦不同类型的媒体所呈现的可持续意义，相关研究发现了一个事实，即可持续的内容或做法并不单一，且作为一个概念，其主要力量不仅在于持续性的公众争论，而且在于实施、迈向可持续的各种尝试。众所周知，可持续的多义性潜力已经被不同的社会利益充分利用，但本书坚持将其视为一个关键术语，因为可持续既可被用来优先考虑环境福利，也可被用来理解经济和社会生活是如何取决于环境维护和呵护的。如前所述，本书强调可持续的网络化基础。重要的是，作为一个概念，可持续既能突出环境与人类活动之间的关系，也能突出生产、分销和消费之间的关系，而在通常情况下，这种关系往往只是湮没在现代消费生活的熙熙攘攘之中。本书的案例分析表明，媒体叙事的主要功能是探索并主题化可持续日常生活的网络。

本书关注的第三个主要概念是日常生活领域，并再次假定该概念本质上是一种介导性的（mediated）网络化现象。相关讨论旨在初步描述并论证日常生活作为身份形成、知识生产、基本实践和幸福感生成场所的重要性。本书表明，虽然日常生活具有特殊性，主要位于私人领域，但与公共生活也有着千丝万缕的联系：物质上通过与物品和服务的接触，话语上经由我们对媒体的使用，世界才得以进入日常生活。第二章详细探讨生活方式媒体表征日常生活的方式。相关分析进一步表明，各种不同类型和格式的生活方式媒体，虽不时提供指向新兴生活方式的叙事，但同时也规范并涵盖我们的日常生活方式。本书具体探讨媒体如何通过对可持续这一主题的关注来表征日常生活，并阐明日常生活对环境的影响和潜力。本书认为，作为实施可持续的重要场所，日常生活既可以表明现行方式对环境的影响，也可以推广替代性的知识和乐趣。

本书的第一部分即开篇两章架构理论框架。第一章梳理对关键术语的理解，如日常生活、可持续及其网络化构成，概述生活方式的概念，并将其置于道德消费、援用方式（作为区分策略）的研究背景下加以考察。第二章聚焦环保生活方式媒体，并将其置于更广阔的媒体背景之下，描绘其与更广泛的媒体格式之间的关系，介绍生活方式媒体的商业基础，并探讨其与广告活动的关系。该章随后进一步考察如何评估环保生活方式媒体，梳理其提供信息和娱乐的文本功能，介绍其对话方式和对日常生活的共同关注，探讨其如何通过相关方式和关注点去促进民主意识。该章接着概述其作为文化区分工具的方式，并在最后详细阐述环保生活方式媒体的身份，探讨在本书其他章节所析的文本中，出现的更广泛的治理和主体形成的过程。

本书的第二部分解读不同类型的媒体如何表征可持续日常生活。第三章侧重于报纸表征的绿色生活，探讨周末彩色增刊的功能，因为相关增刊常常开设可持续生活专栏，讲述可持续生活故事。该章首先详细介绍一项关于"英国报纸环保生活方式报道"的研究，随后的分析聚焦英国报纸周末增刊中的绿色生活方式专栏和故事。第四章探讨绿色生活方式广告，并提供两个对比鲜明的案例研究：以娱乐为导向的新西兰奥特亚罗瓦能源电视广告；更富技术性和信息性的澳大利亚家庭可持续杂志广告。该章首先为案例研究提供理论背景，从行业、促销文化、文本如何生成意义和促进身份形成等方面，对广告加以考察，并对绿色广告进行讨论。第五章探讨生态真人秀电视节目，并将其置于更广阔的真人秀电视节目的背景之下加以考察，重点关注此类节目的主持人和普通参与者的作用。该章的案例分析聚焦两个广受欢迎的节目，一是《宏大设计》节目（Grand Designs）的生态建设剧集，二是新西兰的《浪费！》①节目（WA$TED）。第六章聚焦名人和环保行动。该章首先探讨名人的文化效应及其在环保行动中的作用，随后提供两个案例研究：电视名厨兼食品活动家休·费恩利·惠廷斯托尔（Hugh Fearnley Whittingstall）发起的《休的反浪费战争》（Hugh's War on Waste）；名人艾伦·德杰尼勒斯（Ellen DeGeneres）的环保倡议所引发的抗议运动。相关抗议人士使用推特等社交媒体，发起"海豹摄影"（sealfies）运动②，调侃德杰尼勒斯在2014年奥斯卡颁奖典礼上著名的"自拍"事件，并借机宣传因纽特文化传统和海豹捕猎习俗的优点。第七章进一步探讨普通人在环保倡议中对社交媒体的使用，探索地方环保组织如何使用脸书来宣传其组织身份并促进地方社区的可持续。该章首先探讨生态公民身份和在线行动主义的问题，梳理日常可持续中地方和社区的概念化，随后进行案例研究。第八章是本书的结论部分。该章综述前面所有章节的研究，汇聚其中的理论探讨，并突出所有案例研究的共同特征。

如此，本书的案例研究提供的是一系列文本：从主流媒体端口制作的文本，一直到地方社区和活动人士组织制作的文本。相关案例研究并未在大众媒体和社交媒体之间建立二元或等级关系。例如，对《休的反浪费战争》的分析，聚焦该电视节目如何在社区推广和运动倡导中，利用社交媒体。本书的系列案例研究，致力于勾勒可持续日常生活在各种媒体中的表征形式。从中，我们可以看到可持续日常生活意义的不同运行方式：从第三章中保守英国大报的报道，到《浪费！》真人秀电视节目中惯用的苛评，再到地方可持续组织在脸书网站上表达的情感支持。我们无法从案例研究中，以任何系统的方式推断出一种首选的媒体类型或话语呈现形式：虽然案例研究中对社交媒体的讨论，确实会表明普通人在促进可持续的过程中如何发挥主体作用，但对一些流行电视节目的

---

① 该节目的名称"WA$TED"不仅直指日常生活实践中的浪费行为，其名称中替代"S"的美元标志"$"也暗指相关浪费行为造成的经济损失和由此凸显的不可持续生活方式问题。——译者注
② 该运动的名称（sealfies）呼应德杰尼勒斯的自拍（selfies）事件。——译者注

讨论，也会提供有关可持续主体的、鼓舞人心的故事。虽然本书的研究并未涉及绿色生活方式媒体的消费模式，但它表明，个人在日常使用媒体的过程中，可能会接触这些广泛且多样的媒体文本。需要指出的是，本书研究的案例均源自一些西方国家，包括新西兰、英国、美国、加拿大和澳大利亚。第二章讨论案例研究的范围，但在此我们需要声明，选择这些案例并非出于地理比较的原因，而是因为它们描绘了发达国家普遍认可的日常生活方式。

尽管如此，相关案例研究确实着手回答本书提出的问题：可持续的日常生活是什么样的？整体而言，案例研究显示了构成绿色生活方式的各种实践、关系和价值观，并揭示对可持续日常生活不同程度的承诺。很多案例研究都聚焦家庭场所，其中，我们会看到对能源消耗和生产的环保审查；有些案例研究则聚焦食物浪费和日常过度消费造成的普遍性浪费。相关研究不仅会批判现有的日常实践，而且会指导如何进行更可持续的实践，探讨人们在"如何以更可持续的方式生活"中所体验的焦虑，并据此提供相关应对之道。换言之，对"可持续的日常生活是什么样的"这一问题的勾勒，驱动本书对很多文本进行析读。虽然家是可持续日常生活发生的主要场所，也是本书的主题焦点，但对家的探讨聚焦其与周围社区的联系。本书有时也会突出社区是可持续日常生活的重要场所，无论是大曼彻斯特安静的街道、新西兰奥特罗阿的社区花园，还是纽芬兰和拉布拉多的乡村。

构成可持续日常生活的各种实践和活动的范围，在某种程度上塑形于媒体类型和格式的制作要求。例如，在数年间制作周末报纸专栏或电视连续剧的需求，意味着其探讨内容的广泛性。日常生活的复杂性被拆解为不同的故事：哪一种清洁产品更为环保？我应该如何建造一栋环保的房子？如果我想选择一家绿色环保的银行，我的储蓄应该放在哪里？凡此种种，不一而足。也就是说，在媒体的制作要求和日常可持续的不确定内容之间，存在着一种和谐的关系。对表征可持续日常生活的渴望，正是驱动本书对媒体文本进行解析的因素所在。现有日常生活的不可持续，通常会招致批评之声，这一点不难理解，但可持续生活方式的多样性——在地点、金融手段和环保参与程度等方面——却派生了很多不同类型的表征。归根结底，我们认为，这种多样化表征催发了可持续现象的勃勃生机，而这种认知正是驱动本书进行研究的力量所在。

我要感谢"帕尔格雷夫媒体与环境传播研究"系列丛书的编辑安德斯·汉森（Anders Hansen）副教授和史蒂夫·迪波（Steve Depoe）教授，感谢他们对我最初提案的热情采纳，以及他们一直以来对该项目的支持，感谢安德斯对本书开篇两章初稿的反馈。我也要感谢我在肯特大学的前同事、《星期日电讯报》前专栏作家莎拉·朗斯代尔（Sarah Lonsdale）博士，感谢她对我采访问题的慷慨解答。我还要感谢劳拉·罗德里格斯－布兰卡斯（Laura Rodriguez-Blancas），作为研究助理，她为第三章的分析收集了各种数据。我也要感谢奥克兰理工大学（Auckland University of Technology, AUT）的两位副教授：维瑞卡·鲁帕（Verica Rupar）和维贾伊·德瓦达（Vijay Devadas），她们在过去三年中给予我可贵的友谊和支持。本书对材料的初步研究得益于很多会议：澳大利亚和新西兰通信联盟（the Australian and New Zealand Communication Association, ANZCA）在悉尼（2017 年）、纽卡斯尔（2016 年）、乌普萨拉（2013 年）和博尔德（2015 年）举办的传播与环境会议（the Conference on Communication and the Environment, COCE），感谢会议同行们提供有益、积极的反馈。最后，我还要感谢我的家人，她们一如既往的爱和支持，支撑我完成了本书的写作。

杰弗里·克雷格于新西兰奥克兰

参考文献

Cox, Robert. 2013. Environmental Communication and the Public Sphere. 3rd edition. Thousand Oaks, CA: Sage.

Craig, Geoffrey. 2004. The Media, Politics and Public Life. Sydney: Allen & Unwin.

O'Sullivan, Tim, John Hartley, Danny Saunders, Martin Montgomery, and John Fiske. 1994. Key Concepts in Communication and Cultural Studies. 2nd edition. London: Routledge.

目录

第一章

可持续日常生活

一、引 言

本书重点关注不同形式的媒体如何表征和理解可持续日常的实践和价值，但在分析媒体文本之前，我们首先需要考虑如何更广泛地理解和评估"可持续日常生活"这一主题。我们需要梳理关键术语的定义，如可持续和日常生活，或至少需要突出不同人对这些术语的不同处理方式。这种考量凸显了一个事实，即在可持续日常生活的评估方面，存在各种理论和政治框架之间的激烈争论。本章旨在表明，对于可持续日常生活，并没有单一、首选的评估，主要原因有二：一是可持续日常生活的表现形式多样；二是现代西方国家可持续日常生活的"进退两难"——既参与全球消费资本主义，又质疑这种生存环境并试图采取新兴的生活方式。尽管如此，本章乃至本书的动机是基于一种信念，即日常生活场所，在个人和集体应对气候危机以迈向更高水平的可持续任务中，发挥着至关重要的作用。

本章首先概述"可持续"这一概念，区分对其的两种解读：一种是"可持续发展"层面的解读，另一种是更为激进的解读。在后者看来，可持续概念不仅挑战了现有的经济体系，而且披露了现有经济体系在环境方面的"不可持续"。重要的是，可持续的规范基础业已确立。同时，作为一个具有内在争议性的概念，可持续的影响力也已得到公认。可持续概念的另外一个重要特征是，它以互联原则为依据，并通过整合、推广物质和符号网络而构成。本章随后拆解"日常生活"这一概念，将其视为根植于特定地方（最显著的是家）的一种现象，但当我们消费并制作图像、解读并生成故事以与他人互动时，它也会通过调节过程得以构成并获得意义。如此，日常生活传统上可能与私人领域相关联，但也面向更广泛的公共领域，并深受后者的影响。值得注意的是，日常生活的世俗性（temporality），即"平淡"和常规，有助于促进自律主体的产生，并自然化特定的价值体系。但同时，日常生活也是我们可以行使更大自主权的场所。本章接着在可持续日常生活的背景下，探讨"生活方式"这一概念和道德消费实践。生活方式通常被视为表层的身份表达，与消费文化客体的使用和分配密切相关。因此，从环境视角出发，生活方式往往饱受批评。我们会进一步拓展对生活方式的理解，将其视为对当代迫切情况的普遍回应，并指出生活方式既可以促进进步的，也可以促进保守的身份和价值体系。本章同时探讨道德消费实践的局限性和潜力。一方面，我们观察到，道德消费的形式将可持续行为导向消费而不是生产，从而强化了我们作为消费者的地位；另一方面，我们认为，道德消费的动机是对消费文化的批判和对生产形式的积极参与。本章最后考察可持续日常生活的表达如何被用作一种区分策略，并考察"生态惯习"这一概念，探讨其如何体现并促进可持续日常生活的主体身份及构成。

二、可持续的定义

从广义上来说，"可持续"这一概念泛指环境与人类活动之间复杂互联的持续生存能力。从根本上来说，可持续关涉环境及其所有构成要素的健康和生产能力的培养：土地和土壤、水、空气、生物多样性、植被、动物福祉等等。虽然某些类型的环保主义认为，环境具有其自身的内在价值或意义，独立于人类的目的或评估手段，其中最著名的是所谓的"深层生态学"运动（Naess, 1973），但"可持续"一词基于"我们应该关心环境"这一信念，因为它归根结底是人类利益的内在需求。鉴于可持续涵盖自然和社会领域，它也指我们的生活方式及其与环境的互动和对环境的影响。人类活动受制于社会和经济结构，而这种结构与环境之间的关系在本质上具有争议性。我们需要了解和评估各方在可持续方面的立场，但也需要认识到，可持续概念的内涵涉及持续协商的过程。我们需要"正确地"实现可持续，这必然关乎地球的未来，但同样地，我们不可能最终实现可持续。这看起来多少是一个悖论。

对可持续的理解关涉其时间性：该概念虽直指未来的生存能力，但也要求我们基于对未来的影响，考虑当下的实践和价值观。另外，对有些人来说，可持续让人回想起一种浪漫的、非工业化的"伊甸园"状态。这种理解所带来的后果是，有人认为该术语不再有效，所以应该弃用。例如，史蒂夫·门茨（Steve Mentz, 2012: 586）就曾宣称："可持续时代已经结束。"对他来说，这一声明基于将"可持续"理解为一种停滞状态，一种对人类和环境之间关系的静止的"田园式"观点，而我们当前面临的困境，更需要基于其日益增长的不可预测性和混乱性，对环境采取更为坚韧的取向。面对气候危机的影响，我们固然需要培养坚定的毅力，但也可以说，可持续概念确实涵盖参与正在进行的、动态的环境变化过程。正如温迪·帕金斯（Wendy Parkins, 2016: 457）在回复门茨时所言："当然，正如可持续发展所应对的环境——对被认为具有价值的环境要素（无论是物种、景观、资源、文化习俗还是社区）的威胁——是动态的、不断变化的，因此，任何旨在保护这些要素的战略，必须以适应、反思和实验为特征。"可持续蕴含的时间性，也使其形容词意义得以普及：持久而不可枯竭。例如，人们可以谈论可持续的命题和关系。

可持续是一个流行术语，从激进活动人士到跨国公司，似乎都曾公开表示过对其的支持。虽然如此广泛的支持让人有理由考虑该词是否仍然有效，但我们也可以说，任何具有重要意义的术语总是受制于意识形态斗争，正确的政治回应不是弃用这些术语，而是继续为之奋斗。可持续也是一个令人担忧的术语，很多学科都将其理论化，并进行相关讨论，据此提出各自独特的观点（如 Cavagnaro and Curiel, 2012; Gunderson and Holling, 2002; Hardisty, 2010; Morse, 2010; Neumayer, 2010; Thiele, 2016）。总而言之，尽管存在种种差异，但一系列的可持续研究均考虑了环境、经济和社会发展之间的相互关系。其中有些研究将可持续的环境需求，置于特定的经济利益框架之下加以考量，因而招致了批评之声。这种批评无疑具有其合理性。就理解、解释可持续和环境变化的复杂性所需的知识范围而言，跨学科研究在某种程度上是必要的。在这方面，莱斯利·保罗·蒂勒（Leslie Paul Thiele, 2016: 4）的定义可谓简洁明了："可持续是一门适应性艺术，与科学相结合，服务于道德愿景。"在回答"什么是可持续研究？"这一问题时，伍德（Wood, 2011: 5）跨越了广泛的批评性研究，有力地证明了人文学科是可持续科学的必要"伴侣"，并主张一个体系的素养应该"将社会历史和文化话语的研究，与对生态系统过程的技术理解结合起来"。他坚称可持续研究是一门科学，并反对相关指控，如学科的僵化、去语境化和工具主义方法、对复杂性和不确定性的否认等，使其至少成为"现代性"项目的"仆人"，而正是这种"现代性"导致了我们现在面临的环境退化。作为回应，伍德（Wood, 2011: 3）指出，研究环境的当代科学领域，如复杂生物学或可持续科学，已经"摒弃了简单的因果模型和传统的学科专业，而将自然世界视为一个开放的、动态的系统"，且"明确关注人类与自然系统之间动态且紧密耦合的关系，认识到人类社区作为生物主体的历史力量……"。

对环境可持续的理解大致可分为环境改良主义立场和更激进的生态主义立场。前者"盛行技术乐观主义"（Milne et al., 2006: 804），相信通过技术的进步和审慎的经济管理，可以克服环境风险和挑战，而不会对现有的经济结构造成根本性的挑战。这种立场既体现在"绿色经济"的现代表达之中，也体现在"三重底线"的理念之中：社会、环境成本和经济结果兼而有之。据此，改良主义立场通常被表述为"可持续发展"。该术语有着复杂的历史和持续的演变（Dryzek, 1997），对其最著名的解释来自世界环境与发展委员会（the World Commission on Environment and Development）在 1987 年发布的《我们共同的未来》（*Our Common Future*）。该报告由布伦特兰（Brundtland）领衔起草，她在其中总结道："从本质上讲，可持续发展是一个不断变化的过程，其中，资源开发、投资方向、技术发展方向、体制变迁协调一致，以增强当前和未来的发展潜力，满足人类的需求和愿望。"（Brundtland, 1987: 46）2011 年，联合国开发计划署（the United Nations Development Programme）更新了可持续发展的定义："扩大当今人们的实质性自由，同时做出合理的努力，以避免严重损害子孙后代的自由。"（United Nations, 2011: 2）2019 年，联合国制定了 17 个可持续发展目标（United Nations, 2019）。这种将可持续理解为可持续发展的当代主流趋势，部分原因可能是其在主流政治、媒体和商业话语中的普遍存在，且公众应对气候变化威胁的意识也在日益增强。对此，德雷泽克（Dryzek, 1997: 128）指出，在可持续发展概念的演变中，环保人士在很大程度上已经让位于"国际组织、国家和企业"。在对环境话语的分类中，该学者将可持续定义为一种"富有想象力的""改良主义"现象,与自由民主国家"解决环境问题"的"枯燥乏味"和"绿色激进主义"的形式迥然而异。

毫不奇怪,可持续发展之说招致了诸多批评之声。有人指责说,发达国家内部存在"不可持续"的生产和消费水平;这些国家在对发展中国家进行资本主义、殖民主义的剥削中也扮演着重要的角色。但可持续发展之说的相关研究均未对其进行充分的考察,而是过度依赖现代主义关于理性和科学探究过程的假设,并最终将现有的经济秩序凌驾于环境保护之上(Banerjee, 2003;Gaard, 2015;Macnaghten and Urry, 1998)。对此,班纳吉(Banerjee, 2003: 153)直言:"可持续发展并不是重塑市场和生产过程以适应自然的逻辑,而是利用市场和资本主义积累的逻辑来决定自然的未来。"在更广泛的意义上,德雷泽克(Dryzek, 1997: 132)尖锐地指出:"可持续发展……关涉一套安抚修辞。我们可以拥有一切:经济增长、环境保护、社会正义;不只是当下拥有,而是永久拥有。因此没必要进行痛苦的改变。"

不过,可持续也被用来描述对现代工业社会更基本、更激进的批评,其中包括正义和公平问题。正如米尔恩等人(Milne et al., 2006: 805)所言:"可持续的强势定义不仅强调在一段时间内有效分配资源,而且强调在当代人和后代人(未来几代人)之间公平分配资源和机会,同时强调与生态生命维持系统相关的经济活动规模。"可持续完全可以因其固有的透明度而受到重视:它明确了构成实践的复杂网络,并充分考虑了与这些实践相关的成本。从历史上来看,经济活动的盈利能力一直是基于对环境和其他公共成本的无视,而具现相关成本的可持续立场,代表了对传统经济框架的重大挑战。可持续的这种激进概念化有时也会采用一种更为全面的方法,即将环境福利更充分地纳入到对人类整体状况的考量中,而不仅仅是经济方面的考量。对此,蒂勒(Thiele, 2011: 5)写道:"可持续……出于非常实际的原因,促使我们充分探索人类在生命网络中的作用。我的观点是,可持续话语和实践推动我们理解、欣赏、进行我们的道德、技术、经济、政治和心理生活,也推动我们打造一个生态的、(元)物理的栖息地,并将其视为一个复杂互依的嵌套场所,我们于此更新自己的种种生活。"

"可持续"这一概念所蕴含的灵活性和可竞争性在某些方面可以被视为一

个弱点，因为它否定了该概念的任何坚实基础，而只有基于坚实的基础，人类才能实质性地参与社会经济基础的重组，以应对气候危机。然而，我们也可以反驳这种观点，因为可持续的规范状态，引发了关于如何实施可持续的辩论，而这种辩论正是其力量的源泉。对此，蒂勒（Thiele, 2011: 12）指出："重点是，可持续不是一个旨在闭幕的学理事业，而是一个反复的实践练习。虽然深植于种种原则，但可持续的大部分工作，就像正义、自由或其他任何理想一样，主要是通过对其意义的竞争性探索和对其目标的具体的、试探性的表述来进行的。""可持续"这一概念的未来取向——包括持续生存的问题，但也超越了这一问题，关涉我们自己和后代的生活质量——要求对其进行集体评估。在巴里（Barry, 1996: 119）看来："这些问题无法从科学或形而上学（即客观提供）的层面加以解答，但鉴于其内容的规范性，只能从政治上加以阐明（即创造主体间性）。"诚然，可持续可以在民主进程之外加以定义和实施：当"可持续"被简化为可持续发展时，它就演变为一种技术措施，即通过知识和权力的科学和经济体制形式，实行非民主的管控。但更重要的是，并没有一套规约性的措施来定义可持续，或者说，可持续没有确定性的内容。如此，作为一个具有内在争议性的概念，话语赋予其外在形状，民主意志赋予其实质和权威，而民主意志的形成主要源于两点：一是公众对特定概念的理解和接受；二是在可持续实践中发动公众的参与。

可持续概念的规范和话语基础，派生了其媒体表征的中心性。媒体是借助故事和图像以形象化可持续的重要场所，它们对"可持续"的表述并没有内在的优点，因为借鉴、复制知识体系的这种媒体惯例，可能再现了政治和经济体制所阐述的可持续发展话语。资本主义经济中的媒体行业话语，推广了将可持续纳入现有生产和消费经济关系中的理解。当然，情况也确实如此，但这类重要且合理的批评（将在本书中进行）亟须进一步补充：将媒体理解为一个审议性的、开放式的论坛，其间，公众可以自由表达可持续的可取之处，如它在社区建设中的作用，它的生产、交换和消费的替代形式，它对呵护周围世界和其他生物价值的认可，它的乐趣和情感。显然，我们正力图改变经济和社区，其过程并不确定且颇具争议，我们也正以某种方式过着自己的日常生活。因此，在更普遍的环保主义研究中，特别是我们对环境传播的研究中，"可持续"一词仍然具有其实用价值。

三、可持续、互联和网络

在对可持续的不同理解和对环保主义采取的各种哲学解读方法中，有一个共同的信念，即无论是在人类活动、自然、物质对象的无数表现形式之间，还是在人类关系的不同层面和类型之间，均存在着至关重要的互联原则，而这种互联原则正是环保主义的基础。根据康芒纳（Barry Commoner, 1971: 33）的观点，生态学的第一条定律是"万物互联"。莫尔顿梳理了"生态思维"（Morton, 2010: 7）这一概念，并拓展了网状结构（mesh）之说，即"所有生物和非生物之间的相互联系"（Morton, 2010: 28）。德雷泽克（Dryzek, 1997: 8）也曾指出，环境问题"往往是互联的、多维的"，鉴于它们"发生在生态系统和人类社会系统的交汇处……人们应该预料到它们的双重复杂性"。蒂勒也提醒我们，从古至今，宗教话语一直饱含"现象互联"的理念。该学者随之跨越了这种互联，转而提出"相互渗透"之说，即"连通性自身（而不是互联中的事物）就构成了最基本的现实"（Thiele, 2011: 18）。

布鲁诺·拉图尔（Bruno Latour）是开创行动者网络理论[①]（actor-network theory, ANT）的领军人物之一，其专著《自然的政治》（Latour, 2004）详细解析了环保主义中的互联原则，或者说，该著作是运用 ANT 去解读科学、自然和民主。拉图尔梳理了政治生态学的概念化，批评将"自然"视为单一的、非社会实体的观念，并指出诸多环境政治的终极辩护往往是援用这种观念。他同时解构了"科学"的客观权威，指出这种权威只是源于其自称的能力，即无限接近，并了解单一的"自然"。同样，拉图尔建议我们重新解读政治领域，因为对政治的定义往往是基于它与自然的关系，而这种做法带来的后果是我们再也无法将自然和政治区分开来。在他看来，自然和社会"并非指称现实领域；相反，它们指称一种非常具体的公共组织形式"（Latour, 2004: 53）。科学与政治的"组件"体现的是自然与社会的二分性，但我们并不是要建立二分

---

① 又称异质建构论。——译者注

结构（Latour, 2004: 15），而是要建立一门政治生态学，"不是一门对象的科学或一门主体的政治，……而是由人类和非人类共同组成的集体政治生态学"（Latour, 2004: 61）。拉图尔的这种观点，显然是引导我们将政治理解为"允许逐步组成一个共同世界的一整套任务"（Latour, 2004: 53）。

拉图尔并不是要关注自然的"社会建构"（暗含先验的、总是预先存在的自然），也不是要将环保主义更充分地融入到我们现有的政治体中。相反，在他看来，我们需要让自然多元化，承认科学和其他"代理人"成为自然和非人类实体的"代言人"的方式，并构建一种可以表达和批评性评估不当关注的政治体系。拉图尔谈到了自然元素或"无风险物体"过去被概念化为"事实"的方式：这种"事实"被矛盾地理解为无代理，但却在环境危机时期，仍然对独立构成的社会世界产生影响。在他看来，对政治生态学的新理解应该将自然现象假定为一种错综复杂、会产生"关注事项"的风险物。（Latour, 1993）

"自然政治学"之所以一直饱受批评，主要原因有两点：一是该学科并未充分地考察并讨论权力在实际政治和历史条件中的作用，特别是新秩序出现且需要"协商"之时；二是该学科的异质法很少关注具体事例（Wainwright, 2005）。尽管如此，"自然政治学"的确提供了一个关于可持续秩序的设想，且这种设想将"环境"和"社会"整合起来，并使之成为一个问题。在我看来，我们可以追踪人类、技术、社会实践、ANT梳理的物体等行动者的复杂聚合，从而在某种程度上架构"社会"可持续的方式，并对其进行更具体、更详细的说明（Callon, 1986; Latour, 2004,2005; Law, 2009; Murdoch, 1998）。从根本上来说，ANT迫使我们重新思考看待社会的系统法。它以进一步"解构"的模式，将社会理解为复杂的网络化组合，而不是将其（包括社会制度和技术）理解为单一的、封闭的实体。例如，约翰·劳（John Law, 2003）就曾宣称，社会"只不过是异质性物质的模式化网络"。拉图尔本人也曾直言："我从未打算把社会定义为一个特殊的领域、一个特定的范围，或一种特殊的东西。在我看来，社会是一个非常特殊的、需要不断进行再关联和再配置的动态网络。"（Latour, 2005: 7）当然，政府、企业等体制结构，电脑、手机等日常物品和技术，都是"切实的""单一的"实体，但ANT认为，它们之所以如此，主要是因为在"完时化"（punctualisation）过程中，人类、技术、物质集等行动者互联的网络被规范化、无形化，而该类实体的力量恰恰源自它们驱动并组建的网络的规模和稳定性。ANT 还强调，这种力量不仅来自参与这些网络的人类，而且来自参与网络并帮助促进人类能动性的非人类物体①。这就是行动者网络（actor-network）中"行动者"（actor）和"网络"（network）之间被插入连字符的原因：力量不是预先存在的、可以访问的外部现象，也不是行动者的专属物，而是源自它所建构的关系网络，即从互联网络内部产生的（Murdoch, 2006: 62）。

当然，网络不是自发产生的，而是由特定行为体的利益所驱动的，这些行为体确认某个问题或期望实现的过程，且能够招募其他行为体参与网络的建构和运行。在 ANT 中，这个过程被称为"转译"，指的是行为体为其他行为体"代言"、协调利益、形成共识、实现常规化的方式。对此，卡龙和拉图尔（Callon and Latour, 1981: 279）指出：

> 通过转译，我们可以了解所有的协商、密谋、计算、说服和暴力行为。通过转译，某个行动者或力量可以主动或被动地进行自我代言，权威则可以主动或被动地为另一个行动者或力量代言："我们的利益是相同的"，"做我想做的事"，"不经过我，你就无法成功"。

如此，我们可以看到，ANT 将对网络过程物质性的关注（集成了人类活动中涉及的"东西"或"硬件"）与启动、监控、延长网络的传播过程有效地结合起来。事实上，这正是劳（Law, 2009）建议将 ANT 称为"物质符号学"的原因所在。

在考虑并对比全球农业食品企业和替代性食品文化时，我们可以发现一个如何应用 ANT 的实例。鉴于其庞大的规模和盈利能力，全球食品公司似乎势不可挡，但这种身份获得的背后，是对农民和生产流程的累加控制、复杂的科学测试实验室、对贸易和食品政策的法律审查和游说、高效的运输流程、与食品零售商的交易，以及在消费市场的实力，尤其是通过大量广告活动和

---

① 在 ANT 中，"行为体（actants）"一词用于指称人类和非人类行动者。——译者注

促销活动而获得的实力。大多数人并不清楚，这些公司之所以能够蓬勃发展，正是因为采用了这些物质和传播网络复杂、高效的运行方式。事实上，全球食品消费的成功正是取决于这些无形的网络：这种无形化使消费与生产脱节，而我们往往不会考虑食品包装在多大程度上具现了完时化。如此，从 ANT 的视角来看，这些食品公司并不是单一的、不可渗透的存在，也不是作为强大的实体游离于全球日常生活的熙熙攘攘之外。或者，正如沃特莫尔和索恩（Whatmore and Thorne, 1997: 288）指出的那样："这些公司本身并没有任何'全球性'可言……无论是就其游离于特定的背景和地方而言，还是就其规模和范围的某种综合性来说。相反，他们的影响范围取决于当地人、人工制品、代码、生物体之间错综复杂的交织，以及对世界各地特殊联系的维护。"

另外，近几十年来，我们从农贸市场、社区支持的农业、"菜篮子"计划、"慢食"等食品活动中，发现了为应对食品生产的全球化而兴起的替代性食品文化或"网络"（Parkins and Craig, 2009）。不同于全球农业食品公司，这类替代性食品运动和实践的定义源于其网络的短期性，因为它们限定了"嵌入"地方经济和当地食品环境的生态、道德、美学特征的过程。替代性食品文化致力于突出并强化生产者和消费者之间的联系，从而建立彼此之间信任、尊重和愉悦的关系。全球农业食品公司和地方替代性食品运动，在规模上存在明显的差异，但从 ANT 的视角来看，网络的流动性决定了两种食品模型的相对运行，而不是规模本身：全球农业食品公司的各个运营点均是"本地的"，而"公平贸易""慢食"等替代性食品运动，也同样可以利用全球粮食网络，帮助来自世界各地的边缘化粮食生产者。

无论是梳理并拓展互联原则，还是将环保主义和可持续解读为网络而非"系统"，对于我们考察绿色生活方式均不可或缺，原因主要有两点：一是我们的考察强调可持续实践并非"自成一体"，而是牵涉到日常生活这种直接领域之外的领域；二是相关探讨有助于抵制任何对可持续生活方式的政治效力进行单一评估的理论框架。虽然气候变化警醒并提高了人们的现实意识，即"任何一种个人行为——生产、消费、旅行、交流、娱乐、垃圾处理、投票——都是生态的"（Thiele, 2011: 52），但可持续生活实践仍然被排除在系统的视角之外，因为它们在全球结构的"现实"面前显得非常微不足道，又或者因为它们被赋予了一个特定的阶层地位，而这一地位本身就决定了对可持续生活实践的评估。虽然后续章节的案例研究有时会借鉴而不是全盘使用特定的 ANT 方法，但可持续的网络基础、物质和符号网络的共存，深深影响着本书对可持续和日常生活媒体表征功能的探讨。

四、日常生活的定义

从熟悉度上来说，日常生活是一种平淡无奇、显而易见的现象，但它也是一个难以单独描绘和评估的无定形场所。日常生活主要与私人领域和家庭领域相关，但当我们工作和休闲时，它也会延伸到公共领域的相关行业和实践。亲密和常规的关系以及与相熟事物的接触，构成了我们的日常生活，并共同塑造了日常生活的形态和意义。如此，日常生活似乎有一个物质的、有据的基础。当然，它也深受其他事物的影响，因为我们会生成并解读图像和文字，借此与他人互动。日常生活还是一种平等或民主的现象，因为尽管存在差异，但我们每个人都不得不参与某些物质现实。从这个意义上来说，日常生活有别于具有特定群体和内容的流行领域或文化。其主要特征是例行公事和习惯，但也可能是艰辛和创伤。这一点不难理解，因为日常生活中有时会发生重大的生存事件和经历。

当然，日常生活与公共生活的结构和形式有着本质的差异，但对其可持续互联基础的讨论，有助于我们了解日常生活与其直接范围之外的领域相互影响的方式。据此，我们或许可以在勾勒出日常生活某些特征的同时，也可以坚持其存在的多孔性、临时性。正如丽塔·费尔斯基（Rita Felski, 2002: 618）总结的那样："对日常生活的合理定义……无法基于其独特的内容或本体论性质；但我们可以将其理解为一种面向环境的形式，一种将宏观文化体系转译为人类可控的感官结构，从而解读宏观文化体系并赋予其相关意义。"

日常生活通常会被理解为一个空间概念：当谈到日常生活时，我们往往会想到家、工作和日常休闲空间：无论是酒吧、读书俱乐部，还是健身房。我们对日常生活的熟悉感和安全感往往源于这些地方的内在特征，尽管后续章节将表明，可持续日常生活促使我们了解到，这些空间实际上是通过复杂的网络部署而构成的。当然，日常生活并不局限于这些空间，它还具现了我们上班、度假或上网时的流动和调节过程。尽管如此，家仍然是日常生活的主要空间，后续章节研究的绿色生活方式媒体案例，也往往把家作为节目或故事的中心场所。

与更广泛的日常生活一样，家也是一个复杂且具有多重意义的场所，因此对其的定义不能简化为任何一种单一的评价。家的定义主要基于两点：一是它的物理边界；二是它所包含的个人关系和物质对象。家是主体性形成的重要场所，也是物质之外个体记忆和意义的储存库。将家视为一个世外桃源，是对工作文化压力愈加沉重和社会普遍"忙忙碌碌"的回应。无论是"茧居"一词的出现（Cullens, 1999），还是生活方式媒体的日益普及，均体现了这种世外桃源观。众所周知，现在有很多生活方式媒体都在进行家居用品和相关活动的推广。同时，随着越来越多的人居家办公，而且要保证"随叫随到"，家这个世外桃源也因此变得愈加"风雨飘摇"。另外，"airbnb""Ziferblat"之类服务平台的出现，也使家庭成为共享经济的一部分。如此，对"家"这一概念的重视程度也随之上升，但与此同时，家庭成员也有可能成为社会攻击的对象。可以说，家虽然是一个"内向性"的庇护所，但它也是一个"外向性"空间，家庭成员由此出发进入外部世界。在艾丽斯·玛丽安·杨（Iris Marion Young, 1997: 159）看来："对'家'这一概念的解读并非要反对个人实践和政治活动，而是要描述使政治成为可能的条件。"例如，日常生活也处于地方社区中，虽然现代很多地方的社区可能已经失去了实质性的内容和活力，但后续章节将表明，家和社区之间的互联在表达可持续日常生活方面发挥着举足轻重的作用。

虽然我们经常看到温馨之家的正面形象，但对很多人来说，家却是一个充满威胁和危险的场所：有人在行使剥削性的关系权力，有人则遭受着各种形式的家庭暴力。我之所以提出这一点，主要是为了强调在所有的表现形式之中，家是一个性别分化特别严重的空间。打理和维护家庭的辛劳传统上与女性有关，打造出的空间既能为他人提供价值和利益，也能成为压迫女性的场所。对此，列斐伏尔（Lefebvre, 1987）指出："女性的日常生活负担最重。她们是日常生活的主体及受害者。"（转引自 Felski, 2002: 612）尽管如此，我们却很难从性别的角度对家庭进行单独的评价：长期以来，现代女权主义一直在倡导女性摆脱传统家务劳动的束缚。尽管杨（Young, 1997: 141）本人也在这种传统下承担着家务劳动，但她坚持认为："家是一个支持个人主体性的场所，其中，主体是流动的、局部的、变化的，且与他人互帮互助。"

日常生活也是一种世俗性现象，这种定义当然是基于其日常性、重复性和习惯性实践。日常生活由日常活动组成，如烹饪、清洁、园艺、工作和睡觉。正是这些活动的世俗性，导致一些人将日常生活置于微不足道的位置。日常生活的时间以身体需求和昼夜节律为基础。列斐伏尔（Lefebvre, 1987）认为，日常生活的这种周期性时间，显然有别于当代追求变化和发展的渐进、线性时间。我们在前面梳理了对可持续的不同解读，而这种不同的时间概念也为我们的梳理提供了参考：可持续发展的特征，如实现可持续和经济增长的技术创新，更符合当代的线性时间，而其他的环境可持续观，则挑战了这种进步观，并强调了一种更遵循周期性、季节性节律的生活方式。日常生活的时间性决定其实践的典型特征，日常生活的重复性则意味着此类实践已经演变成习惯。与日常生活相关的活动具有常规性，日常生活整体上具有规律性和固定的特性。日常生活习惯往往不受重视，因为它们是无聊的"必要"实践；日常生活习惯也往往饱受批评，因为其无可置疑、自动的特征，自然化了影响此类实践的价值观，从而发挥着意识形态功能。我们将在下一章讨论，生活方式媒体是如何促进日常生活中管理模式和尽责主体的产生的。但是，日常生活习惯也可以受到赞赏，因为它们为人们提供了结构、意义和舒适（Felski, 1999 [2000]）。

虽然日常生活是一种有根有据的现象，具有特定的空间性和时间性，但它也是一种调节的产物。当我们消费媒体并借助媒体与他人交流时，外部世界就源源不断地强势涌入我们的日常生活。如此，日常生活的多孔性显而易见。对此，费尔斯基（Felski, 2002: 616）指出："我们呼吸的空气中弥漫着他人的思维；日常生活总是从其他地方来到我们身边，无论是过去几代人的信念和偏见，还是好莱坞梦工厂的电影场景。我们的种种常识性信仰构成了一个复杂详尽的文化系统，有它自身的巴洛克仪式和习俗。"电视这一媒体具有典型的日常生活和家庭烙印：一方面，不同的屏幕形式占据着我们家庭中熟悉的位置；另一方面，正如后续章节所表明的那样，大量的电视内容表征着我们的家庭和日常活动。同样，社交媒体已然深深扎根于日常生活的节奏和叙事之中，影响着现代社会关系的形成，其中就包括知识共享、联盟和支持的过程，而这种过程影响着可持续地方社区的创建。在某种程度上，日常生活的介导性基础不言而喻，但至关重要的是，它重新调整了我们与物理环境之间的关系，从而突出了可持续生活的任务实际上就是参与可持续的故事和话语。

传统理论家和知名理论家纷纷以不同的方式，或谴责、或颂扬日常生活和活动，而当代媒体、传播和文化研究对日常生活的解读，则深受他们的影响。对此，本·海默尔（Ben Highmore, 2002）提醒道，日常生活反映了很多人的担忧，其中就包括卡尔·马克思（Karl Marx）、西格蒙德·弗洛伊德（Sigmund Freud）、格奥尔格·齐美尔（Georg Simmel）、沃尔特·本杰明（Walter Benjamin）。这种多维度的担忧说明，"日常生活"这一现象与更广泛的现代性发展有着密不可分的联系。这里所说的现代性发展涉及传统信仰体系的瓦解，人与传统生活方式的脱节，以及越来越多的国家和企业对个人日常生活的入侵:《共产党宣言》"将现代性视为一种日常生活层面的革命体验"（Highmore, 2002: 22）。日常生活的发展贯穿了整个二十世纪，尤其是在法国，主导并影响了两位最重要的日常生活理论家的研究：亨利·列斐伏尔（Henri Lefebvre）和米歇尔·德·塞托（Michel de Certeau）。

列斐伏尔的作品尤其捕捉到了对日常生活不同评价的模糊性。作为一名马克思主义者，列斐伏尔不仅批判现代日常生活的异化，而且批判日常生活作为资本主义再生产场所的方式。他写道："商品、市场、货币，以其不容更改的逻辑，占据着日常生活。资本主义一直延伸到日常生活中的细枝末节"(Lefebvre, 1988: 79)，同样，这种支配也延伸到日常生活的主体性。换言之，在资本主义文化媒体信息的轰炸下，人们压倒性地接受并扮演着消费者的角色，并以牺牲政治意识为代价，发展出对家庭和其他私人领域关系的孤立关注。因此，对一些理论家来说，日常生活是由沉闷、空洞和单调的空间构成的，代表着一种无思维的、非理性的世界观取向，并据此不可救药地演变为政治变革的场所。尽管如此，列斐伏尔（Lefebvre, 1984）也承认日常生活的积极潜力，在他看来，"日常生活"和"日常的"有着本质的区别。前者是一个自律的场所，从中生成消费者的主体性，进而满足发达资本主义和现代官僚社会的需求；后者则是一个由"普遍性"构成的场所，其中有更多的平等表达，且存在更高水平的自主性和真实性。列斐伏尔批评政治实践与日常生活的分离观，以及任何试图从外部强行推动日常生活变革的政治和经济尝试（Highmore, 2002: 130）。相反，他主张采用多管齐下的辩证法，以问题化或陌生化（defamiliarise）日常生活，并突出异化和重新想象的过程（Highmore, 2002: 142–144）。

米歇尔·德·塞托则提供了截然不同的日常生活写照，他以一种更欢快的方式力陈日常生活的创造性和潜力。他坚称，日常生活的殖民化永远不会止步，我们的日常生活涉及对苛评和非难的复杂磋商；但同时，他也充分意识到，现代资本主义的主导经济秩序将自己强行融入日常生活的结构和节奏之中。对此，海默尔（Highmore, 2002: 172）指出，德·塞托是"将他的信仰押在日常生活中顽强的他者身上"。德·塞托区分了策略和技巧，认为前者关涉那些从中产生权威和权力的实体和话语场所，包括机构媒体，而后者关涉规避或创造性地使用机构产品的个人实践。技巧通常被描述为弱者的艺术："巧妙地利用时间、机会，以及引入权力基础的游戏"（de Certeau, 1984: 38–39）。通过无数的日常实践：步行、使用社交媒体、购物、交谈，我们创造出自己的时间和空间，甚至在工作时，也能行使自己的能动权。如此，我们的日常消费实践具有不可小觑的生产力，它可以改变或调整我们消费的文本和对象，但同时，种种消费实践也保持着一定程度的隐形而不受他人的监视。显然，这种对日常生活的描述必有其政治后果，主要原因是德·塞托所指的技巧实践并没有在任何系统的反向项目中逐步聚集起来。

五、生活方式和道德消费

生活方式可以被广泛定义为"任何独特的、可识别的生活方式"（Sobel, 1981: 3）。如此，生活方式本身就是一种风格和差异化的策略，反过来又必须获得社会的认可和价值。同时，生活方式也包含不同的存在表达，即如何组织和协调日常生活环境。斯巴尔加腾和范·弗利埃特（Spaargarten and Van Vliet, 2000: 74）指出，"生活方式"一词"与社会学本身一样古老"。凡勃伦（Veblen）、韦伯（Weber）和齐美尔（Simmel）则在他们的作品中，就社会分层以及财富和地位的表达进行了探讨（Sobel, 1981）。近年来，为回应生活方式的演变和表达，多位理论家纷纷以不同的方式强调，生活方式既是从消费文化中产生的个体身份表达，也是对现代性环境、压力和挑战的更普遍反应。在费瑟斯通（Featherstone, 1991）看来，生活方式是"日常生活审美化"的一部分，产生于20世纪70年代以来盛行的"后福特主义"消费文化。具体而言，派生出大规模设计、生产、分配、零售、消费等标准化流程的早期"福特主义"，已经让位于更具差异化、灵活化、风格化和短暂化的生产和消费模式。商品的进一步扩散和流通，意味着商品作为传统阶层和性别区分标志的能力已日渐式微，个人成为一种"自由体"，占有并利用商品的符号价值，以表达身份的扩散。因此，生活方式的特点是"风格化的自我意识"，费瑟斯通（Featherstone, 1991: 86）总结了这一过程，他指出："……消费文化的新英雄们，让生活方式成为一项生活工程，他们将商品、服装、实践、经历、外貌、身体气质等组合起来，形成一种生活方式，并在这种组合的特殊性中，展示他们的个性和风格意识。"

在这些用户至上主义的直接背景之外，生活方式也可以被更广泛地理解为在传统制度和价值体系式微的社会中，形成自反性身份的一种策略。当然，现代性在很多方面为个人带来了更大的安全感，如健康、医学的进步及福利服务，但也有研究（Beck, 1992, 1995; Beck and Beck-Gernsheim, 2002）充分表明，现代性引领了一种跨越种种社会活动和领域的"风险"文化，如犯罪、性、就业、食品安全、国家安全，并且在愈加"个性化"的背景下（Beck and Beck-Gernsheim, 2002），个人生活轨迹也愈发脱离制度和世代定势的支配。人们"被要求"通过个人的决策来书写自己的传记，这在派生新机会的同时，也带来了失败的可能性。"生活方式"是对这种结构性条件的一种回应，从这个意义上说，它是在自我认同和自我实现的持续叙事中，由审美表达和社会实践组合而成的实质性机制（Giddens, 1991）。

对生活方式的解读通常侧重于个人的福利和身份，但也可以根据其政治取向来加以定义，这一点体现在社区组织和社会运动对日常实践的动员方式中（Parkins and Craig, 2006; Haenfler et al., 2012; Forno and Graziano, 2014）。汉弗勒、约翰逊和琼斯（Haenfler, Johnson and Jones, 2012）认为，无论是对社会运动中"争议性政治"的描绘，还是对个人主义、消费者驱动等生活方式的分析，都产生了一种"学术盲点"，因此亟须进一步补充他们所说的"生活方式运动"："在一种松散约束的集体中，参与者主张将生活方式的改变视为社会变革的主要手段，并在追求一致、'真实'道德身份的同时，将日常生活政治化。"（Haenfler et al., 2012: 14）例如，寻求可持续生活方式的个人可以参与当地的食品计划、社区的货币流通或可再生能源项目。据此，查尼（Chaney, 1996: 86）在吉登斯（Giddens, 1991）研究的基础上总结道，生活方式不仅仅是简单的"市场营销结果"，而且是实际上具有"规范、政治和美学含义的存在性项目"。

在考虑可持续生活方式如何适应这一框架时，对生活方式的理解，如果既纳入消费社会产品的使用和展示因素，又纳入更实质性的身份建构因素，那这种融合所产生的张力，会让情况变得更为复杂。正如我们将看到的那样，可持续或"绿色"生活方式的特点是消费，但它们同时也是一种道德消费行为，其中，商品的价值并非源于成本或传统地位制度，而是源于我们所感知的环境价值(尽管如此，这也涉及成本问题和替代性地位制度的建立）。简言之，可持续生活方式体现了身份的形成和表现，而后者是对不断变化的社会环境①的一种政治性、生存性反应。但即便如此，对可持续生活方式的考察也是在一种评估框架内进行的——在参与气候变化方面，该框架将政府和机构这类宏观的政治行为与微观的社区和个人背景进行对比。在国际层面上，各国政府根据政府间气候变化专门委员会（the Intergovernmental Panel on Climate Change, IPCC）提供的报告，推动了全球气候变化协议的签订；在国内层面上，各国政府就能源、交通、城市规划、污染、环境福利等领域的问题，制定了相关的国家政策，以寻求解决气候变化问题之道，这是可以理解的，也是必然的。但不少政府的政策也开始针对个人家庭和地方社区领域（Gibson et al., 2010; Peters et al., 2012; Reid et al., 2010; Waitt et al., 2012）。在英国，环境、食品和农村事务部（the Department of the Environment, Food and Rural Affairs, DEFRA, 2008: 3）在其"环境行为框架"中宣布："我们的终极目标是提高个人及社区行动的贡献，

---

① 作者同时指出，社会环境实际上是地球环境。——译者注

特别是转向更可持续的消费模式，包括商品和服务的购买、使用和处理，以切实保护和改善环境。"该类政策通常采用"自上而下"的方法，且经常突出"亲环境行为"的结构性背景。对此，苏格森（Thøgersen, 2005）指出，政府、企业、消费者等三个主要的行动者，影响了私人消费的可持续性。其中，政府和企业"对很多外部条件负有全部责任，且未限制个体消费者的选择和行动自由，因此也承担可持续消费和生产的部分责任"（Thøgersen, 2005: 145）。然而，也有研究开始认识到家庭作为"亲环境行为"发生场所的重要性。这些研究超越了仅将家庭和个人的生活方式行为视为更广泛结构性活动的附带现象，而是从宏观、中观和微观层面上，剖析了相关网络和关系的复杂性（Gibson et al., 2010; Lane and Gorman-Murray, 2011）。

由此可以说，可持续生活方式中更具个体化的特征，如日常、家庭或社区范围、关系网络，对人们参与了解环境的方式至关重要。在麦克那登（Macnaghten, 2006: 137）看来："人们在更亲密的层面上与'环境'相遇，不是作为普遍和广义抽象化的一部分，而是与他们的日常实践、休闲活动和身份联系在一起。"该学者在系列研究的基础上指出，之所以会出现这种倾向，主要是因为人们感觉自己与全球环境问题越来越脱节，并怀疑自己应对和改善重大环境挑战的能力。因此，与大部分公共"环境"表征形成鲜明对比的是，个人参与"环境"的方式往往不尽相同：获得沉思冥想的乐趣；摆脱现代生活的压力；积极参与自然的实践，如园艺和养蜂；个人对环境问题的回应，如对食品和健康安全的选择（Macnaghten, 2006: 140）。

如果日常生活是可持续生活方式发生的主要场所，那么消费行为就是塑造可持续生活方式并赋予其意义的主要实践。我们参与可持续的尝试，是通过对消费文化的批判来定义的。显然，环境退化的成因至少有两点：一是当代全球资本主义的生产；二是对不可再生资源的开发。同时，对消费文化的批判也涉及拒绝通过获取和消费物质商品，来书写身份和地位。然而，可持续生活方式并不能"忽视"消费，而是鉴于商品生产和消费带来的环境和社会后果，寻求从更"道德"的角度重塑消费。事实上，我们一边必然要参与消费，一边又批评现代消费社会背景下的消费。在此基础上，对消费与可持续生活方式关系的任何评估，都是错综复杂的。在区分消费和消费主义时，齐格蒙特·鲍曼（Zygmunt

Bauman, 2007）提醒我们，消费是人类必不可少的活动，"一种永久的、无法排除的生活状态和方方面面，不受时间和历史的限制；也是人类生存必不可少的要素之一。显然，人类跟其他所有生物体一样都需要生存"（Bauman, 2007: 25）。虽然对人类生存来说，消费不可或缺，但消费主义却具有"社会属性"（Bauman, 2007: 28）。换言之，当消费成为经济和社会活动的主要动力和焦点时，消费主义就会应运而生。

道德消费在几十年前还只是一种边缘活动，但现在已成为主流公共话语中的日常"通货"。道德消费具现于消费实践，涉及一系列广泛问题的解决，如全球劳工、人权、可持续、地方文化和经济推广。对我们来说，道德消费已然司空见惯，公平贸易产品、有机农产品、地方农贸市场、生态友好型系列产品、替代能源技术等等，只是道德消费的一些流行表现形式。金姆·汉弗利（Kim Humphery, 2010: 50）分析了反消费主义的不同形式，并对其间的"交织链"进行了有益的梳理：包括文化恶搞（culture jamming）等实践在内的文化政治；道德消费的公民政治（提倡个人进行"负责任的"消费）；生活政治形式（个人消费实践发展到对环境更为友好的生活方式）；面向社区的政治形式；更系统的反消费主义政治（力图改变广告活动、环境税、补贴等问题的立法和法规）。当代很多消费并无道德可言，而"道德消费"的提出恰恰反映了对其不道德基础的认识。同时，生产者和消费者之间并不平等，而这种不平等在现代全球资本主义中基本处于隐形状态。如此，那些力求突出并解决该问题的尝试，无疑推动了道德消费的提出。可以说，在道德消费中，驱动购买模式的往往不是成本，而是表达出来的"关怀、休戚与共、集体关注"（Barnett et al., 2005: 45）。

当然，我们也不应该夸大道德消费的公众知名度和政治效力，而是需要承认，总体而言，它仍然是日常消费实践中的一种边缘形式。虽然某些城市的某些社区可能确实有一系列生态友好型商店和企业，因此"实际上很难不成为一个'有道德的消费者'"（Barnett et al., 2005: 47），但大多数消费者的日常生活并没有深受道德消费形式的影响。对"道德消费"这一概念，学界出现了几种批评之声，其中一种是，它只是在试图安抚任何关于其有助于更可持续社会的积极主张。在汉弗利（Humphery, 2011）看来，将消费而不是生产力视为政治活动的主要领域这一点本身就很重要，"身份和斗争的主要场所不再是工作场所，而是市场。因此，反消费主义被心甘情愿地卷入晚期现代性叙事中，并成为其特定的传播者，在这种叙事中，消费和金钱领域被视为社会形成和个人意识的主要来源"（Humphery, 2011: 47）。其中最明显的一点或许是，道德消费可以被视为试图将全球资本主义的结构性问题归咎于个人：虽然道德消费的形式可能给个别公司施加了压力，但它并没有从根本上挑战全球资本主义的不平等和不道德基础，而且有可能分散了人们参与更具实质性政治活动的注意力。据称，道德消费在受制于新自由主义的同时，也进一步推动了新自由主义。例如，戈斯曼（Guthman, 2008）认为，食品行动主义的现代形式推动了消费者的选择、地方主义、企业家精神和自我提升，因此实质上有助于"新自由主义主体性的产生，而这种主体性默许消费社会的存在"（Guthman, 2008: 1181）。道德消费也可以通过"洗绿"的方式被企业利益吸收。换言之，在产品的环保优点方面，公开的营销和促销策略有夸大和误导消费者之嫌。对道德消费的另一个批评是，其"质量要求"，如产品的质量、制造产品的工人的权利、产品的整体环保优点等，在一定程度上增加了成本，提高了产品的价格，因而让穷人的日常消费雪上加霜。

道德消费也可能掩盖了消费中最核心的问题。气候危机和环境退化的挑战要求我们减少消费，这一点至关重要，而道德消费却鼓励特权阶层维持过度消费水平。这种批评道出了道德消费中一个重要的区别。正如宾克利和利特勒（Binkley and Littler, 2011: 7）指出的那样，我们可以区分"反消费（消费较少）和反消费主义（不同消费方式）"。就道德消费必然涉及消费而言，我们可以说它重点关注的是不同的消费方式：从针对耐克和麦当劳等全球性公司的政治运动，到支持弱小的地方农贸市场，但反消费和反消费主义并不相互排斥：个人可能不会积极地参与反消费运动，如"自愿简单化"或"什么都不买"，但道德消费往往与消费问题的意识相伴相生，其实践者常常会拒绝参与"强制充实"的现代消费文化。

道德消费挑战了将消费视为被动"终点"行为的传统："……是商品网络生产能力的终点站"（Goodman, 2004: 895）。相反，在明确指导下的道德消费形式，更普遍地强调消费的"生产性"地位。正如丹尼尔·米勒（Daniel Miller, 1995: 30）所总结的那样，消费可以被理解为"对商品和服务的使用，其中，对象或活动同时成为一种实践，也是我们在世界中建构自我解读的一种形式"。他的观点提醒了我们，不能仅仅将消费归结为对商品性质的审查，对消费者的理解也不能仅仅局限于获得商品的过程。相反，购买商品只是一种参与的开始，而这种参与的延续，主要在于"重新分配"商品的模式及其在文化环境中的使用。当然，商品的意义和价值已经在某种程度上被编码，而消费者了解社会背景，从而赋予其特定意义和价值的能力却又不尽相同。尽管如此，米勒（Miller，1987: 189–193）仍然坚称，资本主义社会的消费通常会派生"异化的"主体，而批评性学术传统重点关注的是这种派生的方式，却忽视了我们在社会关系及其形成过程中与物质文化的必要接触。

六、差异和生态惯习

可持续日常生活的表现形式并不单一，原因是人们参与可持续的方式大相径庭：有些人可能具有一种浅层的可持续倾向，他们在超市溜达时会购买生态友好型产品；而对另一些人来说，可持续则是一种深层的承诺，他们在家庭生活、粮食生产和消费、日常能源使用和出行、接触当地社区等方面，会做出根本性的改变。虽然可持续日常生活并没有单一的表现方式，但大量媒体和传播的学术研究，重点探讨的均是可持续生活实践是如何标志着一种高文化资本的。这类研究往往是借鉴早期知名的批评性研究成果，如道德消费的个体化本质观，并据此主张，动员可持续实践更像是对现有阶层和社会差别的重新改造，而不是预示对社会生产力进行任何真正的变革。这种批评性观点通常是源于皮埃尔·布迪厄（Pierre Bourdieu, 1984）对法国文化的基础性研究。在《差异：对品味判断的社会批判》（*Distinction: A Social Critique of the Judgement of Taste*）一书中，布迪厄详尽剖析了 20 世纪中叶法国工人阶级和资产阶级家庭的日常活动：着装、购物、饮食、家居装饰和娱乐。该书的价值在于，它展示了日常社会中编码和制定文化价值的方式，特别是那些拥有高文化资本的阶层如何决定并自然化社会的品味，进而对从属阶层的品味和审美施加一种"符号暴力"。布迪厄的研究引发了不小的社会反响，例如，替代性食品网络和文化研究在呼应这一观点时坚称，强势群体往往会特权化、自然化更合乎道德的消费形式，从而边缘化弱势消费者群体，并淡化结构性不平等，而这种结构性不平等恰恰会导致消费者难以支持替代性消费形式（Guthman, 2003, 2008; Johnston et al., 2011）。

在很多情况下，道德消费实践的确是社会差异的标志，但同样，我们也不能简单地将文化和政治价值归因于特定群体的主导阶层（Parkins and Craig, 2009: 82）。对此，乔·利特勒（Jo Littler, 2011: 35）指出："我们不能将道德消费归结为中产阶级的行为，因为有很多工人阶级接受它，但也有很多中产阶级拒绝它。"米勒同样认为，虽然差异可能是"工业社会文化实践本质的一幅精彩画卷"，但它也"几乎把所有的消费归结为社会分化的游戏"。（Miller, 1987: 213）从前面对米勒作品的讨论中，我们可以看到，这一点实际上忽略了消费实践在社会环境中的广泛影响："不能将文化实践简化为社会差异，相反，我们应该认识到，文化实践塑造非常具体且至关重要的物质存在，派生社交性和认知秩序的可能性，并生成道德观、理想世界、其他抽象化和原则。"（Miller, 1987: 191）

尽管如此，一系列研究中的相关争论凸显了道德消费者和可持续生活实践者的主体性问题。在这方面，布迪厄的研究同样具有启发性。学界借鉴并拓展了他的"惯习"概念（Bourdieu, 2002），以讨论可持续主体的"生态惯习"（Carfagna et al., 2014; Haluza-DeLay, 2008）。在布迪厄看来，惯习指的是我们的"具身历史"（Bourdieu, 1990: 56），具言之，社会化以及与社会环境的持续磋商过程，内化于我们的自我意识，并外化于我们的言行及与他人的互动。如此，作为一种主体性解释，惯习概念强调，个人日常实践是一种更普遍的集体身份表达方式。布迪厄指出，这并不是要对主体性进行机械论或确定论解释；相反，惯习突出的是不同的个体在与他人和社会环境互动中可用的资源、技能和能力。如此，布迪厄的理论具有其应用价值，可以用来解释复杂的主体性过程，具言之，新兴的可持续生活问题和实践派生了相应的机会和张力，而社会的、具身的、阶级分层的主体性，又以不同的方式参与并驾驭这些机会和张力。然而，"成功的"生态惯习不仅取决于参与可持续生活的初心和迫切需求，而且取决于当实践常规化时，如何进一步实质性地推动可持续生活实践。对此，哈鲁匝–德莱指出："应该根据某一地方中社会、生态俱佳的生活实践，对生态惯习进行反向描述，因为体现在特定地点的惯习，往往会提供一种实践感或'游戏感'。据此，我们可以将生态惯习理解为一种从'地方感'（Bourdieu, 2002）发展中而来的专业知识：一种关于在这个地方如何生活得更好的实用逻辑……。"（Haluza-DeLay, 2008: 213）这种描述反过来又强调，无论是可持续生活实践，还是对其的评估，均不能进行单一的罗列或一锤定音。相反，它们取决于人们如何融入他们所处的特定环境。

除了要考虑融入不同环境的特殊性，对生态惯习概念的应用还必须足够灵活，以确认与主体位置相关的演变实践和价值。霍尔特运用布迪厄在《差异》一书中的方法，提出高文化资本（high cultural capital, HCC）消费者之说。（Holt, 1997, 1998）基于此，卡法娜等人的研究关注了美国的高文化资本消费者，并对他们的生态惯习进行了探讨。（Carfagna et al., 2014）该方面的研究发现，正是各自参与领域、物质和劳作的特殊性，区分出了两种惯习：一是近期才表现出来的生态惯习；二是高文化资本消费者的更为成熟、更为传统的惯习。她们的研究同时聚焦道德消费者问题，并探讨了其与高文化资本消费者的区别。该方面的研究主要有两个发现：一是生态意识的驱动力。具言之，驱动种种差异的是受试者的生态意识，而不是更明确的经济地位。二是受试者生态惯习的几个特点。首先是它的地方性倾向——显然不同于传统 HCC 受试者的国际化倾向；其次是它所包含的"朴实、感性、生态的唯物主义"（2014: 165）——显然不同于对消费社会唯物主义、更"理想主义"视角的传统批判；最后是它的体力劳动（回收、手工和家制产品、DIY 文化等）导向——显然不同于以知识为导向的传统工作（Carfagna et al., 2014: 163–165）。

七、本章小结

本章梳理了可持续日常生活主题的相关学术争论，阐述了对可持续日常生活的理解，据此为本书的后续讨论奠定基础。本章指出，虽然可持续有多种不同的表现形式：从可持续发展，一直到聚焦环境与人类活动之间物质关系的激进形式，但从根本上说，可持续是一个具有争议性的话语概念，而公众对其意义的种种讨论，赋予了其活力和外在形状。本章表明，可持续通过物质过程和符号网络过程而构成，而理解可持续的最佳方法是追踪这些网络的功能和有效性。本章同时考察了日常生活的范围和特征，讨论了其空间和时间背景，但也注意到日常生活是一种调节的产物。据此，本章指出，表征和叙事对理解可持续日常生活至关重要。最后，本章讨论了可持续日常生活在道德消费生活方式和实践中的不同表现，并阐明了这些方式和实践是如何表达特定的、受社会影响的身份的。

日常可持续的演绎方式多样，从新兴的临时性实践（受制于不同的价值取向和系统性约束），到各种形式的习惯（形成于对特定地方环境恶化的反思性回应）。一方面，日常可持续经常被卷入动态的现代消费者文化之中。具言之，人们通过消费更多的社会知名商品来促进可持续，其实践仅局限于微小的变化，如回收利用，但不会从根本上挑战资本主义殖民日常生活的方式。另一方面，日常可持续立足于解决日常生活问题。具言之，它挑战并质疑潜在的习惯和惯例，据此，人们往往会设法改变世俗的做法、时间的使用，并重新解读普通物质体的意义、价值和相互联系。如此，有别于传统日常生活的自动和无思维特征，可持续日常生活可以促进列斐伏尔所说的陌生化，而这种陌生化对促进生活方式的转变来说不可或缺（Highmore, 2002: 142–144）。评估可持续日常生活的困难部分源于一个事实，即政治动力虽然有异，但最终都会归结到个人在日常可持续中的自由，并通过这种个人自由发挥作用。正如菲奥娜·阿隆（Fiona Allon, 2016: 57）所言，可持续已经被应用于新自由主义治理的广泛转变之中，其中，国家约束的倒退派生了更大的个人责任和自我管理需求，而与此同时，人们正采用多种"凑合"的方式来应对气候危机的挑战，这些方式共同表征着"新型环境公民身份的基础，而这种公民身份无论在扩大环境可持续的政治方面，还是在实现持久的社会变革方面，均具有相当大的潜力"。如此，片面地谴责或捍卫可持续日常生活并不可取；它既不是现代资本主义的一种附带现象，也不是一个可以被彻底拯救并修复，以进行政治转型的场所。可持续日常生活虽然是可持续任务的发生地，但它必然是一个转变的过程，其中有无数的妥协，也有鼓舞人心和令人愉快的尝试，以开启一种不同的生活方式。

参考文献

Allon, Fiona. 2016. "The Household as Infrastructure: The Politics and Porosity of Dwelling in a Time of Environmental Emergency." In *The Greening of Everyday Life: Challenging Practices, Imagining Possibilities*, edited by John M. Meyer and Jens M. Kersten. Oxford: Oxford University Press.

Banerjee, Subhabrata Bobby. 2003. "Who Sustains Whose Development? Sustainable Development and the Reinvention of Nature." *Organization Studies* 24 (1): 143–180.

Barnett, Clive, Paul Cloke, Nick Clarke, and Alice Malpass. 2005. "Consuming Ethics: Articulating the Subjects and Spaces of Ethical Consumption." *Antipode* 37 (1): 23–45.

Barry, John. 1996. "Sustainability, Political Judgement and Citizenship: Connecting Green Politics and Democracy." In *Democracy and Green Political Thought: Sustainability, Rights and Citizenship*, edited by Brian Doherty and Marius de Geus, 115–131. London: Routledge.

Bauman, Zygmunt. 2007. *Consuming Life*. Cambridge: Polity.

Beck, Ulrich. 1992. *Risk Society: Towards a New Modernity*. London: Sage.

Beck, Ulrich. 1995. *Ecological Politics in an Age of Risk*. Cambridge: Polity.

Beck, Ulrich, and Elizabeth Beck-Gernsheim. 2002. *Individualization: Institutionalized Individualism and Its Social and Political Consequences*. Translated by P. Camiller. London: Sage.

Binkley, Sam, and Jo Littler. 2011. "Introduction: Cultural Studies and Anti-consumerism: A Critical Encounter." In *Cultural Studies and Anti-consumerism: A Critical Encounter*, edited by Sam Binkley and Jo Littler, 1–12. London: Routledge.

Bourdieu, Pierre. 1984. *Distinction: A Social Critique of the Judgement of Taste.* Translated by Richard Nice. London: Routledge.

Bourdieu, Pierre. 1990, *The Logic of Practice*. Translated by Richard Nice. Cambridge: Polity Press.

Bourdieu, Pierre. 2002. "Habitus." In *Habitus: A Sense of Place*, edited by Jean Hillier and Emma Rooksby, 27–36. Aldershot: Ashgate.

Brundtland, Gro Harlem. 1987. *Our Common Future: The World Commission on Environment and Development*. New York: Oxford University Press.

Callon, Michel. 1986. "Some Elements of a Sociology of Translation: Domestication of the Scallops and the Fishermen of St Brieuc Bay." In *Power, Action and Belief: A New Sociology of Knowledge?* edited by John Law, 196–233. London: Routledge and Kegan Paul.

Callon, Michel, and Bruno Latour. 1981. "Unscrewing the Big Leviathan: How Actors Macro-Structure Reality and How Sociologists Help Them to Do So." In *Advances in Social

Theory and Methodology: Toward and Integration of Micro- and Macro-Sociologies, edited by K. Knorr-Cetina and A. V. Cicourel, 277–303. Boston: Routledge and Kegan Paul.

Carfagna, Lindsey B., Emilie A. Dubois, Connon Fitzmaurice, Monique Y. Ouimette, Juliet B. Schor, and Margaret Willis. 2014. "An Emerging Eco- Habitus: The Reconfiguration of High Cultural Capital Practices Among Ethical Consumers." *Journal of Consumer Culture* 14 (2): 158–178.

Cavagnaro, Elena, and George Curiel. 2012. *The Three Levels of Sustainability*. Sheffield: Greenleaf.

Chaney, David. 1996. *Lifestyles*. London: Routledge.

Commoner, Barry. 1971. *The Closing Circle: Confronting the Environmental Crisis*. London: Jonathan Cape.

Cullens, Chris. 1999. "Gimme Shelter: At Home with the Millennium." *Differences* 11 (2): 204–227.

de Certeau, Michel. (1984). *The Practice of Everyday Life*. Translated by S. Rendall. Berkeley, CA: University of California Press.

DEFRA. 2008. *A Framework for Pro-environmental Behaviours*. London: Department for Environment, Food and Rural Affairs.

Dryzek, John S. 1997. *The Politics of the Earth: Environmental Discourses*. Oxford: Oxford University Press.

Featherstone, Mike. 1991. *Consumer Culture and Postmodernism*. London: Sage.

Felski, Rita. 1999 [2000]. "The Invention of Everyday Life." *New Formations* 39: 15–31.

Felski, Rita. 2002. "Introduction." *New Literary History* 33: 607–622.

Forno, Francesca, and Paolo R. Graziano. 2014. "Sustainable Community Movement Organisations." *Journal of Consumer Culture* 14 (2): 139–157.

Gaard, Greta. 2015. "Ecofeminism and Climate Change." *Women's Studies International Forum* 49: 20–33.

Gibson, Chris, Lesley Head, Nick Gill, and Gordon Waitt. 2010. "Climate Change and Household Dynamics: Beyond Consumption, Unbounding Sustainability." *Transactions of the Institute of British Geographers* 36 (1): 3–8.

Giddens, Anthony. 1991. *Modernity and Self-Identity: Self and Society in the Late Modern Age*. Stanford: Stanford University Press.

Goodman, Michael K. 2004. "Reading Fair Trade: Political Ecological Imaginary and the Moral Economy of Fair Trade Foods." *Political Geography* 23: 891–915.

Gunderson, Lance H., and C. S. Holling, eds. 2002. *Panarchy: Understanding Transformations in Human and Natural Systems*. Washington, DC: Island Press.

Guthman, Julie. 2003. "Fast Food/Organic Food: Reflexive Tastes and the Making of 'Yuppie Chow'." *Social and Cultural Geography* 4 (1): 45–58.

Guthman, Julie. 2008. "Neoliberalism and the Making of Food Politics in California." *Geoforum* 39: 1171–1183.

Haenfler, Ross, Brett Johnson, and Ellis Jones. 2012. "Lifestyle Movements: Exploring the Intersection of Lifestyle and Social Movements." *Social Movement Studies* 11 (1): 1–20.

Haluza-DeLay, Randolph. 2008. "A Theory of Practice for Social Movements: Environmentalism and Ecological Habitus." *Mobilization* 13 (2): 205–218.

Hardisty, Paul E. 2010. *Environmental and Economic Sustainability*. Boca Raton, FL: CRC Press.

Highmore, Ben. 2002. *Everyday Life and Cultural Theory: An Introduction*. London: Routledge.

Holt, Douglas. 1997. "Distinction in America? Recovering Bourdieu's Theory of Taste from Its Critics." Poetics 25: 93–120.

Holt, Douglas. 1998. "Does Culture Capital Structure American Consumption?" *Journal of Consumer Research* 25: 1–25.

Humphery, Kim. 2010. *Excess: Anti-consumerism in the West*. Cambridge: Polity.

Humphery, Kim. 2011. "The Simple and the Good: Ethical Consumption as Anti-consumerism." In *Ethical Consumption: A Critical Introduction*, edited by Tania Lewis and Emily Potter, 40–53. London: Routledge.

Johnston, Josée, Michelle Szabo, and Alexandra Rodney. 2011. "Good Food, Good People: Understanding the Cultural Repertoire of Ethical Eating." *Journal of Consumer Culture* 11 (3): 293–318.

Lane, Ruth, and Andrew Gorman-Murray, eds. 2011. *Material Geographies of Household Sustainability*. Farnham: Ashgate.

Latour, Bruno. 1993. *We Have Never Been Modern*. Cambridge, Mass: Harvard University Press.

Latour, Bruno. 2004. *Politics of Nature: How to Bring the Sciences into Democracy*. Translated by Catherine Porter. Harvard: Harvard University Press.

Latour, Bruno. 2005. *Reassembling the Social*. Oxford: Oxford University Press.

Law, John. 2003. *Notes on the Theory of the Actor Network: Ordering, Strategy and*

Heterogeneity. www.comp.lancs.ac.uk/sociology/papers/Law-Notes-on- ANT.pdf.

Law, John. 2009. "Actor Network Theory and Material Semiotics." In *Social Theory*, edited by Bryan Turner, 141–158. Malden, MA: Wiley-Blackwell.

Lefebvre, Henri. 1984. *Everyday Life in the Modern World*. Translated by Sacha Rabinovitch. New Brunswick: Transaction Publishers.

Lefebvre, Henri. 1987. "The Everyday and Everydayness." *Yale French Studies* 73: 7–11.

Lefebvre, Henri. 1988. "Towards a Leftist Cultural Politics." In *Marxism and the Interpretation of Culture*, edited by Cary Nelson and Lawrence Grossberg, 75–88. Chicago: University of Illinois Press.

Littler, Jo. 2011. "What's Wrong with Ethical Consumption?" In *Ethical Consumption: A Critical Introduction*, edited by Tania Lewis and Emily Potter, 27–39. Oxford: Routledge.

Macnaghten, Phil. 2006. "Environment and Risk." In *Beyond the Risk Society: Critical Reflections on Risk and Human Security*, edited by G. Mythen and S. Walklate, 132–146. Maidenhead: Open University Press.

Macnaghten, Phil, and John Urry. 1998. *Contested Natures*. London: Sage.

Mentz, Steve. 2012. "After Sustainability." *PMLA* 127 (3): 586–592.

Miller, Daniel. 1987. *Material Culture and Mass Consumption*. Oxford: Basil Blackwell.

Miller, Daniel. 1995. *Acknowledging Consumption*. London: Routledge.

Milne, Markus J., Kate Kearins, and Sarah Walton. 2006. "Creating Adventures in Wonderland: The Journey Metaphor and Environmental Sustainability." *Organization* 13 (6): 801–839.

Morse, Stephen. 2010. *Sustainability: A Biological Perspective*. Cambridge: Cambridge University Press.

Morton, Timothy. 2010. *The Ecological Thought*. Cambridge, MA: Harvard University Press.

Murdoch, Jonathan. 1998. "The Spaces of Actor-Network Theory." *Geoforum* 29 (4): 357–374.

Murdoch, Jonathan. 2006. *Post-structuralist Geography*. London: Sage.

Naess, Arne. 1973. "The Shallow and the Deep, Long-Range Ecology Movement: A Summary." *Inquiry* 16: 95–100.

Neumayer, Eric. 2010. *Weak Versus Strong Sustainability: Exploring the Limits of Two Opposing Paradigms*, 3rd edn. Cheltenham: Edward Elgar.

Parkins, Wendy. 2016. "Silkworms and Shipwrecks: Sustainability in Dombey and Son."

Victorian Literature and Culture 44: 455–471.

Parkins, Wendy, and Geoffrey Craig. 2006. *Slow Living*. Oxford: Berg.

Parkins, Wendy, and Geoffrey Craig. 2009. "Culture and the Politics of Alternative Food Networks." *Food, Culture and Society* 12 (1): 77–103.

Peters, Michael Derek, Philip Sinclair, and Shane Fudge. 2012. "The Potential for Community Groups to Promote Sustainable Living." *The International Journal of Interdisciplinary Social Sciences* 6 (8): 35–53.

Reid, Louise, Philip Sutton, and Colin Hunter. 2010. "Theorizing the Meso Level: The Household as a Crucible of Pro-environmental Behaviour." *Progress in Human Geography* 34: 309–327.

Sobel, Michael E. 1981. *Lifestyle and Social Structure: Concepts, Definitions, Analyses*. New York: Academic Press.

Spaargarten, Gert, and Bas Van Vliet. 2000. "Lifestyles, Consumption and the Environment: The Ecological Modernization of Domestic Consumption." *Environmental Politics* 9 (1): 50–76.

Thiele, Leslie Paul. 2011. *Indra's Net and the Midas Touch: Living Sustainably in a Connected World*. Cambridge, MA: The MIT Press.

Thiele, Leslie Paul. 2016. *Sustainability*. Cambridge: Polity.

Thøgersen, John. 2005. "How May Consumer Policy Empower Consumers for Sustainable Lifestyles?" *Journal of Consumer Policy* 28: 143–178.

United Nations. 2019. *Sustainable Development Goals*. https://www.un.org/sustainabledevelopment/.

United Nations Development Programme. 2011. Human Development Report 2011. *Sustainability and Equity: A Better Future for All*. http://hdr.undp. org/sites/default/files/hdr_2011_en_summary.pdf.

Wainwright, Joel. 2005. "Politics of Nature: A Review of Three Recent Works by Bruno Latour." *Capitalism Nature Socialism* 16 (1): 115–122.

Waitt, Gordon, Peter Caputi, Chris Gibson, Carol Farbotko, Lesley Head, Nick Gill, and Elyse Stanes. 2012. "Sustainable Household Capability: Which Households Are Doing the Work of Environmental Sustainability?" *Australian Geographer* 43 (1): 51–74.

Whatmore, Sarah, and Lorraine Thorne. 1997. "Nourishing Networks: Alternative Geographies of Food." In *Globalizing Food, edited by David Goodman and Michael J. Watts*, 287–304. London: Routledge.

Wood, Gillen D'Arcy. 2011. "What Is Sustainability Studies?" *American Literary History* 24 (1): 1–15.

Young, Iris Marion. 1997. "House and Home: Feminist Variations on a Theme." In *Intersecting Voices: Dilemmas of Gender, Political Philosophy and Policy*. Princeton: Princeton University Press.

第二章

环保生活方式媒体

一、引　言

　　关注生活方式是媒体行业一个日益突出的特征：很多电视频道专注于食品、旅行等主题；越来越多的杂志专注于生活方式；大量的广告表征并推广似乎是通过一次购买就能实现的理想生活方式；即使是路透社这种知名的新闻和金融服务公司，也有专注于生活方式的通讯社（Brook, 2006）。研究生活方式媒体的一个方法是关注其在不同类型媒体中的表达方式，如电视、在线媒体、平面媒体和广告。电视有各种各样涉及生活方式的真人秀节目；平面媒体涵盖周末报纸增刊、书籍和杂志；在线媒体包括社区网站、建议网站、活动人士网站和其他的在线媒体端口；此外还有大量的广告活动和促销渠道。这种媒体融合与促销文化的背景意味着媒体之间的区分越来越成问题：很多生活方式媒体名人将成功的电视节目衍生为书籍和同名杂志，推广产品，并参与全球巡演。这种研究方法至少可以表明生活方式在日常媒体输出中的普及程度。

　　研究生活方式媒体的另一个方法是关注其所涉及的主题类型。该类媒体的主题通常与自我和家庭日常生活相关：食物和烹饪；园艺，房屋建造、翻新和装修；旅行；时尚；购物；以及在身心健康、养育子女和财务状况等方面的多种自我提升。这意味着，"囊括"生活方式媒体并非易事：它们隶属于更广泛意义上的娱乐和"信息娱乐"（infotainment）媒体文本，它们的成功和对生产者、消费者的吸引力，在很大程度上既归功于其融合其他媒体类型的能力，也归功于其使用新形式的能力，如以"竞赛"为主办形式的节目。学界早已注意到生活方式媒体的这种"塑性"（plastic）本质。在梅德赫斯特（Medhurst,

1999: 26）看来，生活方式电视节目是"一个跛行的、松垮的标签"，"在不同的类型之间徘徊"，"'生活方式'一词的模糊性也表明，该类电视节目并不甘心被禁锢在传输盒中"。生活方式媒体是挖掘平凡生活的乐趣、问题和潜力的产物，因此，它们虽然以"娱乐"的方式呈现，但并非虚构的文本，而是植根于现代日常生活的"现实"。如此，生活方式不仅普遍表征于媒体文本之中，而且更具体地表征为一种新闻形式。从这个意义上来说，该类媒体同样令人困扰——关注私人、日常生活领域的生活方式新闻，显然不同于且没有关注公共领域新闻的那种"适当的"审查流程。例如，牛津大学出版社的《新闻词典》（*A Dictionary of Journalism*）用一段话表达了对生活方式新闻的否定："一个有点模糊的术语，涵盖烹饪、时尚、旅游、性、购物等软新闻和专题。其中大部分内容倾向于不加批判且对广告商友好，而这并非不可避免。"（Harcup, 2014）尽管如此，生活方式新闻仍可被描述得非常详细。例如，奈提·诺加德·克里斯滕森和尤尼·弗洛姆（Nete Nørgaard Kristensen and Unni From, 2013: 25）区分了生活方式新闻（关注时尚、食品、心理学等主题）、文化新闻（关注电影、音乐、戏剧等主题）和消费者新闻（关注汽车、技术、旅行等主题），同时也指出了这些界限在当代报道文学中的模糊化趋向。两位学者的观察的确突显了一个重要问题，即如何划分生活方式媒体和生活方式新闻。虽然本书重点关注的并非主题的分类，而是生活方式媒体的表征和意义，但他们的观察无疑有其正确的一面，即这些软新闻之间的区别越来越模糊。虽然我们并没有区分"生活方式"和"消费者"新闻形式，但生活方式媒体报道显然有别于文化或"艺术"类新闻。

　　区分环保生活方式媒体与其他生活方式媒体，初看起来很简单：前者指那些以环境为专题或主题的媒体文本。也就是说，对"环境"的解读可以更为广泛，而对环保文本的严格划分，将它们视为一个有别于其他"主流"媒体和新闻输出的主题或类型，则会降低它们的效能。从气候变化的威胁和破坏中，我们吸取到的另一个教训是，不能将环境与社会、经济和文化组织隔绝开来。环境并不是我们生存的附带现象，也不是我们扩张城市、发展业务、购物、开车上班或在餐厅用餐时，必然会注意到的一种独立现象。因此，该类媒体以及更广泛的环境媒体、新闻和传播的出现，也间接说明了环境问题在其他媒体文本中的缺失或无声。该类媒体中"环保"和"生活方式"的组合证明，现代生活方式通常以牺牲环境为代价。尽管如此，它们仍然致力于突出环境、提供信息和建议，并讲述可持续生活故事及重要任务。同样，在更普遍的生活方式媒体文本中，关注环境问题的表达越来越司空见惯。尽管如此，环保生活方式媒体往往会成为批评的对象，因为有人认为，它们与其他生活方式媒体并没有本质上的区别。除此之外，它们饱受批评的原因还有两个，一是环保主义成为区分大多数中产阶级观众的另一种工具，二是它们的主要功能是将环保主义商品化，推广并销售构成可持续生活方式的物品和实践。可以说，环保生活方式媒体只是将可持续呈现为另一种生活方式的选择，而没有从根本上挑战现代消费主义和全球资本主义的不可持续。根据第一章对可持续的讨论，我们可以说，该类媒体再现了"可持续发展"的改良主义话语，即坚称可以在不干扰现有经济社会秩序的情况下，应对气候变化的挑战。

环保生活方式媒体只是所有生活方式媒体的一小部分，也是环境媒体和新闻业的一小部分，在整个媒体和新闻产出中占比甚至更小。我们很难具体量化环保生活方式媒体是否是一种不断壮大的媒体形式。有学者（Evans and Abrahamse, 2009: 487）观察到："人们几乎一打开收音机或电视，就会听到关于'可持续生活方式'的消息，因为报纸、增刊和杂志……越来越多地倡导生活方式的改变，敦促人们为了环境的利益而改变他们的生活方式。"我们可能会认为，公众环保意识的不断增强意味着环保生活方式媒体也会有更多的产出。但有趣的是，根据我们的观察，近年来，一些英国报纸的在线目录中削减了绿色生活的比重，环保生活方式报道的数量也没有以任何可见的方式去增长。同样，很多国家的生态真人秀生活方式电视节目在几个系列之后就难以为继。我们也发现，《纽约时报》关闭了环境部门（Sheppard, 2013）。很多大报近年来也减少了环境记者的数量，当然，这种裁员需要在新闻人员配备水平整体下降的背景下加以考量。此外，环保生活方式的新闻报道很可能由多面手记者撰写。随着全球排放协议的签署以及各国政府对能源生产的结构性变革，我们可能会看到更多的环保媒体和新闻报道，但我们不能就据此推断，随后会看到更多关于我们如何改变日常生活以应对气候危机的媒体。环保生活方式媒体在新闻媒体业中的地位仍是一个问题，具言之，它们不如其他环境媒体和新闻那样

"足够政治化",也"不能适应"知名媒体对普通消费者生活的那种描述。当然,这也是它们值得关注的原因。

本章首先基于媒体政治经济学,探讨环保生活方式媒体的功能,包括它们动员作为消费者的观众和读者,以及吸引广告商的能力。本章随后讨论可用于评估该类媒体的竞争性框架:告知、教育、娱乐观众;作为一种工具,派生差异;作为一种流行媒体,深受民主化精神的影响,颂扬平凡的存在。本章也将考察该类媒体在主体形成和公众参与中的作用,探讨它们如何促进日常生活的管理和社会责任主体的培养,关注它们如何突出新型社交网络并引发政治行动主义。本章最后探讨该类媒体的表征以及可用于分析此类表征的方法。

二、生活方式媒体和广告活动

对生活方式媒体最常见的看法或许是《新闻词典》中指出的"对广告商友好"。虽然生活方式媒体涵盖多种文本,但它们更普遍的特征是带来很高的产值,提供日常生活的田园式或至少是积极的表征,并创造有益于广告活动的环境。无论是观看生活方式电视节目,还是阅读周末报纸增刊,都会发现生活方式媒体的主题与随附广告内容之间那种明显的合力。观众和读者可以无缝穿插于文本和广告之间,其中,文本突出食品、家居设计、园艺和旅行等主题的价值和乐趣,刺激受众的购买欲,而广告则提供相关产品。也就是说,生活方式媒体促进了"积极愿景和市场解决方案之间的巧妙交易:构建一种生活方式,然后出售"(Fish, 2005: 162)。如此,广告活动与媒体文本之间存在着一种高度和谐的关系。相较于其他领域或类型的媒体,生活方式媒体的内容和格式吸引了更多的广告,广告在媒体内容中占比也更高。正如翻阅一本时尚生活方式杂志时很快就会发现的那样,我们往往会绝望地寻找社评内容。虽然社评内容和广告之间的这种关系在生活方式媒体中非常明显,但我们很难量化这种关系的经济价值:该类媒体对广告商的吸引力在多大程度上提高了收益,这种收益又在多大程度上助力更广泛的报纸或电视节目的产出。但从历史上看,我们确实知道,工作日和周末版中越来越多的生活方式增刊,在很大程度上缓解了英国报业在过去几十年中经历的诸多经济压力(参见第三章)。

正如第四章将更详细讨论的那样，环保生活方式媒体与广告活动之间的关系尤其成问题。一方面，如果可持续生活方式的实体源自消费实践和与物质对象之间的关系，又或者环保生活方式媒体往往身处现在的商业环境，那么就会有广告的参与。正如莱斯等人所观察到的那样："广告活动已被公认为日常生活的一部分……市场既是访问物质文化的端口，也是不断扩大的话语空间。其中，社会消费的意义得以交易和磋商。如此，市场已成为消费社会中的一个卓越机构。"（Leiss et al., 2005: 3; 6）另一方面，广告推动消费和经济增长，但环境可持续的基础是减少消费的基本需求并挑战消费社会的基本原则。从这个意义上说，广告与可持续背道而驰。至此，我们可以说，鉴于"大量实践累积而成可持续生活"这一事实，也鉴于媒体所处的商业环境及其吸引广告商的需求，我们需要关注环保生活方式媒体文本中的可持续消费。当然，除了广告的角色和功能，我们还需要关注广告给该类媒体领域的构成带来的结构性影响。

在一份关于媒体政治经济学的基础声明中，默多克和戈尔丁（Murdock and Golding, 1974: 205-206）宣称："大众媒体首先是一个生产和分销商品的工商业组织。"就商业功能及实施商品化的过程而言，生活方式媒体的运行方式虽有不同但又密切相关。它们的文本自身就是受众消费的商品。正如第五章对真人秀电视节目讨论的那样，该类媒体的吸引力主要源于两点：一是制作成本相对低廉，二是其主题很容易延伸为剧集或故事。从更广泛的层面来说，该类媒体是在新自由主义背景下发展起来的。这种背景进一步放松了对媒体的管制，并允许媒体端口和渠道数量的激增，同时也培养了一种个人主义，要求人们担负起更大的自我责任，据此派生了该类媒体的普遍商品化。虽然其文本具有文化特殊性，但通常很容易将它们转发到世界各地的媒体市场，无论是以原始版本的方式，还是以改编版本的方式。作为一种电视形式，该类媒体是满足日益增长的调度需求的重要手段。正如从报纸增刊中发现的那样，该类媒体拓展了内容的广度，并吸引了原本可能会放弃购买相关出版物的读者。广受欢迎的生活方式媒体可以吸引大量的读者和观众，这反过来又有助于吸引广告商并带来收益。然而，吸引广告商的并不是该类媒体的受众规模，而是它们经常捕捉到的受众类型：这些观众对美好生活的兴趣浓厚，且有实现美好生活的经济能力。因此，不仅仅是向这些受众出售生活方式，受众本身也被出售给了广告商。

广告活动对环保生活方式媒体具有双重导向：广告文本既是该类媒体的伴生物，也是宣传"环保"商品的生活方式媒体。它们的文本内容与随附广告之间的合力早已进入了大众视野，但需要指出的是，商业逻辑有助于文本的生成，其首要地位体现于新闻格言，即新闻故事只是为了填补广告之间的空白。同时，媒体也会制作一种软文本，即"伪装"成社评内容的广告文本，在这种软文本中，甚至连这种"空白"边界也会消失。更普遍的是，即使公开了资金和支持来源，大家也会普遍担心商业给生活方式记者带来的影响。例如，费思基就曾指出："自20世纪70年代报纸上推出旅游栏目以来，旅游新闻的糟糕状态及其对免费旅行和赠品的依赖，一直是很多新闻评论文章批评的主题。"（Fürsich, 2013: 14）曾为《星期日电讯报》撰写绿色地产专栏的莎拉·朗斯代尔也曾指出，该专栏之所以能在一家对环境问题持普遍怀疑态度的报纸上长久生存，主要是"因为它不仅能吸引广告（太阳能电池板、三层玻璃），而且在线'点击率'较高"。朗斯代尔接着指出，虽然广告商从未对其施加过任何公然的影响，但她"很清楚，太阳能电池板广告商要求在我的专栏旁投放他们的广告，尽管我从未事先告知他们该专栏的内容"（Sarah Lonsdale, 2015，个人交流）。环保生活方式媒体与广告之间的关系，显然取决于该类媒体的类型，因为有些文本面向普通受众（周末报纸、生态真人秀电视节目），有些则面向更特定的受众（环保生活方式杂志、在线生态社区媒体）。在某些情况下（如商业网络中的生态真人秀电视节目），节目内容与吸引广告的普遍需求并不一致，因此有可能影响节目的持久生存能力，但在其他情况下（如更专业的"绿色"杂志），投放广告的企业与专业的或致力于环保的读者群之间，可能存在着更为和谐的关系（参见第四章）。

三、对环保生活方式媒体的评论

第一章曾指出，剖析和评估"可持续"和"生活方式"这两个概念并不容易，而对环保生活方式媒体优缺点的解读同样如此。困难之一源于该类媒体的多样性——本书后续章节考察了各种类型的环保生活方式媒体，从电力公司的广告，到地方组织为推广可持续社区而使用的脸书。我们虽不能对该类媒体进行任何单一的评估，但仍可以运用一些理论框架，对某些特定的文本进行批评。在宣传环保主义和可持续方面，该类媒体的表层目标主要是提供信息并进行教育。正如本章后面所讨论的那样，所有生活方式媒体都有这样的目标，但环保生活方式媒体更甚，家居设计或烹饪指导的个人和私人侧重点也更为明显。在一定程度上，该类媒体通常受到环境管理类潜在主题的影响，这些主题更具普遍性和公共性，政治导向也更甚。另外，本书考察的大多数文本都源于一些流行媒体，其中的实例均试图以不同的方式娱乐读者和观众。如此，教育和娱乐之间的区别就成了一个问题，换言之，信息可以以娱乐的方式提供，娱乐也可以提供信息（Ekström, 2000: 466）。尽管如此，这种集教育和娱乐于一体的双重功能也非常重要，因为我们可以据此对该类媒体进行评估。同样，作为一种生活方式媒体，该类媒体关注的是日常生活这一普遍领域，从这个意义上说，它们有助于触动民主意识。但同样，正如此前已经讨论过的那样，它们也可以作为区分工具，即将不同的人群区分为或多或少负责任的主体，并将这种差异映射到不同阶层。当然，这一点看似矛盾，但更重要的是，这两种立场之间的"紧张"关系，说明了该类媒体与其他生活方式媒体共同面临的困境，其中，教育目标与包容、平等的话语模式共存，而这种话语模式探讨的是共同关注的主题问题。我们将在下一节详细探讨环保生活方式媒体中主体的形成和治理问题。

对环保生活方式媒体的评价框架大多源于围绕种种话题展开的学术辩论，如大众媒体的优点、对日常生活的表征和处理、教育目的、与读者和观众（同时是公民和消费者）对话的性质等等。该类媒体首先是一种大众媒体形式；其文本通常被归类为所谓的"软"新闻，以区别于政治、公共事务、国际关系和商业等"硬"新闻。它们的文本也不同于其他环境媒体的硬新闻，后者报道的事件通常与气候变化谈判或科学、大规模污染等主题相关。当然，硬新闻的价值不仅取决于其主题，还取决于其时效性。换言之，硬新闻的特点通常是"突发性"，而软新闻往往关涉与读者和观众更相关或他们更感兴趣的话题，但通常不与特定事件相关。作为一个"包罗万象"的术语，软新闻以不同的方式涵盖人类兴趣、名人新闻、八卦以及更多面向私人领域的故事。

软新闻有时会被赋予较低的地位，其所讲述的故事也被认为缺乏真正的、严肃的社会意义，因此不具有考察的价值，但我们可以通过对软新闻和大众媒体更普遍、更积极的评价，来驳斥这种判断。女权主义者批评硬、软新闻之分中具现的性别差异，并主张承认育儿、人际关系、消费者行为、生活方式、文化等话题的社会意义（Lehman-Wilzig and Selezky, 2010；Van Zoonen, 1998）。最近，《每日秀》《与约翰·奥利弗的上周今夜》等"假"新闻节目的流行和政治影响，严重挑战了硬、软新闻之分。该类政讽类文本不仅超越了其作为喜剧的一般界限，而且还尖锐剖析了主流硬新闻报道的局限性和弱点。这些观察不仅充分表明了该类文本对流行媒体功能的普遍价值所进行的评估，而且表明了它们突出、合法化、阐明私人领域中平凡实践和乐趣的广泛社会意义。同样，这些观察也有力地证明了公共领域和私人领域之间的二元对立并不可取。这儿所说的公共领域主要关注理性的、实质性的政治问题，而私人领域则与欲望及对日常生活的表层关注相关。尽管如此，我们必须承认，不同类型的新闻和更普遍的媒体输出，均对共享的诠释框架做出了贡献，而这种框架塑造着我们的公共生活（Craig, 1999）。对此，约翰·哈特利（John Hartley, 1996: 145）写道：

> 公共领域和私人领域、男性文化领域和女性文化领域、政治和时尚、新闻和娱乐之间的老式划分，必须在后现代媒体语境下重新加以思考。传统的政治领域已被逐步私有化、女性化、郊区化和消费化……而最重要的新政治运动，如环境、种族、性别、和平和青年运动等等，均源于过去被视为私人的领域。

环保生活方式媒体之所以广受欢迎，主要原因在于其娱乐性，虽然这种娱乐性初看起来，可能没有最新的寻找音乐人才类节目或优质戏剧那样"明显"。尽管如此，该类媒体不仅会生成"有价值的"文本，而且正如我们将在后续章节中看到的那样，它们与其他娱乐媒体一样，也会起用名人并诉诸情感。"娱乐"一词的内涵很难捕捉，它可以指特定的媒体类型，也可以指媒体更普遍的功能（McQuail, 1991）。根据埃克斯托姆（Ekström, 2000: 466）的观察，该词"往往被用于负面含义……，对其的分析也缺乏精确度"。娱乐媒体具有明显的经济和文化意义，尽管学界已经对该"产业"进行了充分的考察，但对什么是"好的娱乐"这一简单的问题，却没有进行细致的研究。在这方面，艾伦·麦基（Alan McKee, 2012）探讨了"好的娱乐"的特征。虽然并非所有的特征都与环保生活方式媒体相关，但他确实为我们的研究目标提供了一个有用的列表。在该学者看来，当媒体有一个好故事时，往往会很有趣。这儿的好故事指"由人物角色的心理驱动的、合理的、按因果顺序架构的一系列事件"（McKee, 2012: 12），包括某种叙事结尾或"大团圆结局"。娱乐之所以如此，是因为它与观众融合和互动的方式。这种互动性体现在娱乐媒体的对话方式上：用一种接地气的、非正式的话语，直击观众的关注点或兴趣点。娱乐媒体还应该引发观众的情感反应，纳入有趣的元素（或至少不要太严肃），并保证视觉冲击力。最后，虽然环保生活方式媒体通常不会"快速且响亮"（McKee, 2012: 15），但它们也像其他娱乐媒体一样，不会采用冗长的文本，而是以适当压缩的格式加以呈现，同时也不要求读者和观众的扩展式参与。当然，我们不应该轻视娱乐也有其实质性的原因。对此，库兰（Curran, 2011: 75）指出：

> 简而言之，娱乐与社会民主生活之间的联系主要有四种方式：提供一个探索和辩论社会价值的空间，这些价值在当代政治中占据中心地位；提供一个定义和重塑社会身份的方法，这种身份与自我利益感密不可分；提供一个替代性的理解框架，为公共辩论提供信息；提供一个评估、加强、削弱和修订公共规范的方法，这些规范是我们自我管理方式中的一个组成部分。

因此，环保生活方式媒体既是一种娱乐媒体，也是流行文化的一部分，而这种流行文化深深影响着公共生活的问题、辩论和意义。在此过程中，它们还兼具教育功能，提供有关环保和可持续的信息，并以任务为导向，鼓励随后的行为改变。从这个意义上来说，它们也是更广泛的社会变革项目的一个组成部分。这种社会变革致力于经济、机构和社区的重组，以应对全球的气候变化：各国政府在不同程度上尝试重组能源行业和交通基础设施；学校在努力参与环境项目，并在其课程体系中融入可持续观点；多种社会和活动组织在努力清理周围环境，并推广不同的生活方式。很多环保生活方式媒体都关涉指导功能，正如我们将在第三章中看到的那样，这种指导功能的架构直指公众应该如何应对种种困境，例如，如何获取正确的知识、如何"开展"日常可持续实践，重要的是，如何解决他们在努力以更"绿色"的方式生活时所经历的焦虑和担忧问题。但环保生活方式媒体并不是唯一提供指导的媒体类型；更普遍的媒体，特别是新闻业，对公众的"教育"从未间断过：从为"市民"提供新闻故事，一直到为"消费者"提供生活方式建议。在广播领域，这种教育功能在英国广播公司（British Broadcasting Corporation, BBC）成立之初就被提上了议事日程，该公司的第一任总干事约翰·瑞思（John Reith）曾大力推广公共广播，力陈它们是进一步培养英国公众素养和文化的重要工具。当然，这种精英主义观点已经让位于现代媒体更加平等和大众化的取向，但教育仍然是很多媒体最基本的功能之一。夏洛特·布朗斯顿（Charlotte Brunsdon, 2003）也曾关注过生活方式电视节目的调教特征。她对比分析了20世纪50年代的"业余爱好"生活方式节目和更现代的"改造"类生活方式电视节目。相关研究发现，前者直接指导"如何做和制造东西"（Brunsdon, 2003: 10），后者的教育职责仍在，但更强调变革带来的"视觉盛宴"和情感的戏剧化。

环保生活方式媒体关涉日常生活，相关表征既呈现了一个我们熟悉的领域，也呈现了一个问题百出、亟须变革的场所。该类媒体通常以我们的日常生活和实践为题材，包括垃圾处理、购买什么样的清洁产品、从哪里获取食物、住什么样的房子以及如何去上班。如此，它们主要关注家居或家庭领域，或至少从家庭和个人的日常生活出发，融入并参与更广阔的外部世界。它们呈现的通常是一个平凡的世界：普通人是参与者；文本语言是会话式的，且易于理解；即使是加盟专家，也往往以日常的方式展示他们的专业知识，而不会强行灌输他们的知识或价值观，他们与普通参与者一起，协助并参与了解环境，寻求更可持续的生活方式。丽莎·泰勒（Lisa Taylor, 2002）对生活方式电视节目进行了研究。在她看来，平凡化"是生活方式节目牢牢抓住我们所有人感觉的首要方式，因为我们与日常生活背景紧密相连，我们都很平凡；我们都以某种方式锚定于日常惯例、一个叫作家的地方、一种日常习惯的世俗世界"（Lisa Taylor, 2002: 482）。与其他的大众媒体一样，环保生活方式媒体也采用"民主"的对话方式，以实施对"我们"的整体召唤。具言之，这种对话方式很少区分不同类型的观众人群，如富人或穷人，黑人或白人，男性或女性，即使实际上存在一些微妙的差异表征。同时，这种对话方式也悄然架设了"我们"的主观能动权或行动能力。该类媒体不仅关乎普遍意义的日常生活，而且关乎我们个人的日常生活：生活在其中的我们决定买什么、做什么、如何打发时间、与何人建立关系等等。该类媒体虽然经常会邀请专家开展教育实践，但其文本确确实实会展示并分享知识和技能，如此，我们不只是阅读或观看才华横溢的他人，而是在学习如何才能以更可持续的方式生活。这种对话方式与我们观看晚间电视新闻时听到的对话方式大相径庭，例如，即使新闻报道事关我们熟悉的本地主题，但后者的呈现方式往往会让我们感觉，此类事件和报告对我们并没有直接的影响。

虽然环保生活方式媒体的主题包罗万象，可以说是关乎我们所有人熟悉的日常生活，但其声称的民主化远非尽善尽美，这一点从它们使用的区分策略就可见一斑。虽然该类媒体采用的是针对"每个人"的、民主的对话方式，但它们声称的民主化只是体现在个人层面。事实上，在它们的文本中，引发环境危机的结构性因素往往被淡化，甚至被隐形。民主的对话方式据此自然化了特定的主体地位，并再现了中产阶级的品味和风格所表达出的那种阶级分化。对此，塔尼亚·刘易斯（Tania Lewis, 2008: 8）指出："……虽然生活方式电视声称的平凡性，可以被视为代表了对话方式及关注点的相对民主化，并代表了对多样性的表层拥抱……但也可以被视为一个过程，其中，日常生活的差异性和多样性，正根据一套泛化的中产阶级规范和价值观，进行重新构建和配置。"具有讽刺意味的是，在生活方式媒体所处的环境中，对自我与社会之间那种强烈的传统苛评已不复存在，个人可以"更自由"地选择生活轨迹并形成自己的身份。然而，生活方式媒体却再现了传统的阶层划分，并沿着既定的路线指称文化资本。这一观察表明，大众媒体填补了几代人之间的空白，而这段空白的出现其实是因为传统制度和社区价值体系受到了侵蚀。正如第一章所讨论的那样，道德消费的形式已然成为经济和文化价值的载体，而不仅仅是其实践的简单环境效用；购买合乎道德的"绿色"产品，传统上成本更高，因此也成为个人财务状况的标记，而环保主义在此类产品中则体现为一种文化缓存。伴随这种观察而来的是一种隐含的指控，即这种环保主义只是一种肤浅的参与，其实践在于它们作为最新趋势的价值，而这种价值是转瞬即逝的。

尽管如此，生活方式媒体并不仅仅是生成和维护中产阶级和工人阶级在价值观和实践方面的普遍区别。正如第一章所讨论的那样，在后福特主义消费文化中，对身份差异化的渴望，驱动了生活方式的兴起和生产，而身份差异化的实现，主要是通过更加多样化、风格化和临时化的生产和消费模式。在广告和营销中，生活方式被细分为不同的子群体和品味文化，这种差异也延伸到了不同类型的生活方式媒体和文本。生活方式媒体文本以不同的方式，致力于吸引广泛且相对专业的观众，而环保生活方式媒体可以被视为这种现象的一种表现形式。不同的生活方式不仅具象化了群体之间的差异，而且具象化了微妙、多变的文化价值，种种具象化都能在媒体行业的竞争逻辑中找到对应的表达形式。对此，贝尔和霍罗思指出："从某种意义上说，这在媒体输出之间引发了一场战争，特定的杂志、节目或网站寻求拉开彼此之间的距离，并致力于让想象中的观众和竞争对手保持距离，从而精准收获观众的忠诚，这些目标的实现主要是通过部署日益差异化的文化资本……这也在一定程度上解释了生活方式媒体无休止的混合：在我们的生活和自身中，越来越多的方面被渲染成'可行的生活方式'，因而对新奇事物的追求延伸到了关乎品味的媒体产品。"（Bell and Hollows, 2005: 12）

四、环保生活方式媒体中的治理和主体形成

我们已经观察到，环保生活方式媒体中存在着一种张力，借此，媒体得以提升个人在参与更可持续生存中的自由度和能动性，并在环境治理方面实施教育策略。本节将进一步详细地探讨这个过程，并考察环保生活方式媒体在主体形成过程中行使权力的方式。我们可以观察到的第一点是，该类媒体和更普遍的生活方式媒体，均有一个显著特征，即自我提升的预期状态。前者通常会明确地，或至少是含蓄地批评文本参与者的生活方式不够可持续，而后者则会直接对话文本的读者和观众，向他们介绍如何以更环保的方式生活。换句话说，虽然生活方式媒体颂扬生活方式的乐趣和可取之处，但其文本的主要特征和叙事动力，既是一种不受欢迎的事物初始状态，也是通向"更好"生活方式的旅程。这种转变过程在生活方式媒体的各种"改造"类文本中得以具现，虽然这也是很多传统文学文本的结构特征，但有人认为，"改造文化"的理念充分说明了一个问题，即个人持续参与种种变革性的改变过程，现在已变得越来越紧迫和

普遍（Jones, 2008）。

大量关于生活方式媒体的学术文献，对其中的自我提升如何具现重要的文化治理过程进行了考察。此类研究多借鉴福柯（Foucault, 1991）的治理或治理术（governmentality）理论。在福柯看来，广义的治理术产生于具有历史特殊性的 18 世纪，彼时，如何治理迅速增长的人口成为一个日益紧迫的问题。治理术的权力不是国家集权，而是通过一系列机构、日常实践和配置，进行更广泛的分散。正如福柯（Foucault, 1982）著名的权力论所证明的那样，权力不是通过外力强加给个人的，而是通过个人的"自由"来行使的。治理术通常被概括为"行为的行为"，因为人们只有在实践中才会最大化他们的身体健康、心理健康、财务健康和福祉，并能够作为父母、邻居和同事，与他人一起有效合作。这种治理术通过福柯（Foucault, 1988）所说的"自我治理术"（technologies of the self）发挥作用，具言之，人们基于对共同利益的感知，进行身心方面的自我约束、自我管理和自我改进。治理术的效力并不是单一的或无所不能的，而是"很容易出错的政治工具包"（Hunter, 1993: 132）。罗斯将这种工具包概括为："实践知识的聚合体，包括感知模式、计算实践、词汇、权威类型、判断形式、建筑形式、人类能力、非人类物体和设备、刻印技术等等，贯穿其中的是一个愿望的实现，即被治理方输出理想的行为。"（Rose,1999: 52）

作为一种文化现象，生活方式，尤其是生活方式媒体的脱颖而出，是实现治理术的重要手段。正如尼古拉斯·罗斯（Nikolas Rose, 1999: 46）所言："今天，问题也许不在于社会治理术，而在于激情治理术，后者针对的是具有自我认同感的个人和集体。换言之，个体和多元不是由教会、学校、公共广播等形成公民的工具来塑造的，而是由商业消费制度和生活方式政治来塑造的。如此，个人的身份取决于其所归属的某种社区文化。"因此，生活方式媒体和新闻是一种具有文化意义的现象，这种文化意义比本章前面总结的更胜一筹。如前所述，生活方式媒体的研究人员，已经充分考察过该类生活方式媒体是如何促进这些治理形式的，这些治理形式又是如何切合新自由主义的治理形式的。他们的研究发现，生活方式媒体审查日常生活的细枝末节，据此提供有益的建议和指导，且将观众和读者定位为个体消费者，如此累积而成一种特定的技术或实现方式——派生自我调节的、自律的、理性的、正常的、具有生产力的主体。

在刘易斯（Lewis, 2008: 13）看来："生活方式规划的仪式和新传统主义可以……被视为两者——生活方式的选择与更广泛的自我模型——融合的标志。作为一种伦理或道德模型，自我模型强调，个人和家庭生活方式的管理是产生快乐和责任感的场所。"布拉提斯（Bratich, 2006: 66–67; Ouellette and Hay, 2008）则明确指出了生活方式媒体与新自由主义之间的联系，在他看来，前者"是新自由主义的一种治理形式，也是鼓励自我负责、自我创业和自我提升的教学工具"。

虽然治理术在很大程度上是通过个人的自由来发挥作用的，但重要的是，它也是通过知识的生产形式和专业知识的指导来实现的。治理术关涉大量持续的问题化过程，需要建构特定的话语领域或"政治理性"，而这种建构往往是通过我们已经探讨过的"统治技术"来实现的，包括技术、文本、计算过程等多样元素（Rose and Miller, 1992: 175）。也就是说，治理术的大量工作是构建具有专业知识和理性的特定语言，并将其转译为可以证明和展示其道德与政治基础、可以有效促进社会实施的话语。罗斯和米勒（Rose and Miller, 1992: 182）指出："治理一个领域，需要以一种既能掌握真相，又能进入有意识的政治计算领域的方式，来进行表征和描述。"这种治理术的话语工作通常由专家来进行，因为他们体现了"智者的中立、权威和技能，且按照道德准则来行事"（Rose and Miller, 1992: 187）。在协调跨制度、社会政治、商业和日常领域运动的过程中，相关专家从事转译工作并解释什么是政治理性。诚然，在虚拟的公共领域中，专业知识的性质正在发生变化，传统的知识等级正日益受到挑战，由此触发了一个"等势性"（equipotentiality）条件，即"既然认为专业知识无法被预先定位，那么就要遵守'普遍性和开放性参与'这一规则"（Bauwens, 转引自 Bruns, 2008）。需要说明的是，"等势性"并不会削弱专家的作用，而是会增强他们对更广泛公众的责任感。"友好的"专家是各种生活方式媒体的核心，我们将在第五章进一步详细探讨他们的作用，但此处之所以提起，主要是为了说明他们是如何参与更广泛的治理及主体形成的过程的。生活方式媒体主持人所做的，远不止简单地锚定文本，并为其提供叙事指导，而是"佩带着"，提供信息，描述背景、鼓励并支持参与者在治理中的自我转变。

这种建构生活方式媒体的治理过程，虽然掩盖了生活方式问题背后的结构性因素，而只是突出了个人层面的解决方案，由此带来了一些负面后果，但在我们看来，尽管"治理"观承载公认的负面内涵，但强调"治理并不完全是一种负面现象"也很重要。对福柯来说，权力是一种作用于我们自身和他人的使能机制。正如雷伊斯伯勒（Raisborough, 2011: 16）提醒我们的那样："福柯的重点不在于探讨这种编配和协调的'好坏'，而在于质疑自由是如何塑形的。如此，对那些寻求更规范理论化的人来说，这无疑是一场严重的挫败。"环保生活方式媒体引导人们进入可持续行为模式，因此显然参与了本节概述的治理过程，具言之，该类媒体文本有两个特征：一是参与并再现主体形成的支配模式；二是以不同的方法描述、促进、塑造更可取的日常环保生活形式。从这个意义上来说，我们对该类媒体的综合评估，必须能够辨别并区分它们参与和再现主体形成的种种方式。同时，我们也应该认识到，它们的第一个特征并没有从根本上危害到第二个，因此，在对该类媒体的研究过程中，我们不应该忽视可持续价值体系必然涉及治理的方式，而是需要在相关评价立场之间来回切换，从而对所析文本进行辩证的考察。作为一种生活方式媒体，该类媒体与当代媒体行业的既存结构和叙事方式一脉相通。尽管如此，它们也提供了诸多可能性，我们可以据此质疑并问题化传统消费者的身份和行为。这不是逃避治理的问题，而是考察"治理自由"在促进、协调日常生活中新兴价值体系和变化的过程中，如何再现现行的身份和消费模式。

在进一步考察环保生活方式媒体如何利用自由和不确定性的过程中，我们可以看到运用这种理论方法的一个实例。我们在前面已经探讨过生活方式媒体中新自由主义的结构和目标是如何实现的，但我们还需要参照具体的环保生活方式媒体，探讨可持续的不确定性是如何实际驱动自我转变的持续过程的。我们在第一章梳理了对可持续的不同解读，并指出了可持续是一个本质上具有争议性的概念，也是一个"迭代的实践练习"（Thiele, 2011: 12）。这一点与本书后续章节研究的故事和叙事密切相关。埃文斯和亚伯拉罕斯（Evans and Abrahamse, 2009: 491）认为："把可持续生活方式视为一个持续的过程自有其道理。显然，这种生活方式涉及持续性的协商，并通过一系列社会实践来维持。这意味着，个人永远不会达到可以说'我正在可持续地生活'然后停下来的地步。……反过来，这也暗示着，我们可以特地将'生活方式'架构为一项生活工程。"如此，我们在环保生活方式媒体中看到的可持续生活问题，不仅在新自由主义自我治理的背景中被赋予了形状和意义，而且还体现了可持续的本质。当然，在该类媒体的所有文本中，可持续生活的呈现都有一个占据主导地位的形式。我们在这里只是指出，将现代生活方式与新自由主义联系起来的治理过程，并没有穷尽环保生活方式媒体激发主体形成的力量。

这种讨论阐明了环保生活方式媒体中主体是如何形成的，又是为何形成的，但也随之表明，无论是环保生活方式媒体文本，还是此类文本对可持续生活的表征，都非常重要。这些文本不仅仅是"无辜"的工具，展示正努力以更可持续的方式生活的人们，而且也是实现可持续生活方式的手段；可持续生活的故事、叙事和图像是一种过程，人们在其间认识到可持续在本质上的不确定性，并试图赋予其形状和意义。对此，斯巴尔加腾和范·弗利埃特指出："'生活方式'这一概念不仅指社会实践的正式整合过程，而且指行动者讲述的'故事'。每一种生活方式都有一个相应的人生故事……。"（Spaargarten and Van Vliet, 2000: 55）如此，我们需要进一步思考如何处理这些文本和表征。

五、环保生活方式媒体的表征

后续章节的案例研究将充分反映环保生活方式媒体的多样性，展示环保生活方式如何投射于截然不同的媒体文本：从主流的流行电视节目，到小型的地方社区所使用的脸书网站。同时，即使是同一类媒体形式，也具有多样性。我们将在第三章中看到，从报纸的头版，一直到光面的周末增刊专栏，都在各种故事的讲述中讨论环保生活方式。我们也将在第四章中看到，这些不同体裁的文本面向的是不同的观众和读者群，例如，电力公司的电视广告与可持续生活专业杂志的广告相左。案例研究的多样性有望提供对环保生活方式媒体的全面概述，包括但不限于传统主流学术对生活方式电视和名人在生活方式媒体中作用的关注。案例研究的多样性也有助于证实本章提出的论点，即很难对环保生活方式媒体进行任何单一的评估，其原因主要有三：一是文本的多义性；二是指向替代性生活方式的媒体制作；三是环保生活方式媒体与媒体制作现行秩序的互联方式。

后续章节中的案例来自多个西方国家的媒体，如英国、美国、加拿大、澳大利亚和新西兰。在这些发达英语国家中，尽管节目形式和文化背景存在诸多差异，但在如何制作环保生活方式媒体文本以及在公众如何接受这些文本方面，存在一定程度的共性（Bonner, 2005）。不同国家背景的具体差异虽不是本书的研究重点，但我们必须承认，可持续生活的故事和表征总是基于特定的文化和社会。因此，相关分析需要结合其他的研究成果（Lewis and Martin, 2016），以提供一个渐进的全球化视角。

如前所述，后续章节将对一系列媒体文本进行分析。在方法论上，尽管第三章和第七章在处理相关故事和脸书帖子时，融合了内容分析编码法，但文本分析法（McKee, 2003）仍是本书的主要研究方法。案例研究的重点是生活方式媒体文本的表征和意义，因此，定性法将占据主导地位。我们的定性法不仅借鉴了媒体和传播研究的成果，同时也借鉴了文化和社会理论研究的成果。正如开篇两章所示，本书借鉴了广泛的理论成果，但重要的是，我们的目标是将相关理论整合应用于媒体文本的具体分析，以证明理论的可行性。随之，相关分析会提供一种特殊的主观性解读，即采取批评性阅读法，探讨文本的首选阅读，但正如已经说明的那样，此类分析也会对现有生活方式媒体的学术文献进行批评性探讨。在认识论上，我们对环保生活方式媒体的分析，并非致力于提供一个单一的、可证明的"真相"，而是参与对相关文本的持续的、集体的考察和对话，探讨在我们所处的时代中一些最为紧迫的问题：面对剧烈的环境变化，我们该如何生活？

六、本章小结

本章定位环保生活方式媒体，并关注其不同寻常的类属位置：因为该类媒体重点关注的是家庭和个人生活方式的问题，所以其被视为环境新闻和媒体的边缘形式；又因为其对环境的关注可能会质疑其他生活方式媒体经常推广的价值观，所以也被视为一种格格不入的存在。本章认为，我们有必要探讨生活方式媒体的普遍特征，并鉴于媒体文本内容与随附广告的合力，初步勾勒出生活方式媒体与广告活动之间的和谐关系。在我们看来，这种和谐提供了一种商业吸引力，也在一定程度上解释了近几十年来生活方式媒体兴起的原因。环保生活方式媒体源于生活方式媒体的迅速普及和蓬勃发展，同时也击中了公众日益增长的环保意识。该类媒体的商业背景，在一定程度上派生了它们的呈现方式，即认为可持续生活主要是通过消费模式和相关实践来实现的。尽管如此，该类媒体中的可持续表征与其商业背景之间往往存在一种紧张关系，最突出的体现是它们与广告的并置。

　　本章也具体描述了生活方式媒体和环保生活方式媒体，并特别指出后者兼具教育和娱乐消费者的双重功能。我们认为，虽然后者对读者和观众的指导意图一目了然，但我们也不能忽视它们作为娱乐文本的地位。相较于其他环保主义公共话语中严肃、理性的语言表达以及基于个人义务和责任的架构方式，环保生活方式媒体有其自身重要的特征：描绘个人参与可持续的乐趣和成就感，并将这种参与呈现为一种流行文化。我们观察到，该类媒体与其他生活方式媒体一样，以描绘"平凡的"日常生活为特色，通常采用民主的对话方式。本章也探讨了它们如何动员和自然化特定的阶层价值观、品味和风格。同时，本章探讨了该类媒体是如何通过治理过程，促进读者和观众的主体形成，并引导他们的自律主体性的。虽然这种治理过程通常与新自由主义的治理模式步调一致，但本章强调，可持续的不确定性也推动了该类媒体中的自我转变过程。本章最后介绍了后续章节将如何进行案例研究的文本分析。

参考文献

　　Bell, David, and Joanne Hollows. 2005. "Making Sense of Ordinary Lifestyles." In *Ordinary Lifestyles: Popular Media, Consumption and Taste*, edited by David Bell and Joanne Hollows, 1–18. Maidenhead: Open University Press.

　　Bonner, Frances. 2005. "Whose Lifestyle Is It Anyway?" In *Ordinary Lifestyles: Popular Media, Consumption and Taste*, edited by David Bell and Joanne Hollows, 35–46. Maidenhead: Open University Press.

　　Bratich, Jack Z. 2006. "Nothing Is Left Alone for Too Long: Reality Programming and Control Society Subjects." *Journal of Communication Inquiry* 30: 65–83.

　　Brook, Stephen. 2006. "Reuters Moves into Lifestyle Journalism." *The Guardian*, June 1. https://www.theguardian.com/media/2006/jun/01/reuters.pressandpublishing.

　　Bruns, Axel. 2008. "Life Beyond the Public Sphere: Towards a Networked Model for Political Deliberation." *Information Polity* 13: 65–79.

　　Brunsdon, Charlotte. 2003. "Lifestyling Britain: The 8–9 Slot on British Television."

International Journal of Cultural Studies 6 (1): 5–23.

Craig, Geoffrey. 1999. *Journalistic Visions: Media, Visualisation and Public Life*. Ph.D. thesis, University of Wales, Cardiff.

Curran, James. 2011. *Media and Democracy*. London: Routledge.

Ekström, Mats. 2000. "Information, Storytelling and Attractions: TV Journalism in Three Modes of Communication." *Media, Culture and Society* 22: 465–492.

Evans, David, and Wokje Abrahamse. 2009. "Beyond Rhetoric: The Possibilities of and for 'Sustainable Lifestyles'." *Environmental Politics* 18 (4): 486–502.

Fish, Robert. 2005. "Countryside Formats and Ordinary Lifestyles." In *Ordinary Lifestyles: Popular Media, Consumption and Taste*, edited by David Bell and Joanne Hollows, 158–169. Maidenhead: Open University Press.

Foucault, Michel. 1982. "The Subject and Power." *Critical Inquiry* 8 (4): 777–795.

Foucault, Michel. 1988. "Technologies of the Self." In *Technologies of the Self: A Seminar with Michel Foucault*, edited by Luther H. Martin, Hugh Gutman, and Patrick H. Hutton, 16–49. Amherst: The University of Massachusetts Press.

Foucault, Michel. 1991. "Governmentality." In *The Foucault Effect: Studies in Governmentality*, edited by Graham Burchell, Colin Gordon, and Peter Miller, 87–104. Chicago: University of Chicago Press.

Fürsich, Elfriede. 2013. "Lifestyle Journalism as Popular Journalism: Strategies for Evaluating Its Public Role." In *Lifestyle Journalism*, edited by Folker Hanusch, 11–24. Oxford: Routledge.

Harcup, Tony. 2014. *A Dictionary of Journalism*. Oxford: Oxford University Press.

Hartley, John. 1996. *Popular Reality: Journalism, Modernity, Popular Culture*. London: Arnold.

Hunter, Ian. 1993. "Subjectivity and Government." *Economy and Society* 22 (1): 123–134.

Jones, Meredith. 2008. *Skintight: An Anatomy of Cosmetic Surgery*. Oxford: Berg.

Kristensen, Nete Nørgaard, and Unni From. 2013. "Lifestyle Journalism: Blurring Boundaries." In *Lifestyle Journalism*, edited by Folker Hanusch, 25–40. Oxford: Routledge.

Lehman-Wilzig, Sam N., and Michal Seletzky. 2010. "Hard News, Soft News, 'General' News: The Necessity and Utility of an Intermediate Classification." *Journalism* 11: 37–56.

Leiss, William, Stephen Kline, Sut Jhally, and Jacqueline Botterill. 2005. *Social Communication in Advertising: Consumption in the Mediated Marketplace*. 3rd edition. New York: Routledge.

Lewis, Tania. 2008. *Smart Living: Lifestyle Media and Popular Expertise*. New York: Peter

Lang.

Lewis, Tania, and Fran Martin, eds. 2016. *Lifestyle Media in Asia: Consumption, Aspiration and Identity*. London: Routledge.

Lonsdale, Sarah. 2015. *Personal Communication*.

McKee, Alan. 2003. *Textual Analysis: A Beginner's Guide*. London: Sage.

McKee, Alan. 2012. "The Aesthetic System of Entertainment." In *Entertainment Industries: Entertainment as a Cultural System*, edited by Alan McKee, Christy Collis, and Ben Hamley, 9–20. London: Routledge.

McQuail, Denis. 1991. *Mass Communication Theory: An Introduction*. London: Sage.

Medhurst, Andy. 1999. "Day for Night." *Sight and Sound* 9 (6): 26–27.

Murdock, Graham, and Peter Golding. 1974. "For a Political Economy of Mass Communications." *Socialist Register* 10: 205–234.

Ouellette, Laurie, and James Hay. 2008. *Better Living Through Reality TV*. Oxford: Blackwell.

Raisborough, Jayne. 2011. *Lifestyle Media and the Formation of the Self*. Basingstoke: Palgrave Macmillan.

Rose, Nikolas. 1999. *Powers of Freedom: Reframing Political Thought*. Cambridge: Cambridge University Press.

Rose, Nikolas, and Peter Miller. 1992. "Political Power Beyond the State: Problematics of Government." *British Journal of Sociology* 43 (2): 173–205.

Sheppard, Kate. 2013. "The Heat Is on as the New York Times Closes Its Environment Desk." *The Guardian*, January 14. https://www.theguardian.com/commentisfree/2013/jan/14/new-york-times-environment-climate- change.

Spaargarten, Gert, and Bas Van Vliet. 2000. "Lifestyles, Consumption and the Environment: The Ecological Modernization of Domestic Consumption." *Environmental Politics* 9 (1): 50–76.

Taylor, Lisa. 2002. "From Ways of Life to Lifestyle: The 'Ordinariization' of British Gardening Lifestyle Television." *European Journal of Communication* 17 (4): 479–493.

Thiele, Leslie Paul. 2011. *Indra's Net and the Midas Touch: Living Sustainably in a Connected World*. Cambridge, MA: The MIT Press.

Van Zoonen, Lisbet. 1998. "One of the Girls? The Changing Gender of Journalism." In *News, Gender and Power*, edited by Cindy Carter, G. Branston, and Stuart Allan, 33–46. New York: Routledge.

第三章

报纸中的绿色生活

一、引 言

前两章探讨了"可持续日常生活"和"环保生活方式媒体"这两个概念，本章及后续章节对不同媒体形式中的环保生活方式表征进行具体分析：从生态真人秀电视节目，一直到地方社区使用社交媒体推广可持续生活的方式。本章考察英国报纸中的绿色生活表征，特别是周末报纸增刊。首先，本章探讨报纸增刊的历史和功能，考察它们如何面向特定类型的读者群，如何作为广告载体，以及如何提供特定类型的新闻：从特写到建议专栏。随后，本章解读生活方式问题对报纸环境报道的影响方式。本章对英国报纸的研究显示，环境变化对个人的影响，往往内嵌于更具政策导向、更具政治色彩的报纸故事中。据此，本章评估英国报纸中环保生活方式故事的分布，探讨该类故事在不同环境主题领域的分布方式，如能源 / 食品生产和交通，并考察它们的来源范围。最后，本章分析英国周末增刊的绿色生活专栏中，环保生活方式和道德消费形式的表征，并探讨该类专栏是否以及如何将日常可持续实践与环境政治联系起来。相关讨论将表明此类专栏是如何表征系列可持续生活的：通常是假设道德消费者存在种种认知短板，担心自己的日常行为造成的环境影响，担心自己无法实现参与可持续生活方式的愿望；有时也会表达参与可持续性实践的乐趣和积极的政治影响。

二、报纸增刊

本章分析的可持续生活方式故事和专栏，通常位于周末报纸增刊中。相关报纸每天都有可能发行与媒体、金融、技术和教育等行业相关的增刊，但本章侧重于关涉广泛生活方式和文化焦点的周末增刊。虽然现在报纸的所有版块都是彩印，但作为日报的第一批彩印版块，该类增刊通常被称为彩刊。它们一般由系列专题报道组成，有时也会涉及当前的重大新闻故事，但也会经常刊登具有新闻价值的个人和名人简介，或对相关文化趋势进行分析。此外，它们还定期提供生活方式专栏，如育儿和人际关系、美食美酒、旅行等等。该类增刊也经常邀请知名专栏作家，对他们自身的日常生活或当前的重大新闻故事，进行幽默、古怪和个性化的解读。该类增刊还会对生活产品和目的地（如汽车和餐厅）发表专题评论。当然，该类增刊的内容也可以在随附的在线网站上访问，本章分析的正是这些可持续生活方式专栏的在线版本。

作为一种混合体，报纸增刊既区别于新闻版块，也与独立运行的杂志有异。因此，它们的优点经常遭到两方的嘲笑："新闻记者认为增刊员工无足轻重，各方涉猎，毫无编辑的严谨性可言。杂志人认为他们毫无风格，专出垃圾东西，是肤浅的半吊子"（Turner, 2006）。给杂志下定义并非易事（Holmes, 2008; Holmes and Nice, 2012），但增刊显然不同于杂志，这种不同主要体现在其内嵌于更大出版物中。尽管《卫报》自 2007 年起将其每日增刊"G2"改称为"每日杂志"（Holmes, 2008: xiv），其他周末增刊如《新西兰先驱报》的"画布"也自称为杂志，但增刊与杂志之间的显性差异仍在。

阅读报纸增刊是很多媒体消费者吃饭时的标配行为，但却很少得到学界的关注。虽然新闻研究人员可能因其不太"严肃"的内容而对其进行选择性忽视，但它们仍然具有重要的商业功能：吸引特定的读者群，并贡献可观的广告来源收入。增刊通常以更为紧凑的格式和更为高质的光面纸，而有别于其他新闻栏目。增刊既有突出的整版广告，也有末尾处的小广告块。旅游、美食、美酒、家具等主题的广告，与增刊的社评内容往往高度一致。此外，增刊强烈的商业导向，有时会导致其包含广告宣传材料或"软广告"，即以类似于社论的扩展文本形式推送的广告。新闻和广告之间的这种"模糊"界限无疑会大大降低新闻的可信度，而增刊中出现的这种软广告也是导致其新闻地位低下的因素之一。总体而言，无论主题是汽车、旅行或房地产，还是媒体、健康、金融、教育等特定行业，增刊都是俘获特定读者群的绝佳工具，这反过来又有助于提升它们的广告水平，进而为报纸其他版块的新闻工作提供资金支持。虽然报纸行业近几十年来承受着巨大的经济压力，但英国报纸的工作日和周末版本中，增刊数量均有所增加（Lewis et al., 2008: 36）。

读者群的特点和普遍的经济状况一直是影响报纸增刊生存和健康的两个重要因素。增刊的历史渊源与 19 世纪下半叶美国周末报纸的兴起如出一辙。随着识文断字读者群的与日俱增和新兴、休闲社会阶层的出现，早期的商品化过程应运而生，展示类广告形式也据此崭露头角。正如海因兹（Hynds, 转引自Husni, 1987: 15）所指出的那样，周日报纸增刊"与创建周日报纸的原因大同小异——人们在休息日阅读新闻和相关材料，彼时最有空闲时间和阅读机会"。在英国，《星期日泰晤士报》于 1962 年推出杂志风格的增刊。但在 1981 年前，这些增刊仅限于优质的《周日市场》和周五的《每日电讯报》。1982 年，小报《每日邮报》推出了周末增刊《你们》（Williams, 2010: 230）。周末报纸增刊最初是在《画报》这类流行图片杂志消亡后才出现的，而这显然是报纸对电视的日益普及做出的回应（Hopkinson, 2005）。20 世纪 80 年代的周末报纸增刊，则得益于年轻一代城市专业人士（或"雅皮士"）的出现，他们引入了新的休闲和消费模式，提升了"生活方式"水平，也因此成为社会关注的对象。这一新兴阶层的经济实力与不断变化的社会实践相伴相生，如周末零售法的放宽和印刷技术的进步，后者大大提升了报纸的彩印质量和效率（Brett and Holmes, 2008: 201）。

报纸增刊及其生活方式文本是传播和讨论社会价值观、文化趋势和审美风格的重要载体。正如我们在上一章所言，作为一种"软新闻"，生活方式新闻在新闻业中的等级很低。在我们看来，这种观点可能会妨碍我们欣赏增刊的运行方式：不仅鼓励消费、提倡消费者身份，而且有助于促成社会和文化变革。这一点主要源于它们通常是更直接地针对读者的需求和愿望，或更直接地对话读者。福尔摩斯和尼斯（Holmes and Nice, 2012: 8）关注报纸和杂志的区别，在他们看来，杂志历来更重视"读者的实际需求或愿望，而不是像家长规约子女那样，由编辑或出版人决定读者应该需要什么或者想要什么"。基于这一区别，报纸增刊与杂志的共同点多于其与报纸的共同点。当我们观察增刊中的常规专栏时，会发现情况尤其如此。在这类专栏中，记者往往会直面读者关心的问题（不管是直观的还是隐秘的），并提供有用的信息和建议。

如前所述，报纸增刊通常包含不同的组成部分，如专题报道、评论、名人问答和测试，但本章第二部分重点关注的是增刊中的绿色生活方式专栏。报纸专栏作家从 20 世纪 60 年代开始就在英国声名鹊起，这主要是媒体竞争的结果，或更具体地说，是由于增刊的兴起（McNair, 2008: 117）。开设专栏是一种相对便宜且有保障的运营方式，在填充报纸新兴版面的同时，也提升了专栏作家的个性。这些作家经常从自己的日常生活中挖掘内容，因而有助于更直接地对话读者。增刊有不同类型的专栏作家，从政治专栏作家（Hobsbawm and Lloyd, 2008；McNair, 2000；Nimmo and Combs, 1992），一直到提供建议或解决"苦难"问题的专栏作家（Phillips, 2008）。前者彰显更为独立的权威，后者直面读者关注点的方式则定义了他们的角色。

本章分析的环保生活方式专栏，并没有大幅度提升专栏作家的"个性"，也没有像"苦难"专栏作家那样，直接回答读者的问题，但它们都有一个相当明确的取向，即解决可持续生活"问题"。据此，我们可以说，环保生活方式专栏是"服务性新闻"（Eide and Knight, 1999）的典型案例：通过具有建议导向的新闻形式，处理现代性中日常生活问题丛生的状况。在艾德和奈特（Eide and Knight, 1999: 526）看来："现代性中无情的复杂性、新颖性和反思性，导致了日常生活的举步维艰，但同时也创造了一系列的选择，借此，我们可以处理困难和麻烦，做出决策并采取行动。"两位学者详细介绍了服务性新闻如何携手主流新闻传统，并从这种传统中发展壮大，进而以更具个体化的方式参与普通人的关注点，并使用日常用语以更直接地对话读者。在他们看来，服务性新闻主要解决两种模式的个人问题：不满和风险。不满是对他人行为（或不作为）的一种抱怨形式，如二手汽车销售员或懒政的公务员，而风险更多的是告知人们需要解决的问题，如管理个人财务、饮食和健康，并说服和帮助他们改变自己的行为以应对风险。两位学者（Eide and Knight,1999: 533）同时指出："虽然不满意味着生活已经完整，只是暂时偏离了轨道，但风险有助于将生活视为一个持续的、不完整的工程，从而向全新的、更好的积极化的生活方式（增强、细化、改进、成长等）敞开大门。"如此，周末增刊专栏中的环保生活方式报道，充分体现了上一章梳理的治理过程。正如我们将在本章第二个案例研究中看到的那样，这些故事往往是致力于将应对气候变化的问题个体化，并将读者调教至合适的主体位置。当然，它们也表达了可持续生活的开放性和持续性过程——其间，个人寻求种种形式的知识、快乐和伦理关系，据此创造"美好生活"。虽然这类主题才是我们讨论周末增刊专栏的重点，但此处我们也应该注意到这类专栏更广泛的功能：规范并包含环境可持续问题，将该类问题纳入特定报纸的职权范围并加以宣传，承认该类问题需要复杂且持续的关注，并指定该类问题在增刊"菜单"中的特定位置。

三、英国报纸中的环保生活方式报道

环保生活方式在周末报纸增刊中最为突出，但我们很容易忽视更广泛的平面环境新闻报道是如何呈现个人生活方式的。气候变化和可持续等问题不仅体现在政府或政策层面，而且与公民的日常生活息息相关。对公民生活方式和日常生活的讨论，可能在新闻报道中占比不大，但"硬""软"新闻报道的类属之分，会妨碍我们承认并了解一个现实，即对气候变化这种紧迫问题的讨论，越来越与改变生活方式的必要性联系在一起。从这个意义上说，生活方式不仅与私人领域有关，而且与城市交通等公共政策问题相关，伦敦引入电动汽车的故事就生动诠释了这一点（Topham and Willsher, 2014）。同样，环保生活方式新闻报道并不局限于西方中产阶级的生活方式，还涉及发展中国家那些正着手解决环境破坏影响的边缘社区（Renton, 2014）。众所周知，在更广泛的环保生活方式报道的架构中，存在着三段论逻辑风险：如果每个人都有一种"生活方式"，并且每个政治决策或实践都对个人产生影响，那么每一则环境新闻报道都关乎"生活方式"问题。据此，气候变化完全可以被视为生活方式故事。然而，此处需要指出的是，我们不能错误地将"生活方式"限定为以消费者为导向的主体性，特别是与更广泛的环境变化没有任何联系（或只有负面联系）的主体性。

为进一步了解更广泛的平面环境媒体报道中生活方式的概念化，我们在2014年3月至6月期间，对英国报纸及其网站进行了为期四个月的调查，考察其中的环保生活方式故事和与可持续生活方式相关的活动：《卫报》（以及周日《观察家报》中关于可持续生活方式的报道）、《泰晤士报》、《独立报》、《每日邮报》、《电讯报》和《太阳报》。因此，从发行范围来说，我们考察的报纸囊括"优质"报纸和"小报"：四份优质报纸（《卫报》《泰晤士报》《独立报》《电讯报》）和两份小报（《每日邮报》《太阳报》）。就意识形态而言，《泰晤士报》《每日邮报》《电讯报》和《太阳报》偏右，《卫报》和《独立报》则更为激进。

在我们的调查期间，西方生活方式和气候变化之间的辩证关系——生活方式导致了气候变化，而生活方式也因气候变化的影响而发生了变化——开始进入公众视野。例如，联合国政府间气候变化专门委员会（the UN Intergovernmental Panel on Climate Change, IPCC）在此期间发布了一份题为"联合国报告显示，不只是气候变化，就我们所知，生活也发生了变化"（Bawden, 2014: 4）的报告。3月30日，《星期日电讯报》头版刊登了最为醒目的环保生活方式报道。这种坦陈西方生活方式不可持续的报道，能够登上头版头条实属罕见。其标题引用坎特伯雷前大主教罗文·威廉姆斯（Rowan Williams）的话，直指"生活方式是气候灾难的罪魁祸首"（Mendick, 2014: 1）。该报道同时引用了威廉姆斯的锐评："富有的工业化国家，包括本国在内，无疑是大气污染的最大'贡献者'。无论是我们目前的生活方式，还是我们为自己创造了这种可能性的工业历史，都必须承担将我们的生活环境推向危机的责任。"具有讽刺意味的是，该报头版还同时刊登了与西方生活方式相关的广告，如假日、时尚和食品消费。在整个调查过程中，全球环境变化对西方特权阶层生活的影响，时而被强调，时而又被嘲笑。《卫报》一则题为"先是冰川，现在你的咖啡也面临气候威胁"的报道宣称："期望规避气候变化影响的富裕西方城市居民，应该准备好迎接新一波冲击：全球变暖正在催生糟糕但昂贵的咖啡。"（Carrington, 2014）

我们对新闻报道语料进行编码的主要依据是，环保生活方式在相关报道中是主要的焦点，还是次要的提及。如果正文只是暗示了可持续生活方式，或只是提到了对个人生活方式的影响，那就被编码为"次要"。在整个调查期间，相关报纸讲述或专题报道了大量重要的环境故事，其中包括环境如何影响个人日常生活的讨论，如空气污染如何威胁人们的健康，拟议的高速铁路2号网

（High Speed 2, HS2）会给农村地区带来哪些破坏，风力涡轮机又是如何影响附近居民生活的等等。另一个被广泛报道的环境问题是页岩气的水力压裂开采提议，对其的报道通常是正面的，特别是更保守的报纸。例如，《太阳报》采用了"分化的英国。公众想要……政客想要……我们为什么不能？"这一标题（Hawkes, 2014: 6）。另外，相关报道也经常提到当地居民的反对意见，以及对水力压裂法将破坏当地环境和影响居民生活方式的担忧。例如，其中一则报道援引绿色和平组织（Greenpeace）某活动人士的话说："它不会降低能源费用，不会维持照明，也不会引发就业热潮。它只会增加碳污染，并破坏英格兰令人惊叹的美丽风景……。"（Spencer and Cohen, 2014: 20）

在四个月期间，我们共收集了 646 则新闻故事，这些故事均关涉环境变化对个人日常生活方式的影响。其中的 63%（405 则故事）被编码为次要关注环保生活方式问题，37%（241 则故事）被编码为主要关注。考虑到环保生活方式报道只是整体环境报道的次要组成部分，这种在次要报道和主要报道中 2:1 左右的分布并不令人意外。此外，对没有提到个人生活方式和价值观的环境新闻故事，我们没有进行编码。尽管如此，我们的编码还是突出了两点：一是系列环境新闻报道是如何讲述环保生活方式的；二是在气候变化影响个人日常生活、日常实践又在一定程度上有助于缓解气候变化的影响等方面，公众和政府日益增强的意识。

环保生活方式报道的分布显示，两份偏右的"优质"报纸——《泰晤士报》和《每日电讯报》的相关报道最多，分别占比 26% 和 25%。偏左的优质报纸《卫报》占比 20%，包括《独立报》在内的激进报纸占比为三分之一。在新闻报道的全面调查中，根据主要和次要报道进行的编码，再现了右翼优质报纸的突出地位，其中《电讯报》的主要报道最多，占比 34%，《泰晤士报》的次要报道占比 29%。虽然我们的预期是，相较于保守报纸，激进报纸更乐意报道和促进可持续生活实践，但也应该指出，保守小报《太阳报》的相关报道仅占所有报道的 3%，而另一家小报《每日邮报》占比为 12%。

环保生活方式报道在优质、保守报纸中的突出地位，在一定程度上具现了它们对环境问题和环保生活方式故事的负面架构。此类报纸讲述的新闻故事，或宣传与可持续相关的虚伪性，或指出进一步实施可持续政策和实践的困难所在。《泰晤士报》《电讯报》《每日邮报》均报道了绿色和平组织的一位高管乘飞机而不是搭火车上班的消息（Greenpeace Chief, 2014: 7; Webster, 2014a: 11; 2014b: 17; Gosden, 2014: 3）。《泰晤士报》一天内连续刊登的三篇专题报道，也再现了保守派报纸对环境报道的负面架构。除了 5 月 24 日绿色和平组织高管的那则报道，该报还刊登了一篇研究性文章，其结论是："全球变暖的危言耸听之词，正导致气候科学家的失信。"（Webster, 2014c: 11）该报的另外一则报道，则将新兴的农贸市场斥为昙花一现（Turnbull, 2014: 2–3）。

《泰晤士报》对一项调查的报道也再现了这种负面架构。该调查发现，人们更关心的是相关发展对当地的影响，而不是这些发展给国家带来的经济利益。该报在一篇题为"谈到后院的建设，邻避者①拒绝相信领导人"的文章中，宣传了国家基础设施发展项目的必要性，如东南部的机场扩建和高速铁路 2 号网（Lea, 2014: 37）。同样，《电讯报》也刊发了一些文章，批评政府的绿色交易替代能源政策，理由是实施家庭可持续措施的成本和公众对该政策的怀疑（Oxlade, 2014: M2；Winch, 2014；Lonsdale, 2014: L23）。《每日邮报》同样刊发了一篇题为"BBC 耗资 50 万英镑，打听 5000 英里开外的 3.3 万名亚洲人对气候变化的看法"的文章，批评该公司进行的一项全球气候变化调查（Rose, 2014: 23）。

这些新闻故事突显了一个事实，即新闻媒体对环保生活方式惯用的负面架构，构成了进一步接受和进行可持续生活实践的重大阻力。在一定程度上，这种负面架构可以基于各家报纸的政治取向来予以解释，但上面引用的新闻事例也说明了结构性变革存在重大阻力的一些原因：发展基础设施以促进持续经济增长的必要性；实施可持续举措的成本；政府在成功推出改善环境政策方面的无能和低效；将可持续生活作为一种"快闪时尚"或短暂趋势的推广；可持续生活倡议者的矛盾或虚伪。我们的调查结果表明了主流新闻媒体端口在可持续报道中采取了何种程度的公然干涉方法。

同样重要的是，我们需要确认相关报纸的环保生活方式报道所涵盖的主题范围。即使在私人领域环保生活方式的个体化架构中，也存在多种生产、消费

---

① Nimby, not in my backyard, 邻避者，指反对在自家附近开展建设活动，却不反对在其他地方开展同样建设的人。——译者注

实践和模式，告知人们如何寻求更可持续的生活方式。如此，我们编码了环保生活方式新闻故事涵盖的 16 个主题，包括回收利用、道德消费、能源 / 食品生产、栖息地保护 / 分区、环境与健康、环境与交通、环保抗议等。总体而言，能源 / 食品生产这一主题的报道最为常见（16%），其次是保护（11%）、气候变化（9%）和栖息地保护 / 分区（9%）。在编码为"主要"的新闻故事中，家庭装修这一主题最为常见（11%），其次是环境和交通（10%）、道德消费（9%）和能源 / 食品生产（9%）。这四个主题关注的是家庭领域和消费形式，均符合人们架构环保生活方式的期望。编码为"次要"的新闻故事表明了完全不同的主题分布，除了能源 / 食品生产（20%）再次成为最为常见的主题外，其他三个分别是气候变化（14%），保护（13%）和栖息地保护 / 分区（12%）。

最后，考察报纸采访什么样的人去谈论环保生活方式问题也很重要。我们的编码报告了 14 个消息来源群组，其中包括公民、政客、法人行动者、环保活动人士和名人。在此基础上，我们根据直接、间接之分，对相关群组的被引情况进行了编码。在每则新闻故事中，直接引用和间接引用的来源只被编码一次。直接引用的编码结果显示，公民 / 公众（170 次）是被引数最多的群组来源，其次是学者 / 科学家（158 次），政客（118 次）。在编码为"主要"的新闻故事中，公民的被引数（98 次）最为醒目，是下一个消息来源"非环境企业"（40 次）的两倍多，值得我们的关注。另外，学者 / 科学家和环保组织 / 活动团体一共被引用 34 次。在编码为"次要"的新闻故事中，学者 / 科学家（124 次）的被引数最多，其次是政客（99 次）、环保组织 / 活动团体（80 次）和公民（72次）。这些结果表明，普通公民有机会谈论环保生活方式，很多人能够在相关报道中讲述他们的实践、经验和意见。一般来说，引用与"权威"群组更为相关，但我们的数据清楚地表明，不同于很多其他的报道领域，在环保生活方式报道这种环境新闻类媒体端口中，普通人站在舆论的最前沿。公民被引数最多的这种突出地位，一定程度上可以基于引用的新闻意义来加以解释：引用可以让新闻故事"充满活力"，换言之，与新闻故事最直接相关的消息来源的声音和个性，能够让报道生动起来。

当然，公民被引数最多的这种突出地位，也需要结合间接来源的编码结果来加以讨论。总体而言，间接引用的编码结果显示，政客是被报道最多的消息来源群●（146次），非政府组织次之（110次），其次是环保组织/科学家（100次）。相比之下，普通公民的言论只出现了41次。在编码为"主要"的新闻故事中，最常引用的话语来自非政府组织（42次），其次是环保组织/活动团体（37次）和政客（33次）。在编码为"次要"的新闻故事中，引用最多的群组是政客（113次），其次是非政府组织（68次）和环保组织/活动团体（63次）。直接和间接引用数据之间的关系表明，公民群组的被引率高出很多，而其他主要来源群组的比率较低（即直接和间接引用之间的平等程度更高）。例如，在编码为"主要"的新闻故事中，公民被直接引用98次、间接引用20次；政客被直接引用19次、间接引用33次；环保活动人士被直接引用34次、间接引用37次。这种结果表明，公民群组被引最为频繁，是就环保生活方式故事"发声"的主要代理人，而其他被引的权威来源主要是提供信息支持。显然，如果这些群组直接发声解释他们自己提供的信息，那么新闻的吸引力将会大打折扣。

四、英国周末增刊中的环保生活方式报道

上一节梳理了英国报纸如何报道环保生活方式，突出了生活方式问题在更一般的环境新闻报道中的渗透程度，并揭示了相关报纸往往以批评性口吻报道可持续生活实践这一事实。这种负面架构不仅源于很多报纸的右翼政治倾向，而且还表明了难以推广可持续生活方式的几个原因：一是它会挑战支持经济增长的传统工业资本主义思维模式；二是它会挑战很多传统新闻对政治、社会和日常生活的架构方式。相较而言，周末报纸的彩色增刊，不仅会正面对待绿色生活和道德消费，而且会开设与该主题和专题故事相关的专栏，探索环保主义和日常生活的不同表现形式。本节重点分析2011年10月至2013年5月期间《卫报》（及其姊妹周日报《观察家报》）、《独立报》和《每日电讯报》（包括《周日电讯报》）的文章，探讨这些报纸的增刊如何呈现环保生活方式。此外，本节还考察2017年8月至12月期间《卫报》的在线"生态指南"文章。

本节重点关注各种环保生活方式报道及其被赋予意义的方式。相关分析表明，可持续生活的乐趣往往被边缘化，取而代之的是呈现道德消费者存在种种认知缺陷的形象：担心自己的日常行为对环境造成的影响，担心自己无法实现

参与可持续生活实践的愿望。尽管如此，本节并不局限于描述可持续生活，相关分析还考察了一些实例，其中，可持续的乐趣有时被表征为源于平凡家庭环境中的环保实践和技术实施，有时则被呈现为公民和政治参与可持续问题的结果。此外，相关分析还将强调，这些日常可持续故事并不局限于日常生活这一封闭领域，而是追踪其所在的网络，其中，日常环保实践与更大的社会、监管和经济背景相关联。

绿色生活方式故事通常以消费者缺乏知识为前提，据此发挥提供信息、指导行为，从而缓解读者担忧的功能。《卫报》道德和绿色生活专栏中的很多文章，都明确提出了相关问题，如"我如何才能更加自给自足？"（Siegle, 2012a），"我应该换家银行吗？"（Siegle, 2012b），"建大坝合适吗？"（Siegle, 2012c），"可以在一镑店购物吗？"（Siegle, 2012d）。最近，《卫报》的增刊开始提供各种日常可持续生活问题的"生态指南"，如"电动汽车宣传的生态指南"（Siegle, 2017a）、"清洁产品的生态指南"（Siegle, 2017b）和"圣诞树的生态指南"（Siegle, 2017c）。

这类故事建构了读者的主体地位：缺乏知识，经历相关的担忧或恐惧。即使假设读者了解相关问题，这类故事也会强调持续性的道德困境。大部分对"日常环保实践是否适当"的关注或担忧，往往源于人们认识到平凡的地方活动也会具有全球影响力。也就是说，这些文章呈现了道德消费者的焦虑，这种焦虑不仅源于他们对自身环保资质的唯我主义关注，而且在很大程度上源于将个人消费实践与全球经济联系起来的网络信息。《独立报》上一篇关于回收的文章就是一个典型的案例，其中提到了人际和媒体网络，以及全球生产系统的复杂性：

> 你有没有想过你的回收行为会发生什么？……我们可能会有一种模模糊糊的感觉，认为我们正在以某种方式做一些好事，但与此同时，我们仍在砍伐树木用于制造纸张，钻探石油用于生产塑料，开采矿石用于制作饮料罐和食品罐。媒体的某些版块声称回收是一种骗局，其中大部分还是被扔进了垃圾填埋场，……与此同时，你的一些好友也一直在告诉你，你是一个容易上当的傻瓜。
>
> 你是这么想的吗？还是认为回收真的有用？（Boggan, 2013）

其他新闻故事虽然更为正面地暗指具有道德意识的消费者，但也描绘了道德行为与更广泛的商业环境互联的复杂方式。例如，《卫报》的生态指南曾经推出"用你的钱"（Siegle, 2017d）、"大公司接管成功的绿色公司时，我们该如何应对"（Siegle, 2017e）等系列故事。前一类故事关注大型银行仍在为化石燃料行业提供资金的方式，据此推介一家新的道德贷款银行，并指出该银行推出的个人常用账户是"让我们有机会与一个积极参与创造全球可持续未来的组织合作，而不是为世界末日的到来提供资金支持"（Siegle, 2017d）。相关新闻故事有时也会表明，知识渊博的道德消费者需要在不断变化的政治和经济环境中保持警惕。例如，一篇关于鳕鱼数量回升的故事警告读者"不要太过舒服——鳕鱼还没有离开深水区"，其根本原因是英国脱欧后可能会废除欧盟的渔业法规，而这些法规一直致力于鳕鱼种群数量的回升（Siegle, 2017f）。

有时，绿色生活方式故事确实会承认与可持续生活相关的愿望和乐趣，但它们关注的是这些愿望与具体实施之间的脱节。其中一个故事问道："我如何才能更加自给自足？"该故事的开篇将可持续实践的吸引力与日常生活的"现实"进行了比对：

> 我喜欢翻阅20世纪70年代的绿色生活经典之作《自给自足》，其作者是回归土地运动的英雄约翰·西摩。该作品提供了各种低影响方式，从梳理羊毛到建造圆房。但我们需要现实一点：我可能永远不会做这些事情。事实上，通往绿色生活的道路上处处都是田园牧歌式的想法和短期培训课程（如，我是一名合格的猪倌），而这些在城市现实环境中根本行不通。（Siegle, 2012a）

随后，该记者提供了更"现实"的绿色生活方式选项，并敦促读者从中进行选择，从而将主体位置转还给读者：

> 这就是我为什么会热衷于一系列聪明的创意，它们会稍微弄脏你的双手，但却不会弄脏你的公寓。请在家里尝试以下方法。（Siegle, 2012a）

同样，新闻故事有时也会基于可持续理想，解读现实的日常乐趣和消费实践，并探讨将理想照进现实的困境。例如，一篇推广"苏打水制造机"（Soda Stream）的优点、题为"零浪费生态指南"的文章，在指出其使用可以让我们无须再购买瓶装苏打水的同时，也申明："虽然该设备仍需进行生产，且需要使用气瓶（该公司拥有并回收这些气瓶），但使用自来水并避免运输瓶装水这一事实，代表了一个明显的环保胜利。"如此，该文将可持续实践的乐趣与现行的日常消费实践进行了关联，而读者的目标是将这种平凡的乐趣与"对环境负责"的愿望结合起来（Siegle, 2017g）。

虽然环保生活方式报道经常呈现的是日常可持续的困境和复杂性，但有些故事确实突出了以更积极、更有成效的方式实施可持续生活的乐趣。例如，《每日电讯报》推出了一个系列报道，讲述生态改造房屋的成功故事，其中一则关于兰开夏郡维多利亚工人对排屋进行生态改造的报道，拍摄的是厨房里一个孩子拿着能源监控器、其他家庭成员面带微笑的画面。随文则描述了现在家庭享受更舒适生活的乐趣，并通过父亲对孩子们如何"拥抱"翻新技术的讲述，将乐趣与知识关联了起来：

> 他们真的比老--辈更"了解"绿色事项，对他们来说，观测显示着房子在不同的天气生产了多少千瓦能源的监控器非常有趣。（Lonsdale, 2012a）

本章前面描述了报纸对英国政府"绿色交易"倡议的负面报道，与之形成对比的是，周末增刊则以一种积极的方式，将该倡议与贝蒂一家生态改造的故事联系在一起。其中，父亲被拍到在剑桥北部的家外面微笑着说，生态改造的体验非常"美妙"（Lonsdale, 2012b）。此类故事通常是将日常可持续实践定位于家庭所在地和核心家庭的家居配置，但它们并未将这种实践定义为一种"茧居"（Cullens, 1999），即个人与更广阔的外部世界完全脱节的生活。相反，在该类故事描述的生活方式实践中，对财务成本、全球环境福祉、家庭健康的担忧，和对国家住房政策的采纳，往往以一种难以归类的方式组合在一起。

同样，在环保生活方式报道中，也有一些案例对消费社会的基础和可持续生活这种替代形式的表征提出了挑战。例如，2017年圣诞节前一周刊发的一则生态指南报道，宣传了不买礼物的好处，并追问道："很明显，对这个问题，我们需要一个不同的答案。你会给什么都不缺的人买什么？答案可能是没有吗？"（Siegle, 2017h）还有一则关注"免费素食者"（Cooper, 2011）非常规生活方式的报道，讲述了马克·布朗（Marc Brown）翻找超市垃圾桶来为自己、家人和很多朋友收集一周所需食物的故事。这个故事告诉读者，布朗的拾荒，是对超市浪费行为的一种抗议。其讲述也延伸至更广泛的细节：国家层面的食物浪费；慈善机构在食物再分配过程中面临的监管问题；制造层面的浪费；全国各地家庭的食物浪费程度。从中，读者可以发现，免费素食者明确彰显了生活方式的政治化。与之形成鲜明对比的是，很多绿色生活方式新闻倡导自律、担负社会责任的主体性，而免费素食者是"不守规矩"的主体，用德·塞托（de Certeau, 1984）对策略和技巧的分类来说，他们实施的是技巧性行为，即在恰当的时机利用制度的漏洞去给自己谋取利益。当然，我们也可以说，免费素食者不仅突出了现代食品系统的过度、低效和不道德的现象，也突出了消费者在此过程中的主观能动作用，因而是最具社会责任感的环境主体。

绿色生活方式报道还会将个人可持续实践与公民参与、环保抗议等形式关联起来。其中一则报道概述了在"正念行动主义"或"手工艺主义"现象中，个人是如何将手工艺活动纳入抗议策略的（Siegle, 2017i；Corbett, 2017）。有些报道则描述了个人是如何以更可持续的方式（通常是通过社交媒体）去改造当地社区的。例如，其中一则报道讲述了居民参与"捐赠"（DoNation）活动的故事：他们"利用社交媒体的力量，帮助人们互相赞助，从而对生活方式进行看似微小、实质重大的改变"（Lonsdale, 2013）。需要指出的是，该活动是一个非营利项目。《电讯报》的另一则报道描述了一群肯特当地居民的活动：为阻止对树林堤岸的破坏行为，他们参与在线社区动员，宣传这些树林不仅是"日益受到威胁的野生物种"的家园（Lonsdale, 2012c），而且还可以屏蔽附近铁路线的噪音。此类公众动员往往是通过在线和社交网站以及市民公众会议进行的，其中一位抗议活动组织者指出，社区"以一种神奇的有机方式携手合作，其威力堪比一场爆炸"（Lonsdale, 2012c）。对这类事关生活方式的抗议活动，我们可以给予截然不同的评价：既可以将其描述为"邻避主义"的案例，也可以将其理解为强化社区网络、保护地方环境的创造性案例。

从这些故事中，我们可以看到，可持续日常生活的表征形式多样。换言之，这类报道的一个重要特征是，可持续日常生活包罗万象，从表达个人消费"生态产品"有效性的焦虑，一直到展示社区组织保护邻里环境的形式；从呈现家庭生态改造的乐趣，一直到讲述替代性绿色生活方式实践的兴奋和新奇。虽然环保生活方式的报道并不单一，但值得注意的是，此类报道虽然经常讲述日常环保困境，倡导读者以可持续的方式生活，但对读者的定位却是：缺乏如何做到这一点的知识，并经历着焦虑、不确定、恐惧等负面情绪。也就是说，周末增刊中的环保生活方式报道，虽然通常将日常可持续架构为一种正面且可行的选择，从而与报纸其他版块经常采用的负面架构形成了鲜明对比，但这种报道突出日常可持续"问题丛生"的状况仍然存在。有人认为，造成这场情况的原因主要有两点：一是新闻加工总是系统性地将坏消息置于好消息之上，将冲突置于共识之上，将社会弊病和困境置于成功探索之上；二是更普遍的文化治理往往是通过社会自由，培养出自律和负责任的主体。也就是说，这些故事具有艾德和奈特（Eide and Knight, 1999）所讨论的"服务性新闻风险模式"的特征，尽管此类故事所针对的读者通常已经意识到问题并有动力改变自己的行为，但他们不是不知所措，就是不能确定什么才是正确的行动方案。正如第五章将表明的那样，这一主体位置可能与生态真人秀电视节目的主体迥然而异，后者缺乏可持续日常的基本知识。

本节案例研究中分析的故事也表明了可持续网络的重要性。正如第一章所示，可持续的前提是理解互联原则及生产、分销和消费网络的运行方式。虽然环保生活方式报道正是对这种网络运行的某种程度的解读，如回收和购买服装，但同时也会导致读者对能否成功实施可持续感到焦虑和担忧。更广泛地说，网络的复杂组合运行构成了很多新闻故事的基础。生态改造故事将家、家庭幸福和健康、公共政策倡议、智能技术使用、政府法规等联系在一起，拾荒者展示并利用了超市食品生产和消费网络的崩溃，地方社区组织突出了如何使用社交媒体网络以成功推广环保活动（第七章将对此进行更为详细的讨论）。从中，我们可以看到，可持续实践并没有单一的网络运行模式，而是追踪种种不同的网络，有助于我们了解可持续实践是如何发生的，又是如何被赋予意义的。

五、本章小结

本章考察可持续日常生活在报纸中的表征方式，并关注该主题在报纸不同版块和页面中的分布方式。本章首先指出了生活方式新闻是如何随着周末彩色增刊的历史演变而发展的。跟杂志一样，报纸增刊的特点也是混合格式，同时与它们所属的报纸相通。本章也观察到，报纸增刊对报纸的经济生存能力至关重要，因为它们不仅吸引广告，而且重点关注食物、育儿等种种生活方式话题。生活方式新闻推广的产品，虽然通常与中产阶级生活方式的乐趣和体验有关，但此类新闻也是服务性新闻的一种形式，因此致力于处理现代日常生活中存在的问题，并提供规避风险、正确实践等方面的建议。

重要的是，鉴于公共环境问题的新闻报道往往会影响特定地点和社区的个人日常生活，并带来更普遍的后果，本章突出了日常可持续实践是如何渗透至更普遍的平面环境新闻报道的。本章的案例研究首先概述了一项为期四个月的调查，内容涉及可持续生活实践的环保生活方式故事在英国报纸环境报道中的分布情况，范围涵盖"优质"大报和小报，也涵盖政治倾向偏左和偏右的报纸。研究发现，在编码的新闻故事中，37%的故事主要关注环保生活方式问题，63%的故事次要关注环保生活方式问题，或只是因为与故事的主题有关，而稍微提及日常环保主义。该调查表明了日益增强的意识程度，具言之，此类媒体越来越认识到，与气候变化相关的政治和科学影响着日常实践。研究发现，报道环保生活方式故事的媒体主要是传统的大报，由此证实了一种观点，即此类报纸的读者群是中产阶级和受过良好教育的传统读者。研究还发现，优质、保守的报纸对环保生活方式问题的报道数量最多，但对此类故事的架构通常是负面的：披露与可持续生活相关的虚伪面，并突显实现更高水平可持续的困难所在。该案例研究也探讨了日常可持续的主题呈现，结果显示，在以绿色生活为焦点的新闻报道中，家居翻新、环境和交通、道德消费和能源／食品生产是最为常见的主题，由此突出了一点，即相关报道呈现可持续生活的方式，主要是通过对家居和消费形式的关注。该案例研究最后讨论了环保生活方式报道中的消息来源类型，结果显示，公众是被引频率最高的群组，尤其是在那些以绿色生活方式为焦点的新闻故事中，尽管伴随此类引用而来的往往是权威来源群组的评论。最后，该案例研究得出了一个重要结论，即这种形式的报道确实会给予普通公众谈论他们环保生活方式的机会。

第二个案例研究分析了周末报纸彩色增刊中讲述的日常绿色生活方式故事。虽然所分析的绿色生活专栏将该主题呈现为读者的理想目标，但研究表明，它们也经常突出个人的担忧：是否有合适的可持续生活能力，是否拥有可持续生活的正确信息和知识，当前的日常实践是否符合可持续价值观。从这个意义上说，我们的讨论表明，尽管存在一些例外，但总体而言，可持续生活的乐趣并没有得到足够的重视。我们的讨论还指出，新闻故事有时的确会呈现绿色生活方式的可能性和乐趣。我们也同样观察到，虽然绿色生活专栏主要是呈现家庭背景中的可持续实践，关注如何以更可持续的方式改造房屋和家居用品，但也有一些故事展示了环保生活方式如何与更广泛的公民参与形式联系在一起。

参考文献

Bawden, Tom. 2014. "Not Just Climate Change — Change to Life as We Know It, UN Report Shows." *The Independent*, March 18.

Boggan, Steve. 2013. "Waste Not, Want Not: Britain Has Become Nation of Recyclers — But Is It Making a Difference?" *The Independent*, May 11. http://www.independent.co.uk/environment/green-living/waste-not-want-not-britain-has-become-a-nation-of-recyclers–but-is-it-making-a-differ- ence-8607804.html.

Brett, Nicholas, and Tim Holmes. 2008. "Supplements." In *Pulling Newspapers Apart: Analysing Print Journalism*, edited by Bob Franklin, 198–205. London: Routledge.

Carrington, Damian. 2014. "First It Was Glaciers, Now Your Coffee Faces Climate Threat." *The Guardian*, March 29.

Cooper, Charlie. 2011. "The Night I Ate Out … of a Bin." *The Independent*, October 15. https://www.independent.co.uk/environment/green-living/the-night-i-ate-outof-a-bin-2370923.html.

Corbett, Sarah. 2017. *How to Be a Craftivist: The Art of Gentle Protest*. London: Unbound.

Cullens, Chris. 1999. "Gimme Shelter: At Home with the Millennium." *Differences* 11 (2): 204–227.

de Certeau, Michel. (1984). *The Practice of Everyday Life*. Translated by S. Rendall. Berkeley, CA: University of California Press.

Eide, Martin, and Graham Knight. 1999. "Public/Private Service: Service Journalism and the Problems of Everyday Life." *European Journal of Communication* 14: 525–547.

Gosden, Emily. 2014. "An Inconvenient Truth: Greenpeace Boss Commutes 500 Miles by Air." *The Telegraph*, June 24.

Greenpeace Chief. 2014. "Greenpeace Chief Who Commutes—On a Plane." *The Daily Mail*, June 24.

Hawkes, Steve. 2014. "Fracking UK." The Sun, May 8.

Hobsbawm, Julia, and John Lloyd. 2008. *The Power of the Commentariat*. London: Editorial Intelligence and Reuters Foundation.

Holmes, Tim, ed. 2008. *Mapping the Magazine: Comparative Studies in Magazine Journalism*. London: Routledge.

Holmes, Tim, and Liz Nice. 2012. *Magazine Journalism*. Los Angeles: Sage.

Hopkinson, Amanda. 2005. "Colour Supplements, Newspaper." In *The Oxford Companion to the Photograph*, edited by Robin Lenman. Oxford: Oxford University Press.

Husni, Samir A. 1987. "Newspapers' Sunday Supplements: Rocky Present, Bright Future?" *Newspaper Research Journal* 8 (2): 15–21.

Lea, Robert. 2014. "Nimbys Refuse to Believe Leaders When It Comes to Building in Their Back Yard." *The Times*, April 14.

Lewis, Justin, Andrew Williams, and Bob Franklin. 2008. "Four Rumours and an Explanation." *Journalism Practice* 2 (1): 27–45.

Lonsdale, Sarah. 2012a. "Green Living: Eco-renovating a Period Property." *The Telegraph*, July 10. http://www.telegraph.co.uk/property/greenproperty/9389621/Green-living-eco-renovating-a-period-property.html.

Lonsdale, Sarah. 2012b. "Eco Living: Trying Out the Green Deal." *The Telegraph*, July 5. http://www.telegraph.co.uk/property/greenproperty/9378560/Eco-living-trying-out-the-Green-Deal.html.

Lonsdale, Sarah. 2012c. "Green Living: The 'Eco-clicktivists'." *The Telegraph*, May 23. http://www.telegraph.co.uk/property/9284525/Green-living-the-eco-clicktivists.html.

Lonsdale, Sarah. 2013. "Eco-living: Working Together for a More Sustainable World." *The Telegraph*, April 30. http://www.telegraph.co.uk/property/greenproperty/10025301/Eco-living-working-together-for-a-more- sustainable-world.html.

Lonsdale, Sarah. 2014. "The Green Deal Is a Mean Deal." *The Sunday Telegraph*, June 15, Life Property.

McNair, Brian. 2000. *Journalism and Democracy: An Evaluation of the Political Public Sphere*. London: Routledge.

McNair, Brian. 2008. "I, Columnist." In *Pulling Newspapers Apart: Analysing Print Journalism*, edited by Bob Franklin, 12–120. London: Routledge.

Mendick, Robert. 2014. "Lifestyle to Blame for Our Climate Catastrophe." *The Sunday Telegraph*, March 30.

Nimmo, Dan D., and James E. Combs. 1992. *Political Pundits*. New York: Praeger.

Oxlade, Andrew. 2014. "Why Did We All Give a Red Light to the Green Deal?" *The Sunday Telegraph*, May 25.

Phillips, Angela. 2008. "Advice Columnists." In *Pulling Newspapers Apart: Analysing Print Journalism*, edited by Bob Franklin, 102–111. London: Routledge.

Renton, Alex. 2014. "How Climate Change Will Wipe Out Coffee Crops—And Farmers." *The Guardian*, March 30. http://www.theguardian.com/environ-ment/2014/mar/30/latin-america-climate-change-coffee-crops-rust-fungus- threat-hemileaia-vastatrix.

Rose, David. 2014. "BBC Spends £500 k to Ask 33,000 Asians 5,000 Miles from UK What They Think of Climate Change." *The Daily Mail*, June 29.

Siegle, Lucy. 2012a. "Ethical Living: How Can I Become More Self-Sufficient?" *The Guardian*, August 12. http://www.guardian.co.uk/environment/2012/aug/12/ethical-living-lucy-siegle-self-sufficient-home.

Siegle, Lucy. 2012b. "Ethical Living: Should I Swap My Bank?" *The Guardian*, July 29. http://www.guardian.co.uk/environment/2012/jul/29/lucy-siegle-ethical-living-banking.

Siegle, Lucy. 2012c. "Ethical Living: It Is Right to Give a Dam?" *The Guardian*, July 22. http://www.guardian.co.uk/environment/2012/jul/22/lucy-siegle-belo-monte-dam.

Siegle, Lucy. 2012d. "Ethical Living: Is It OK to Buy from Pound Shops?" *The Guardian*, July 15. http://www.guardian.co.uk/environment/2012/jul/15/lucy-siegle-pound-shops-discount.

Siegle, Lucy. 2017a. "The Eco Guide to Electric Vehicle Hype." *The Guardian*, August 20. https://www.theguardian.com/environment/2017/aug/20/the-eco-guide-to-electric-vehicle-hype.

Siegle, Lucy. 2017b. "The Eco Guide to Cleaning Products." *The Guardian*, September 24. https://www.theguardian.com/environment/2017/sep/24/the-eco-guide-to-cleaning-products.

Siegle, Lucy. 2017c. "The Eco Guide to Christmas Trees." *The Guardian*, December 10. https://www.theguardian.com/environment/2017/dec/10/the-eco-guide-to-christmas-trees.

Siegle, Lucy. 2017d. "The Eco Guide to Using Your Money." *The Guardian*, November 11. https://www.theguardian.com/environment/2017/nov/11/the-eco-guide-to-using-your-money.

Siegle, Lucy. 2017e. "The Eco Guide to Big Ethics." *The Guardian*, November 5. https://www.theguardian.com/environment/2017/nov/05/the-eco-guide-to-big-ethics.

Siegle, Lucy. 2017f. "The Eco Guide to the Cod Bounceback." *The Guardian*, November 19.

https://www.theguardian.com/environment/2017/nov/19/the-eco-guide-to-the-cod-bounceback.

Siegle, Lucy. 2017g. "The Eco Guide to Zero Wasters." *The Guardian*, August 27. https://www.theguardian.com/environment/2017/aug/27/the-eco-guide-to-zero-wasters.

Siegle, Lucy. 2017h. "The Eco Guide to Not Buying Stuff." *The Guardian*, December 17. https://www.theguardian.com/environment/2017/dec/17/ the-eco-guide-to-not-buying-stuff.

Siegle, Lucy. 2017i. "The Eco Guide to New Mindful Activism." *The Guardian*, October 22. https://www.theguardian.com/environment/2017/oct/22/ the-eco-guide-to-the-new-mindful-activism.

Spencer, Ben, and Tamara Cohen. 2014. "South's Oil and Gas Boom Is a Big Myth." *The Daily Mail*, May 24.

Topham, Gwyn, and Kim Willsher. 2014. "Tycoon Vincent Bolloré to Back London Electric Car Hire Scheme." *The Guardian*, March 12. http://www.theguardian.com/uk-news/2014/mar/12/ vincent-bollore-london-electric- car-hire-scheme.

Turnbull, Tony. 2014. "The End of Our Love Affair with Farmers' Markets." *The Times*, June 24, times2.

Turner, Janice. 2006. "The Subtle Distinction of the New Monthly Weekly?" *Press Gazette*, March 23.

Webster, Ben. 2014a. "Greenpeace Chief Travels to the Office by Plane." *The Times*, June 24.

Webster, Ben. 2014b. "Greenpeace Chief Approved £15,000 Commuter Flights." *The Times*, June 25.

Webster, Ben. 2014c. "Crying Wolf Over Climate Harms Trust." *The Times*, June 24.

Williams, Kevin. 2010. *Read All About It! A History of the British Newspaper*. London: Routledge.

Winch, Jessica. 2014. "Is the Green Deal Really Such a Bargain?" *The Telegraph*, May 29.

第四章

可持续的广告

一、引　言

一般来说，媒体对日常可持续的描述，往往是表征生产和消费的特色"材料"、模式、交换关系等，据此赋予其实质性内容，换言之，媒体宣传环保产品及其使用和消费的可取性，以表征日常可持续。此类产品的广告外显了现代可持续表达中的紧张关系：在推广环保产品和服务信息的同时，也推广商品文化和生活方式，而这种商品文化和生活方式恰恰会加剧当前的气候危机。绿色广告将公民定位为消费者，唤起公众对环保问题的关注，并给可持续消费或道德消费的政治形式添加一种特定的文化价值。充斥着各大媒体及公共空间的广告，早已成为日常生活中一种司空见惯的现象。广告传播商品和服务信息，并借助特定的图像、叙事和价值观，赋予它们特定的含义，这些过程均涉及与相关文化进行复杂的协商。此外，广告帮助提升实体商品及相关消费的经济、文化意义。更广泛地说，当代促销文化派生促销实践和策略，体量庞大、无处不在的广告无疑是其重要的组成部分。显然，这种促销实践及策略是身份和社会关系形成的内在因素。

相较于报纸、杂志、电视等看似更为单一的媒体形式，广告这种媒体形式尽管无处不在，但并未引起学界足够的关注。广告在不同类型媒体中的出现方式不尽相同，从这个意义上说，广告有其独一无二性。广告的出现方式之说，似乎在暗示它们在媒体中扮演的是一种"辅助"角色——只是出现在报纸新闻报道或电视节目之中。在我们看来，这种观点既低估了广告在整个商业媒体环境产出中的影响力，也无益于识别广告媒介独特、个体的特征。本章首先讨论广告在建构当代促销文化、描绘日常生活中的作用，考察其作为一个产业的经济力量，以及在消费者身份形成中的文化力量。在此基础上，本章从对广告的一般评价出发，梳理"绿色广告"的具体特征，探讨产品环保优点宣传与社会区分模式培养之间的关联方式。随后，本章梳理广告的"洗绿"行为，即提供企业及其产品在环保方面的虚假信息。本章最后进行两个案例研究：新西兰可再生能源电视广告和可持续技术杂志广告。这两个案例研究均将表明日常可持续的系列表征形式，换言之，广告往往会采用不同的修辞策略：从幽默，一直到详细的技术信息。

二、广告：产业和促销文化、文本性和身份

商品生产行业和文化团体主导着经济秩序，而解锁广告特有的经济、文化、话语功能及影响之所以困难，恰恰是因为它们有助于派生经济秩序之间的连贯性，包括社会意义和身份形式的分配。这种观点表明了广告作为一个产业和媒体的巨大力量。当然，对我们大多数人来说，广告的力量从它们的日常存在就可窥见一斑。可以说，广告早已"渗透于社会生活的方方面面"（Goldman, 1992: 1）。莱斯等人（Leiss et al., 2005）对此深有同感，他们（Leiss et al., 2005: 3）在探讨广告的长篇著作中指出："简而言之，广告已经成为日常生活的一部分。商品的符号属性，广告话语中的人物、情境、意象和笑话，现在已经完全融入了我们的文化之中。"广告的种种表征公开讲述我们的日常生活，并将商品纳入可识别的人物、叙事和个人关系的日常画面中，据此表达国家身份、社区、家庭、性别、年龄、阶层、种族、民族和环境。总体而言，我们从中看到的并非单一或协调一致的日常生活表征形式：有的广告可能提供特定地方、特定文化的日常生活表征，而有的广告则可能提供更加理想化的、泛文化的描绘。尽管如此，所有广告都提供了一种对"美好生活"的愿景，关键是，这种愿景是可以通过消费商品和服务来实现的。具言之，相关商品和服务承诺幸福、快乐、财富（或至少是储蓄）、健康、健身、清洁，以及一个更成功的社会自我，从而解决我们当前生活中不足的问题。我们可能会对广告能够变革性改变我们日常生活的能力持怀疑态度，喜剧节目、表情包和"广告克星"

（Adbusters）等网站，对广告也是极尽讽刺之能事。尽管如此，广告对某一文化中人们的性格和价值观的形成有着深远的影响。

广告是更广泛意义上促销文化的一个组成部分。（Wernick, 1991; Davis, 2013）曾经局限于销售商品及推广服务过程的这种促销实践，如今在所有文化中已然进一步泛化、系统化。具言之，广告已经扩展至一系列的文化产业和专业，推动了"情感劳动"，而这种情感劳动影响着很多打工人的表现和行为。同时，正如我们在使用社交媒体时深刻体会到的那样，广告已经延伸至普通人的日常生活实践。在现代消费社会中，广告可以说是无处不在且精细复杂。这种促销文化的兴起，与整个20世纪资本主义的发展密不可分。其中，大规模生产、"福特主义"经济让位于现代"消费社会"，商品和市场的范围进一步细化，也更注重个人和社会部门的所需所想。在对这一特殊历史经济转型的研究中，安德鲁·韦尼克（Andrew Wernick, 1991）强调，促销文化是市场资本主义逻辑在公共生活结构和过程中普遍应用的产物。韦尼克（Wernick, 1991: 147）的研究广泛借鉴了不同理论家的研究成果，他提醒我们，市场是"一种基本的社会形式"，可以超越商业经济；晚期资本主义产生了一个"全面交换"的社会；而这反过来又"暗示了推广本身作为一种交际模式的泛化"。除广告外，促销文化还与很多行业相关联，并由这些行业进行传播，如公共关系、营销、游说和品牌推广。众所周知，这些产业并不局限于"商业"企业，相反，它们还延伸至慈善机构、非政府组织和非营利部门。此外，促销文化已经渗透并改变了其他很多行业。例如，当代政治实践越来越关注候选人的"形象"，并深受"公关顾问"、民意调查人士和媒体顾问的影响。现代文化中普遍存在的促销倾向，也深深体现在企业和个人对数字和社交媒体的使用中。企业可以从事微营销，其中，广告活动与个人信息的搜索紧密关联。同时，企业也通过评论和排名，源源不断地获取客户反馈，并据此打造有针对性的、时效性的产品和品牌。推特、脸书等社交媒体的日常使用，对个人公开宣传其个性、生活方式、人际关系，以及在公共和社区问题上的价值立场非常重要，而且似乎越来越有必要。

广告自身就是一个庞大的产业，包括不同的传播载体，如电视、广播、互联网（包括手机）、电影院、户外或"家外"、直邮等等。在英国，仅2016

年上半年的广告支出就高达 99.99 亿英镑，较上年同期增长了 5.2%，这还是在欧盟公投前不确定的经济环境下（Record First Half, 2016）。在美国，2016 年的广告支出超过 1900 亿美元，2017 年的电视广告支出预计将首次失去市场，转而投向数字媒体（US Advertising Industry, 2017）。除了产业自身，广告在商业文化和媒体产业的生产中也扮演着重要角色。虽然我们重点关注的是绿色广告的表征形式，但考察广告的物质性及其在生产过程中的核心作用同样至关重要。广告是产品自身不可分割的一个特征，是"实物的一部分"，而不仅仅是"指向产品位置的一个标志"（Goldman, 1992: 33）。广告也是大众消费的商品，广告出现在各类媒体形式中指向了一个事实：这些媒体反过来又是受众消费的商品。商品化在整个传播过程中占据中心地位，如此，受众也是媒体出售给广告商的商品。

广告的力量不仅在于其作为一个重要经济产业的特殊地位，更在于其扮演的角色：调节经济与文化之间的关系，建构商品的意义和文化价值，从中提取经济价值，再反过来架构一个消费社会。在莱斯等人看来："广告业必须被视为一种特殊的（且尤其成问题的）商业机构，因为它位于经济和文化的交汇处。现代市场不断扩大，从市场的角度来看，广告介于生产者和消费者之间；从大众传媒系统的角度来看，它介于媒体和受众之间。据此，广告成为协调经济和文化领域的关键场所。"（Leiss et al., 2005: 15）作为一种现代现象，广告体现了物质商品既具有意义又具有使用功能这一基本现实。对此，道格拉斯和伊舍伍德（Douglas and Isherwood, 1978: 62）指出："消费的基本功能是其具有生成意义的能力。"除了考虑商品的使用功能，两位学者还敦促我们"尝试考虑商品有利于思考的功能，并将它们看成表达人类创造力的非语言媒介"。莱斯等人则进一步指出："广告应该被理解为一种主要的文化机构……因为商品世界……本身就是社会交际的主要渠道之一。"（Leiss et al., 2005: 245）

虽然我们可以承认一点，即物质文化的客体必然会影响自我塑造和社会关系，而且需要把这种观点纳入对日常可持续的理解中，但我们还需要突出这种基本关系在消费社会中得以转型和提升的方式。现代消费社会打造了一个欲望和奇迹并存的戏剧性环境，并通过商品的大量扩散，提供了满足欲望的手段，甚至发明了一种"购物疗法"（retail therapy），即消费本身就是一种令人愉悦、心理健康的形式。此外，它还具有一种意识形态效应，即将市场关系自然化为社会的基本逻辑。对此，高曼进一步指出："企业的盈利能力和对市场的控制，依赖于其所建构的环境，而这种建构是以商业关系为前提的，结果是广告中描绘的世界被认为是唯一可行的世界。"（Goldman，1992: 34）我们可以看到，西方发达国家的经济结构越来越以消费为中心，而不是生产，随之而来的是私人债务水平的提高，同时，信贷的提供和获得信贷的便利又助长了这一趋势。广告显然是社会高估我们生活中物质客体的"罪魁祸首"，换言之，广告诱导我们相信这些东西能够为我们提供"美好生活"，并能够帮我们走出所有的日常困境，消除日常生活中的不足。当然，经济的进一步发展取决于长期增长的需求和商品扩散的绝对永无止境，而制造商品又需要使用化石燃料和其他自然资源，如此，经济发展与两种观点相左：一是认为环境具有可持续性；二是认为我们具有成功解决气候危机的能力。

在向我们推销商品时，广告不仅需要传播商品信息，而且需要生成商品的意义。正如朱迪思·威廉姆森（Judith Williamson,1995: 12）在其颇具影响力的广告研究中指出的那样："广告将……'事件陈述'……转译为人物陈述，其间，商品被赋予人类符号性的'交换价值'。"这一过程在发达资本主义社会中尤为明显：附加的形象、联想、情感和价值湮没了商品的实际"使用价值"，商品及其附加物之间通常没有物质或逻辑上的联系，所谓的联系只是通过广告过程而任意建构的。在符号学术语中，商品具有商品符号的地位，是物质能指和所指意义的组合，正是通过这个过程，"现代广告……给我们灌输着一种观点：我们消费的不是产品，而是它的符号。产品代表什么，比它是什么更为重要。当我们将符号视为其所指时，商品符号才是完整的"（Goldman, 1992: 19）。这种现象造成了同类产品之间的人为差异，滋生了人们对商品不断增长的需求（不仅仅是简单的物质需求），并且将文化领域建构为可以从中提取价值的仓库。广告对商品的转化，也严重歪曲了生产和消费的社会关系。同时，广告只会呈现商品的一面，具言之，广告推销的商品只是消费的成品、供我们消费的对象，据此掩盖商品制造的生产性和超出实际劳动成本的商品剩余价值，并只将我们定位为与商品相对的个人消费者。在资本主义社会中，劳动的社会特征与其再生产的个体性之间存在着一种对立关系。"这种从社会生产到个人实现的错位，是市场中的商品交换……商品实际上是一个既需要生产又需要交换的系统，而市场对商品的表征好像它只包含交换一样。"（Hall, 1977: 323）

广告的影响部分源自其文本性本质，以及话语建构广告与消费者之间关系的方式。即使在社交媒体环境中，广告也具有普遍而又独特的亮点：简洁明了、使用图像、使用口语化语言、融入日常文化、诉诸情感、打造游戏感和幽默感。我们可以基于自己熟悉的文化意向，轻松、"自动地"消费广告，这种速度证明了广告的意识形态力量，即自然化特定的文化价值体系。正如莱斯等人所言："从某种意义上说，'广告'可以被视为现代社会的典型传播形式。"（Leiss et al., 2005: 98）具体来说，广告语言具有明显的修辞性，因为它在吸引人们注意力的同时，试图说服他们采取行动、购买产品。广告语言通常具有高度的内涵：频繁使用形容词，据此描述客体本身或与广告客体相关联的所指意义与价值，从而引发特定的情感或联想。隐喻（一个事物代表另一个事物）、转喻（部分表征代表完整的对象或经验）、头韵、押韵和双关等其他修辞手法的使用，均体现了商品符号中能指和所指之间的基本联系。（Machin and van Leeuwen, 2007: 139-143）当然，广告文本的修辞力量来源广泛：虽然同为创造性文本，但它们对"情感"和"事实"的诉求各不相同，例如，有些广告会诉诸"科学"的文化权威。另外，针对不同的受众类型，不同媒体广告的文本特征差异也颇大，例如，国际时尚杂志广告与地方电视台的草坪修剪服务广告大相径庭。我们还需要注意的是，虽然对广告的媒介类分析大多聚焦于前一种，但据估计，美国媒体中的消费品广告仅占该国所有广告的13%。（Alperstein, 2003: 101）

当然，所有文本都会为它们的读者、观众或听众，设定特殊的主体位置，这一点在广告中同样体现得淋漓尽致，因为广告活动最终的成功在于物质交换的实现。广告全力打造与消费者的关系，它们经常使用第二人称，直接称呼"你"。在这种召唤过程中，文本接收者回应文本对他们的"抬举"，据此接受文本提供的主体位置：不仅仅是广义的"消费者"位置，更特别的是，使用该产品的用户类型往往很酷，有预算意识，关心家人福祉，如此等等，不一而足。（Williamson, 1995: 50）因此，广告不仅向我们提供有关商品、服务和体验的信息，而且向我们提供有关消费此类产品的用户的信息，这就是为什么威廉姆森（Williamson, 1995: 13）会宣称"'广告'为我们提供了一种结构，在此，无论是我们，还是那些商品，都是可以相互替换的。如此，'广告'是在向我们推销自己"。当然，由于复杂技术和统计手段（可以用来分析互联网和社交媒体的使用情况）的长足发展，如今抬举"你"的过程，比以往任何时候都更具针对性和精确性。对此，特罗指出："数字领域的广告商希望所有媒体公司向他们提供特定类型的个人——而且是越来越特定的类型。"（Turow, 2011: 4）通过这种对话方式，广告可以协调个人身份和社会身份之间的复杂关系。一方面，如前所述，广告是促进社会中个人主义意识的有力手段，但它们同时也掩盖了消费的集体性质——"广告中的'你'总是以集体形式传递，但我们却以个体形式接受"（Williamson, 1995: 51）。另一方面，通过对个人购买、喜好和兴趣的诊断性审查，现代广告收集我们的个人信息类型，并将之应用到市场细分中，换言之，市场细分的定义往往是基于不同的生活方式，或"具有相同品味和互补价值的人之间那种自愿和临时的亲和力"（Leiss et al., 2005: 90）。

三、绿色广告

作为一种商业和文化气息浓厚的现象，广告可以被视为环保的对立面，但广告中也充斥着很多自然元素。我们常常会通过商品进入自然环境及其提供的一切：自由、冒险、纯洁以及很多其他的品质和体验。当然，尽管我们从未通过广告直接体验自然，但我们得到的产品是"自然的"：它们或表征自然，或源自自然并带有自然痕迹。这种相伴相生的"连接"和"分离"是文化构成的基础。对此，马克思指出："人类干预自然，并借助一定的仪器和工具使用自然，从而再生产他们生存所需的物质条件……只有通过人与人之间的社会合作形式，才能使自然适应人类的物质需求。"（Hall, 1977: 315）尽管如此，就广告而言，"产品永远无法完全回归自然，因为它永远不能指称自然，只能表征自然：'自然'是从自然界中提取的意义，两者之间存在着无形且无法逾越的屏障"（Williamson, 1995: 122）。

正是在这种背景下，我们才有必要了解环保产品的宣传广告。"绿色"产品永远不会让我们回归自然，但却可以宣称促进了我们与环境的亲近，并减少了我们对环境的破坏。"绿色"广告从不提供不受限制的接触自然的机会，而是唤起一种与自然相关的积极文化价值意识。随着环保主义的日益普及和解决气候危机需求的日益提升，我们也愈发感受到广告的新趋势：颂扬产品、绿色生活方式及企业自身的环保优势，可以说，这种趋势彰显了不断变化的促销文化。福勒和克洛塞（Fowler and Close, 2012: 121）认为，企业绿色形象的宣传本身并不构成绿色广告。在他们看来，绿色广告指"任何明确或含蓄地提高对环境问题的认识，和 / 或建议有助于减少或纠正导致环境问题行为的广告。绿色广告既可以与营利企业的活动相关，也可以与非营利企业的活动相关"。尽管如此，绿色广告在某种意义上可以被简单地定义为"推广符合环保要求的产品或品牌"（Hartmann and Apaolaza-Ibàñez, 2009: 717）。据此，我们可以区分两种类型的广告：一种在宣传产品或体验时唤起自然的积极特征；另一种更明确地将产品或体验与环境可持续联系起来。同样，"绿色"广告和"其他"广告并非二元对立，相反，在两者之间存在一个推广环境价值的连续体。班纳吉等人（Banerjee et al., 1995: 23）在他们的研究中明确了绿色广告七种不同的感染力：召唤时代精神；引发社会对环境的普遍关注；引发情感；诉诸理性和经济；强调有机，包括健康收益或简单的"自然"；传播企业绿色形象；名人、专家或普通消费者代言；效益对比（对比产品与其他同类产品的环境效益）。

虽然绿色广告在所有广告中占比不高，但值得一提的是，现在有越来越多的广告加入到宣传产品环境效益的行列。第三章探讨了绿色生活方式的新闻报道，并指出，尽管很难量化其一段时间内的增长，但相关研究表明，自20 世纪 80 年代以来，绿色广告的数量已经达到了历史峰值（Banerjee et al., 1995）。达尔（Dahl, 2010）出具的一份详细报告表明，主流杂志中的绿色广告已经从 2006 年的 3.5%，增长到短短 3 年后的 10%。需要指出的是，尽管环保意识在不断增强、绿色广告的数量也在不断增长，但人们对可持续的态度与实际的行为改变之间，仍然存在着差距。尼尔森公司在 2011 年的一项研究中发现，虽然半数美国人表达了对生态友好型产品的渴望，但只有 12% 的人愿意花更多的钱去购买该类产品（Sheehan and Atkinson, 2012）。福勒和克洛塞对此持相同观点。两位学者指出，"宏观层面的广告商" 拥有广泛的全球环境信息，"中观层面的广告商"专注于推广具有环境效益的产品或服务，"微观层面的消费者"则专注于日常生活，但在三者之间，存在着紧张关系。在他们看来，广告商最好是紧扣消费者的环境需求和关注点，而不是"简单地把他们的品牌宣传为绿色"（Fowler and Close, 2012: 130）。绿色产品和道德消费形式的日益普及，不仅源于对日常可持续必要性的认识，而且源于与环保主义相关的高文化资本。正如第一章所提到的那样，绿色产品的消费也可以成为一种区分策略：一种缓解特权消费者负罪感的方式，但同时也是边缘化弱势消费者的方式。与绿色产品相关的文化宝藏无疑是一种被广告商认可并加以利用的价值。

大部分对绿色广告的研究，都集中于其环保主张的准确与否。对误导性信息的担忧随之引发了公众对绿色广告可信度的怀疑。不准确或误导性的绿色广告通常被称为"洗绿"："为获得市场份额，而进行无根据的、夸大的可持续或环境友好型宣传。"（Dahl, 2010: A247）一份环保营销报告发现，多达95%的环保广告包含误导性信息，尽管该报告自身也招致了一些批评之声（Makower, 2010）。无论我们对"洗绿"行为的定义有多严格，该报告的的确确罗列了该行为的不同"罪行"：隐形的权衡之罪，即关注可持续的一个方面而忽略其他方面；毫无证据之罪，即相关主张或无证据支持或未经证实；含糊不清之罪，即要求太过宽泛，以至于毫无意义；无关之罪，即声称产品不包含已被禁用的物质之罪；两害相权取其轻之罪，即环保主张可能正确，但却避开了对环境造成的更大危害；谎言之罪，即主张完全虚假；虚假标签之罪，即提供虚假认证或使用无意义的术语，如"生态优先"。"洗绿"行为的盛行，让越来越多的消费者开始关注绿色产品的广告，并对其宣扬的环保价值产生了怀疑。值得欣慰的是，这种怀疑已进入一系列研究（Phau and Ong, 2007; Prakash, 2002）和企业自身（Dahl, 2010）的关注范围中。同时，无论是就环保价值的一般商业传播而言，还是对具体的产品促销来说，这种怀疑都说明了一个基本问题，即绿色产品是通过真正的、实质性的努力来减少其环境影响的。

四、新西兰能源电视广告

本节研究新西兰电力公司在其可再生能源的电视广告中是如何表征可持续的。与澳大利亚等仍依赖煤炭为主要能源的国家不同，新西兰大量使用水力、风能和热能，其中约80%的电力来自可再生能源。国有电网运营商"Transpower"最近发布报告称，该国正朝着实现90%可再生能源发电这一目标迈进（New Zealand Heads, 2016）。本节的分析侧重于两家发电机和零售公司的电视广告：子午线能源公司和水星公司。在这两家公司中，政府持股率均为51%。在我们撰写本书时，它们均在投放电视广告。水星公司是水星能源和大河电力公司在2016年合并的产物。虽然新西兰五家主要的能源生产商都在使用可再生能源，但水星和子午线是两家仅使用可再生能源进行发电的公司。子午线近年来更是加大了宣传力度，也一直是能源公司中广告支出最大的公司（Fahy, 2015）。该公司的相关电视广告一直由当地的喜剧演员兼电视广播名人、素以冷面幽默著称的杰里米·威尔斯（Jeremy Wells）代言。本节重点关注由他代言的一系列子午线广告，这些广告已投放多年。对水星公司的分析侧重于该公司自合并以来投放的促销电视广告。

本节分析的子午线广告，讲述的是该公司支持鸮鹦鹉保护规划的故事。鸮鹦鹉是世界上唯一的高山鹦鹉，近年来已濒临灭绝。在第一则广告中，杰里米·威尔斯坐在一家咖啡馆中，担任一只名为格列佛的鸮鹦鹉的"约会顾问"，威尔斯鼓励该鹦鹉到另一张桌子去会一会未来的伴侣，并说道："子午线不仅涉及可再生能源，还涉及物种恢复，这就是我一直在给格列佛提供帮助的原因。"在第二则广告中，威尔斯坐在一张印有世界各国图案的蓝色沙发上，劝导我们改用子午线能源，以"直接从沙发上拯救世界"；另外一个场景比较奇特：威尔斯身穿卷心菜，位于一个山洞里，一只山羊正在啃食他的衣服。他就此告诉观众：你不需要"穿着卷心菜，住在山洞里就可以尽自己的一份力"。在第三则广告中，威尔斯出现在一家鞋店。在试穿鞋子时，他说："近来你听到了很多关于碳足迹的事情，这基本上是在衡量你在环境保护方面有多么邪恶和自私。例如，如果你供职于一家碳足迹高达14的电力公司，那么你非常非常邪恶。如果你的碳足迹很小，那么你很好。子午线的碳足迹确实很小，就像这只活动的人形靴子（他的手指摆弄着一只玩具靴），而一些电力公司，嗯……（镜头后拉，露出'小丑'风格的超大红鞋）。"第四则广告的镜头特写的是位于惠灵顿山顶上的威尔斯，讲述了子午线公司在此建造风电场的故事。威尔斯将衣服悬挂在巨大涡轮机之间的晾衣绳上。第五则广告讲述了子午线公司的另一个故事：该公司在南极洲的罗斯岛上建造了一座"地球友好型"风电场，以替代此前为新西兰斯科特基地和美国麦克默多电站提供动力的柴油发电机。水星公司有两则宣传电动自行车的广告。在第一则广告中，一名年轻女子气定神闲地骑行于城市、乡村的丘陵之上，画外音告诉观众："有了来自水星的能源，美妙的事情就会发生，比如让我们的丘陵看起来更为平坦。水星能源公司造就美好。"在第二则广告中，与不同的人群骑行在一起的同一名女子停在了一个红绿灯前，汽车司机羡慕地看着她，摩托车团的领队对她点头微笑。画外音说道："对于成千上万的新西兰人来说，电动自行车不再是新信息，而是新常态。加入她们吧！水星能源公司造就美好。"两则广告都以一首温和的流行歌曲作为背景音乐，营造"夏日阳光如此灿烂"的悠闲。

人们很容易忽视新西兰能源电视广告明显且重要的特征：以正面的方式描绘可持续和可再生能源，强调自己公司的优点，并向作为公司客户的观众展示，以可持续的方式行事是多么合适和容易。"造就美好"这一简单的能源名称，凸显了可再生能源的吸引力和可取性，但能源本质上并不"美好"，而是公司工作的产物。在考虑可持续时，我们不会立即想到娱乐，但正如第二章所述，环保生活方式媒体通常是娱乐文本。子午线和水星的广告均采用了颇具吸引力的醒目图像、悦耳的音乐和幽默的风格。作为广告，这些文本使用了非正式话语，直接对话观众，并采用了精简的形式。据此，观众很容易捕捉到文本含义，而不需要进行持续、细致的认知加工。很少有广告会提供销售产品的信息，例如，水星广告在宣传电动自行车的同时，为新老客户购买该产品提供了 500 美元的折扣，但广告中甚至没有提到这一活动。子午线的鸮鹦鹉广告，则以一种近乎随意的方式，顺口提及该公司对可再生能源的承诺，同时也只是简单地邀请观众加入子午线保护濒危鸟类的社会活动。如此，这些广告的主要功能是突出公司品牌的优点，将其与可再生能源联系起来，同时也关注更广泛意义上的环保问题：环境保护规划和践行可持续生活方式。从班纳吉等人（Banerjee et al.,

1995）的分类研究中，我们可以看到，这些广告更普遍地融入了环保主义这一"时代精神"，并将这两家公司与这种时代精神联系起来。同时，这些广告虽然突出了普遍关注的环境问题，但仍然将这些问题与单个产品或服务进行了隐性的关联，从而让宏观层面和中观层面广告商之间的区别变得更为复杂（Fowler and Close, 2012）。

子午线广告最突出的特点是诉诸杰里米·威尔斯的名人地位和他的幽默感。威尔斯并非一个享誉国际的知名人士，但他在新西兰可谓家喻户晓，尤其是在年轻人当中。他塑造了一种阳刚、"孩子气"的人物形象，但也不乏衣着得体，通常是西装革履。威尔斯的幽默感有时古怪而又无礼，因此在很多问题上引发了争议，例如，他曾经生动模仿一位颇具影响力的右翼媒体评论员。具有讽刺（但也令人愉快）意味的是，威尔斯随后取代了那位评论员，成为一个国家时事电视节目的共同主持人。整体而言，威尔斯的特定身份和风格间接代表了该公司的形象，特别是考虑到他代言子午线广告的时间至少超过了五年。正如第六章将详细讨论的那样，名人承载着价值观和风格，代表并动员特定社区的粉丝和更广泛的公众群体。同时，威尔斯努力让子午线的公共形象与特定的客户群体保持一致：年轻进取（尽管他搞笑的"孩子气"形象有时会传达出一种可疑的性别表征），见多识广，拥有敏锐的智慧，体现了特定的民族文化特征，即幽默地传递一种信息——不要太把自己当回事。在关于可持续和可再生资源的公开讨论和宣传中，幽默的使用看似奇怪，但它在子午线广告中却以一种复杂的方式发挥着作用：既表明对可持续重要性的现有认识，又挑战对环保倡议中主体性的刻板印象——毫无幽默感和社会边缘化，同时也提供环保信息，并让普通观众更容易了解相关问题。幽默的使用充分发挥了广告的多义性，借此可以针对不同类型的观众：显然已具备环保知识的"你"，现在知道环保不仅容易而且为公众所接受的"你"，成为有道德责任感的子午线消费者因而很"酷"的"你"。

子午线和水星公司的广告均表明了关于可持续的自我意识，而这种自我意识会派生道德消费实践的常态化。例如，水星公司的一则广告就明确指出，电动自行车"不再是新信息，而是新常态"。尽管如此，"新常态"一词蕴含的时间张力表明了此类广告中关于可持续生活方式意义和地位的文化磋商正在进行到何种程度。这种磋商主要是通过相似性和差异性关系的视觉表征来进行的，显然，年轻女骑手与所遇之人的短暂交流就编码了这类关系：她微笑着向她遇到的其他电动自行车骑手点头致意；她骑行电动自行车的可取性和正常性，也得到了汽车司机和摩托车团领队的认可。子午线广告更是明确挑战了与可持续倡议相关的刻板印象，并将可持续描述为由道德消费带来的一种正常且易行的结果。如前所述，在一则广告中，杰瑞米·威尔斯留着蓬乱的长发和胡须，身穿奇怪的卷心菜，并告诉观众"你不需要穿着卷心菜、住在山洞里就可以尽自己的一份力"。另一则广告则将可持续生活置于熟悉的家庭环境中，宣称"你也可以改用子午线能源，以直接从沙发上拯救世界"。尽管这一说法带有明显的恶作剧意味，但它提供了一种可以通过个人和"简单"的努力就可以实现的可持续状态，且对消费者的生活方式成本或现有消费水平几乎没有挑战。可持续的自我意识也衍生于威尔斯的幽默，这种幽默体现在广告对荒谬场景的描绘上：当威尔斯提着洗衣篮，穿行于巨大的风力涡轮机之中时，家庭生活和生产领域以一种奇怪的方式并置在一起。在另一则广告中，威尔斯身着西装站在瀑布下，宣称"这水大可不必降落在新西兰，但它选择了这么做。它本可以降落在海上或澳大利亚，但没有水喜欢降落在那里，不，它选择来到了这里，子午线的好人选择用这样的水来发电，因为它完全是可再生的"。

新西兰能源电视广告不仅是简单地向客户宣传供电产品，而是在一系列广告中采用多种可持续的表征形式，涵盖了能源生产和消费阶段的不同问题，并将可持续与各个领域串联起来：从全球环境保护一直到个人节约成本。这些广告中的可持续并不局限于产品自身的环境效益：子午线广告将该公司与新西兰环保部的规划联系起来，以拯救濒临灭绝的物种，并鼓励人们植树；水星广告宣传的不是产品本身，而是使用电动自行车所彰显的可持续生活方式（驱动电动自行车的可再生能源电力，展示了有趣体验的双重远离特征）。子午线广告并未描绘任何使用其产品的消费者，相反，这类广告是威尔斯表演的载体。如此，即使威尔斯直接对话客户，但观众收看的是他，而不是像自己一样使用该产品的客户。子午线广告的特别之处在于，它们有时会突出生产过程："大风"广告详细介绍了该公司与西门子公司如何在困难重重的丘陵地带，合作建立风电场的工作细节。广告通常仅在成品的交换和消费方面，表征生产、交换和消费的过程，但"大风"广告也表征了产品制造的过程，因为其产品取自"自然的"资源，尽管自然的优点只有通过科学研究和工程实践才能获得。虽然水星广告突出了可持续生活的乐趣，但子午线广告强调了更宏大、更普遍的"拯救地球"计划，而这与节省成本的个人利益直接相关。沙发广告则突出了该公司的植树计划，威尔斯说："你也可以直接从沙发上拯救世界。在线浏览这本小册子，帮助拯救一棵树，然后改用子午线能源，支持可再生能源，你也将节约成本。"

这些简短的广告汇聚了流行文化、大型工程项目、地球生态意识、个人经济利益、轻松的幽默和对竞争对手的批评，也由此表明了可持续表征的广度和复杂性。这类广告显示，基于媒体的可持续传播有一个重要的特征，那就是直面公众对该主题的现有认知。这些广告涵盖了种种生态关注点，据此表明能源公司的两种意识：一是公众已经认识到不同环境问题（可再生能源、濒危物种保护、植树等）之间的联系；二是为了吸引潜在的客户，他们需要做的不仅仅是宣传自身产品的环保优点。如此，公司的经济效益依赖于话语的参与度。显然，这种广告话语将公司的实践和价值观，与可持续的现有公共意义联系在一起，并将对可持续的这种理解，置于我们熟识的、有趣的文化背景之下。

五、家居可持续杂志广告

本节进行的可持续广告的案例研究，聚焦澳大利亚替代技术协会（the Alternative Technology Association, ATA）出版的两本杂志：《可再生：致力可持续未来的技术》（*ReNew: Technology for a Sustainable Future*）、《避难所：现代绿色家园》（*Sanctuary: Modern Green Homes*）。ATA 是一个致力于家庭和社区可持续生活的非营利组织，为客户提供可持续生活方面的专业建议，并寻求影响政府的政策。该协会还会举办公共活动，如可持续房屋日和可持续专家速成日。该协会在澳大利亚拥有 6000 多名会员，包括 14 个定期举行会议的活跃分会。ATA 成立于 1980 年，但正如戴维森（Davison, 2011）观察到的那样，该协会在随后的几十年中经历了转型，因为曾经"标志着激进环保主义家园"的生态技术现在越来越普及，而且"越来越多地"与传统的广告、营销和零售实践捆绑在一起"（Davison, 2011: 44-45）。该学者注意到，随着时间的推移，

ATA 的"技术和政治抱负已然分离",因为其最初的"政治分权、稳态经济、生物区域自给自足和后物质主义价值观的反文化愿景"已经让位于更多地关注家庭能源效率和"可持续消费的新自由主义议程"(Davison, 2011: 45)。

据 ATA 介绍,《可再生》和《避难所》杂志的读者总数超过 12 万。《可再生》是该协会的创始刊物,从 1997 年开始采用现在的名称。正如该杂志的副标题所示,其文章侧重于提供详细、专业的可持续技术建议,包括电动汽车的选择和改装、房屋漏气测试、节水工程和 DIY 花园灌溉、绝缘形式以及不同类型的电池及其维护。《避难所》于 2007 年创刊,主要聚焦于可持续房屋的设计。ATA 称,该杂志"介绍澳大利亚领先的环境建筑师和设计师,为可持续住宅提供灵感和实用的解决方案而不会影响原有的设计"。因此,不同于我们刚刚考察的能源电视广告,这些杂志是为那些有动力搜寻可持续生活信息的小众而设计的,这一点体现在其广告内容和展示之中。正如前一章所述,杂志是一种适合于满足特定读者群和消费者需求和愿望的媒介。

如此,《可再生》和《避难所》杂志是由一系列历史、政治和媒体发展累积而成的产物,其产生源于公众应对环境变化的新兴意识,以及其作为生活方式媒体致力于呈现并重铸应对环境变化的政治情怀;其生存依赖于生活方式媒体环境的发展,环保消费市场的扩大,以及可持续技术的进步;其目标读者定位于专业人士。这些因素保障了杂志的财务可行性,但杂志的出版商不是某个商业媒体公司,而是独立的、非营利性环保组织。对这类组织来说,杂志不仅是传递信息的工具,也是常态化日常可持续生活的工具。通过这两本杂志,我们可以发现,可持续表征不仅出现在一般的大众媒体中,如电视节目和报纸,而且出现在目标读者更具有针对性的专业媒体中。在不同类型的杂志文本中,相应存在着不同类型的可持续表征。本节随机选择了这两本杂志在 2017 年的四个版本:《可再生》的第 139—142 期和《避难所》的第 39—41 期,重点关注其中的整版广告。该时间段中相对较少的广告量,让我们可以对杂志的整版广告进行全面的分析。考虑到代表性和相关性,本节选择了个别广告进行讨论。相关分析将考察广告的技术特征及其对技术细节的宣传,分析消费者在广告中的投射位置和角色,并探讨广告所传达的环保、经济和社会价值。

《可再生》和《避难所》广告均聚焦可持续能源技术,最显著的特征之一是其文本的外延性和丰富的信息量。同时,广告的高信息量与随附故事中的技术细节相对应。当然,一本副标题为"致力于可持续的未来技术"的杂志刊登此类产品的广告之举,实属意料之中,但引人注目的是其广告文本中对此类技术的关注方式:通常不关涉行将使用这些技术的消费者;呈现此类技术的视觉图像也通常游离于使用背景之外。例如,一则题为"在澳洲的阳光下奔跑"(Run On Sun Australia)的广告,主打该公司的产品组件质量,其文本聚焦太阳能管改造、集成和分体式系统的要点技术特征:"坚固的2毫米厚不锈钢旋风器额定安装套件,带有M12不锈钢螺栓,包括用于安装导轨垫片和硅甲板紧身衣的大型硅屋顶。"在一则模块式布局的广告中,随附广告文本的是三张严格剪裁的图片,简单展示着太阳能管系统:其中两张图片的内容是安装在屋顶上的太阳能管系统,图片边缘是一些周围树木悬垂下来的绿叶。另一张图片则呈现了该系统的去背景化表征。这样的广告虽然具有很高的信息价值,但却没有当代广告常有的修辞或视觉吸引力。对潜在消费者的唯一吸引力是其提到的"直接订购,省钱"。广告既没有直接宣传产品的环保价值,也没有直接关联可持续和气候变化这种更广阔的背景。不同于我们在其他章节中分析的很多主流媒体文本,该广告根本无须诉诸修辞吸引力去宣传此类产品的环境可取性及其与合适的可持续生活方式的联系,因为该杂志假设其读者已经接受了这些价值观,并寻求将可持续产品引进他们的日常生活之中。

《可再生》和《避难所》的其他广告确实以第二人称称呼其潜在的客户,但在很多情况下,这些客户被降级为次要角色:他们只是享受产品这种主要角色的幸运儿。不同于很多主流广告的常规特征,这些广告并没有重点投射并描绘消费者的能动性、幸福感和成就感。例如,在"热能木材"(Thermawood)双层玻璃系统的广告中,文本上半部是传统住宅的正面照片以及双层玻璃框架的横截面图像,并附文"适配现有木材的最先进双层玻璃系统"。广告的下半部承载了更多的话语信息,重点宣传的是该产品的可取优势:"热能木材的双层玻璃系统专门设计为传统风格,可以有效保持您家的外观。我们与木窗厂家鼎力合作,为您打造双层玻璃窗、防风密封和热能专利排水系统。您可以用得安心,尽享舒心。"在"微热"(MicroHeat)热水系统的广告中,文本上半部是一张精心裁剪的图像,呈现了一个理想化的、脸上挂着微笑的核心家庭,下半部则提供了有关热水系统的技术信息和广告的正文，宣称"连续流电加热的未来。提供无与伦比的能源效率和温度控制"。正如其文本所示，即使该广告邀请观众通过眼神的交汇来表示对图像中家庭的认同，但交付产品的接收者也只是一个被删除的主体。在该杂志的四个版面中，还有一则"恩菲斯"公司（Enphase）的太阳能系统广告。该广告的确突出了消费者的能动性，并直接提到了气候危机，其标题是："制造、储存、管理，您就能收获能源"。标题的下方是一张高度自然化的主照片，呈现的是一个坐在自家台阶上的家庭。照片下方的三张小照片，则在视觉上呈现了"制造、储存、管理"太阳能的全过程，分别展示了家庭住宅的远景，太阳系的近景，以及一位在平板电脑上咨询信息的匿名人士。三张照片下方的文字写道："采用恩菲斯一家的能源解决方案，可以让您制造、储存、管理家中的能源，您可以节省资金，实现能源自主，并帮助改善地球环境。"

在《可再生》和《避难所》的广告中，隐含着一系列可持续价值观。鉴于杂志广告对可持续技术的强调，效率问题的前景化不足为奇。虽然"恩菲斯"广告直指经济效益、个人自主和环境管理，但其他广告并未显性复制这种三位一体，而是普遍采用一种减少能源消耗的工具性方法。同样，这些广告通常使用更具技术性的术语，以表达此类行动的可持续优势，而这种优势通常与减少排放或零排放有关。一则"纯电动"（Pure Electric）广告中有一个醒目的蓝色框，上面写着："可减少93%的能耗。"广告标题下方字体较小的文字写道："集成最高效率的解决方案、热泵和家用电器、高品质的安装，与澳大利亚领先的能源专家合作，免除电费，实现零排放。"其他广告也高调宣传与可持续技术相关的节约成本。一则"能源分流器"（Powerdiverter）的广告在正文中宣称："将多余的太阳能转移到电热水中"，下方随附的是大写文字"每年节省数百美元"。如此，广告的常规手法是突出消费者的经济效益，而不是任何更加理想化的拯救地球行动，但如前所述，读者的环保价值可能已经被纳入广告的话语设计之中，因此广告中并不乏对气候危机的关注。"科技习惯"（Habitech）是一家模块化设计和建筑系统公司，该公司的一则广告展示了他们打造的一家住宅，照片下方是产品的大写广告词"改变地球的智能家居"。标题下方的文字申明："我们不仅建造房屋的速度更快，而且提供一种更可持续的方式，让您可以在低能耗、高性能的房屋中设计并打造您的未来。"同样，虽然"热能木材"的广告的确呈现了传统住宅的外观，但广告中很少关涉其他的可持续价值。另一则广告则指出了产品的美学价值："不同于老式遮阳篷，反光百叶窗可以在炎热的夏日阻滞破坏性的热量和眩光，而不会牺牲您价值数百万美元的景观，无论是在树木繁茂的保护区、广阔的湖泊，还是在您自己的社区和花园。"

根据第二章的观察，这类广告的主要目的显然是告知并教育读者，而不是娱乐读者。杂志广告体现了生活方式媒体存在的必要性，即敦促消费者实行自治，对自己和家庭环境进行变革性的改变。像很多广告一样，杂志广告表征我们熟识的、平凡的家庭内容，但也揭示了家居结构和物品的复杂性和环保价值。正如第一章所述，《可再生》和《避难所》广告中推广的技术，是日常可持续网络中不可或缺的代理，借此，人们得以控制他们所处的环境。即使是双层玻璃窗这种我们不能积极地身体力行参与的东西，仍然对我们产生影响，并保护我们免受外部环境的影响。用行动者网络理论的话来说，广告通常将其宣传的产品视作完时化客体——它们是可供使用和消费的完整成品。虽然这种情况有时也会出现在这些杂志广告中，但正如我们看到的那样，相关广告也经常涉及与产品的技术质量和效率相关的技术构成特征。我们在本节和下一章都会发现可持续媒体表征的另一个特点，即通过剖析单个对象和实践，传播环境的优点或缺点，并展示这些对象和实践如何成为环境网络的一部分，又如何建构这种环境网络。

《可再生》和《避难所》的广告有助于进一步推进可持续，但这种推进并非是直接针对气候变化的政治，而是教育读者改变自己的生活方式以对气候更为友好。在广告话语中，这种环保的进步是通过参考可持续技术的"政治中立"优势来实现的。正如戴维森（Davison, 2011: 36）所指出的那样，这一点凸显了在直接劝诫可能失败的情况下，"技术如何在当代社会中充当隐性的、事实上的政治"来促成变革，尽管技术推动变革的主要途径是个人的商品化过程，而不是实质性的社会重组。虽然相关杂志专注于提升家居的可持续，但我们也应该关注其后的国家背景。澳大利亚是一个全民痴迷家庭翻新的国家，历史上居高不下的住房拥有率现在已经让位于新兴的投资房产拥有率，约有17%

的澳大利亚人至少拥有一处投资房产，远高于英国、美国或加拿大。（Allon, 2008: 5–6）随之，《可再生》和《避难所》杂志融入了家庭翻新这一更广泛的国民经济。这些杂志显然是"茧化"过程的一个组成部分：人们投入时间、精力和资金，以提升家庭环境的舒适度和安全感。当然，这种家居改造过程通常意味着脱离和逃避外界的威胁。对此，阿隆指出："没有什么比翻新更能让我们远离世界：它们让我们的注意力集中于此时此地和细枝末节，它们似乎让一切都处在可控范围之内。"（Allon, 2008: 13）在我们看来，虽然可持续住宅翻新是个人实施的活动，但不同于其他形式的翻新，它们也是个人对环境恶化这种更广泛的社会影响的回应和参与。如此，《可再生》和《避难所》广告捕捉到了日常可持续实践中经常发生的动态关系，即在日常生活与更广泛的自然和社会环境之间不断发生的交互作用。

六、本章小结

本章强调广告作为一种独立媒介在我们日常生活中的重要性，突出了它们在当代促销文化中扮演的角色，并指出在我们所处的促销文化中，市场资本主义的逻辑已经被广泛应用于公共生活的结构和过程之中。本章也关注了广告产业的规模和影响力，探讨其在调节社会经济和文化领域之间的关系、生成产品和服务的意义和价值，以及在帮助促进消费社会方面的关键作用。本章同时讨论了广告的商品标志地位，关注广告如何派生产品之间的人为差异。本章发现，广告在歪曲生产和消费的社会关系方面扮演着重要角色。此外，本章也探讨了广告文本的特征，并考察了相关特征对信息接收者的感召过程以及对身份形成的后续影响。

本章随后将对广告的一般理解，应用于更具体的绿色广告和产品的环保价值宣传之中。本章梳理了绿色广告的定义，考察了绿色广告与其他广告之间的差异，指出前者专门针对促销产品的环保优势，而后者普遍援引自然的价值。本章也发现，作为一种文化产品，广告永远无法复制自然，而只能提供"自然的"表征形式。本章剖析了绿色广告的不同吸引力，分析了抵消绿色广告吸引力的"洗绿"广告，并指出"洗绿"广告在对公司、产品和服务的环保优势宣传中，存在虚假和不准确的主张。

　　本章最后提供了两个对比鲜明的案例研究：新西兰能源公司的电视广告和澳大利亚家居可持续杂志的广告，阐明了可持续日常生活的广告表征。第一个案例研究表明了相关广告如何起用名人、幽默、引人注目的图像和悦耳的音乐，去提供一个积极且易于实现的可持续描述。相关分析表明了广告对话电视观众的方式，展示了可持续的自我意识，并指出这种自我意识发挥的作用，即规范化道德消费实践。相关分析也发现，幽默的使用彰显了广告的多义特征：既可以针对具有环保知识的观众，也可以告知他人，摇身一变成为可持续主体是多么简单和容易，即成为公司的客户。在家居可持续杂志广告中，我们看到的是一种非比寻常的可持续表征。杂志广告文本的信息含量丰富：提供技术信息，注重表征对象的外延意义。图像和文本并非基于而是脱离了更普遍的文化背景。我们认为，这种"去背景化"主要是因为此类广告面向的是特定类型的受众：有动力以可持续方式行事，并且已经具备必要的先验知识来理解广告提供的信息。从这个意义上说，相关广告不必通过公开的修辞诉求去呼吁人们通过道德消费行为来拯救地球，这一点很是有趣。整体而言，这两个案例研究表明了可持续意义的不同表征方式：既是技术和科学支配的实践，也是深受日常幽默文化体验影响的实践。当然，尽管存在种种差异，但两个案例研究中的广告也有共通之处：一是销售产品的诉求相同；二是均使用了关乎成本和节约的经济话语。

参考文献

Allon, Fiona. 2008. *Renovation Nation: Our Obsession with Home*. Sydney: UNSW Press.

Alperstein, Neil M. 2003. *Advertising in Everyday Life*. Cresskill, NJ: Hampton Press.

Banerjee, Subhabrata, Charles S. Gulas, and Easwar Iyer. 1995. "Shades of Green: A Multidimensional Analysis of Environmental Advertising." *Journal of Advertising* 24 (2): 21–31.

Dahl, Richard. 2010. "Green Washing: Do You Know What You're Buying?" *Environmental Health Perspectives* 118 (6): A247–A252.

Davis, Aeron. 2013. *Promotional Cultures: The Rise and Spread of Advertising, Public Relations, Marketing and Branding*. Cambridge: Polity.

Davison, Aidan. 2011. "A Domestic Twist on the Eco-efficiency Turn: Environmentalism, Technology, Home." In *Material Geographies of Household Sustainability*, edited by Ruth Lane and Andrew Gorman-Murray, 35–50. Farnham: Ashgate.

Douglas, Mary, and Baron Isherwood. 1978. *The World of Goods*. London: Routledge.

Fahy, Ben. 2015. "Puns of Steel: Wells Gets His Kit Off in Latest Meridian Promotion." *Stop Press NZ: Marketing, Advertising & Media Intelligence*, May 4. http://stoppress. co.nz/news/puns-steel-wells-gets- his-kit-latest-meridian-promotion.

Fowler III, Aubrey R., and Angeline G. Close. 2012. "It Ain't Easy Being Green: Macro, Meso, and Micro Green Advertising Agendas." *Journal of Advertising* 41 (4): 119–132.

Goldman, Robert. 1992. *Reading Ads Socially*. London: Routledge.

Hall, Stuart. 1977. "Culture, the Media and the 'Ideological Effect'." In *Mass Communication and Society,* edited by James Curran, Michael Gurevitch, and Janet Woollacott, 315–348. London: Edward Arnold.

Hartmann, Patrick, and Vanessa Apaolaza-Ibàñez. 2009. "Green Advertising Revisited: Conditioning Virtual Nature Experiences." *Journal of Advertising* 28 (4): 715–739.

Leiss, William, Stephen Kline, Sut Jhally, and Jacqueline Botterill. 2005. *Social Communication in Advertising: Consumption in the Mediated Marketplace*. 3rd edition. New York: Routledge.

Machin, David, and Theo van Leeuwen. 2007. *Global Media Discourse: A Critical Introduction*. London: Routledge.

Makower, Joel. 2010. "Is TerraChoice Greenwashing?" *GreenBiz*, November 1. https:// www.greenbiz.com/blog/2010/11/01/terrachoice-greenwashing.

New Zealand Heads. 2016. "New Zealand Heads Towards 90% Renewable Generation." *Scoop*, August 9. http://www.scoop.co.nz/stories/BU1608/S00257/new-zealand-heads-towards-90-renewable-generation.htm.

Phau, Ian, and Denise Ong. 2007. "An Investigation of the Effects of Environmental Claims in Promotional Messages for Clothing Brands." *Marketing Intelligence and Planning* 25: 772–788.

Prakash, Aseem. 2002. "Green Marketing, Public Policy and Managerial Strategies." *Business Strategy and the Environment* 11 (5): 285–297.

Record First Half. 2016. *"Record First Half Keeps UK Adspend Resilient."* http://adassoc. org.uk/news/record-first-half-keeps-uk-adspend-resilient/.

Sheehan, Kim, and Lucy Atkinson. 2012. "Special Issue on Green Advertising." *Journal of Advertising* 41 (4): 5–7.

Turow, Joseph. 2011. *The Daily You: How the New Advertising Industry Is Defining Your Identity and Your Worth*. New Haven: Yale University Press.

US Advertising Industry. 2017. *"U.S. Advertising Industry—Statistics & Facts."* https://www.statista.com/topics/979/advertising-in-the-us/.

Wernick, Andrew. 1991. *Promotional Culture: Advertising, Ideology and Symbolic Expression.* London: Sage.

Williamson, Judith. 1995. *Decoding Advertisements: Ideology and Meaning in Advertising.* London: Marion Boyars.

第五章

生态真人秀电视节目

一、引 言

真人秀电视节目这类媒体，或许最能公开、有力地体现媒体的可持续生活愿景。近年来，我们见证了一系列真人秀节目的诞生，从名厨对环保食品生产和消费形式的赞美，一直到普通人努力打造节能住宅以过上更可持续的生活。此类节目传达了可持续生活的道德和政治意义，促进了可持续生活的乐趣和共性，并为观众日常实践的重组，制定了相关纪律制度。本章考察电视媒体（特别是真人秀节目）如何促进可持续生活的表征。尽管这类媒体得名真人秀，但我们认为，其影响力主要不在于其表征的权力，而在于其文本如何架构专家和普通参与主体。具体而言，本章对生态真人秀电视节目的研究主要聚焦于三点：一是其如何生成可持续日常生活的意义和呈现模式；二是其如何产生影响这些生活方式的价值体系；三是相关节目如何追踪环境网络。

尽管广播电视融入了在线和其他新媒体技术，但它仍然是一种有影响力的媒体。我们也可以说，正因为广播电视融入了在线和其他新媒体技术，所以它仍然是一种有影响力的媒体。广播电视仍然广受欢迎，并在塑造我们的身份、生活方式、了解世界的方法等方面发挥着举足轻重的作用。当然，作为一种传统家庭媒体（Hartley，1992），电视一般位于客厅，现在则越来越多地通过电脑和手机观看节目。虽然电视揭供了一扇了解"世界之窗"，但其家居特征意味着，拍摄镜头往往聚焦我们的家庭和日常生活，这在真人秀节目中体现得尤为明显（Kavka，2008：21）。"真人秀"一词意味着其涵盖范围之广，从《老大哥》栏目（Big Brother）冗长乏味的剧情，一直到贝尔·格里尔斯的户外探险。对有些人来说，当代电视的大部分问题，如低质戏剧、时事、情景喜剧，以及更普遍的低质节目，都是真人秀节目一手造成的。这种"罪魁祸首"在20世纪80年代中期（Hill, 2005）开始崭露头角，彼时，电视产业起起伏伏的经济命运催生了一批制作成本低廉的节目，以轻松满足不断增长的节目安排要求，并在满足地方电视台监管配额要求的同时，根据需要适时推出全球电视节目版本。真人秀节目挖掘日常生活的职业、制度和家庭背景，提供一种"信息娱乐"（infotainment）形式，其中，社会参与为娱乐需求披上了一件外衣。因此，该媒体形式往往聚焦于日常生活，突出普通人的日常实践和行为，但正如我们将看到的那样，在对房子、人和生活方式的改造过程中，它们也经常邀请友好随和的专家来调节此类主题与我们普通观众之间的关系。当然，"真人秀"一词暗示了该节目的表征性。但有些矛盾的是，虽然它们宣称以一种透明和相对无介导的方式去表征主题问题，以强调表征的"原始"本质，但无论是其中不会引人注目的摄影和剪辑（长时、连续的镜头），还是引人注目的摄影和剪辑（手持相机和"原生态"的镜头），都无法佐证它们的主张。事实上，无论是它们的现实主义主张，还是它们对天真的观众会认同此类主张的判断，长期以来一直都饱受批评（Braich, 2007; Escoffery, 2006）。正如布拉提思（Bratich,2007: 6-7）所言，真人秀节目"与其说是表征现实，不如说是介入现实；与其说是调节，不如说是关涉"，同时，该类节目"与其说是一种美学流派，不如说是一组技术和社会实验……"。

如此，"真人秀电视"一词往往会分散我们对其影响力的关注。这种媒体形式的主要影响力不仅在于其能够诱发情感体验并派生社会融合的形式，更在于其公开展示并评估私人实践和存在的方式。作为一种媒介，电视渲染时空上的"现场感"，或者用莫尔斯的话说，促进"虚构的存在"（Morse, 1998: 17）。与此同时，电视开启了与观众的直接接触之门，发展了一种新的对话模式，引发了人们对日常生活的关注。对此，卡夫卡指出，电视"可以被视为一种亲密的技术，一种通过拉近观众来发挥作用的机器"（Kavka, 2008: 5）。电视也具有"情感生成力"（Kavka, 2008: 5）。这种情感生成力和电视节目的现场感——作为"观看事件"的感觉——也可以引领观众进入一种促进社会融合的集体意识或"想象社区"之中（Anderson, 1991）。换言之，电视可以提升我们的快乐，增强我们的自我意识，并扩展我们的文化知识。例如，《宏大设计》（Grand Designs）节目主要是探讨建筑、自然环境、风格美学之间的关系，而定期收看此类热门节目的观众，可以拓展更广泛的公共知识，加入对这种关系的辩论，并体验由此带来的愉悦。同时，个人与节目之间的互动，可能会或多或少影响个人的日常实践和话语。如此，电视嵌入并打造动态的日常生活，创造帕迪·斯坎内尔（Paddy Scannell, 1996）所指的调节性社交形式。尽管如此，也有学者（Couldry, 2003; Morley, 2000; Wood and Skeggs, 2011）提醒我们，在这种社交活动中，总是存在着差异化和不平等的参与。

本章重点关注真人秀节目，其所涉及的主题均与生活方式相关，如园艺、旅行、健康、时尚、DIY 家装和各种不同类型的自我提升。更具体地说，本章聚焦的生态真人秀电视节目是以环境为主题的生活方式电视栏目。一般而言，真人秀节目与推广消费文化相关，如此，"生态 + 真人秀"的组合突出了此类节目的新颖性。本书开篇两章探讨了日常生活的环保困境、矛盾和潜力，也表明了生活方式和生活方式媒体均是问题领域。本章关注的生态真人秀电视节目参与的正是这些问题领域。尽管我们近年来目睹了生活方式节目普遍引入可持续话语的方式，但在过去十年中，生态真人秀节目日益普及，现在业已成为生活方式电视节目编排中稀松平常的组成部分。尽管如此，生态真人秀节目却难以成为节目编排中耀眼的部分。例如，美国的探索频道于 2008 年推出的《绿色星球》栏目，打造了一系列环保生活方式节目，但却未能吸引大批观众的参与。四年后，《绿色星球》改版为一个更普遍的生活方式栏目，同时更名为《目的地美国》（Destination America）。很多国家都推出了自己的生态真人秀节目，如英国的《绿色并非易事》（It's Not Easy Being Green）、加拿大的《编码绿色加拿大》（Code Green Canada）、新加坡的《家装幸存者》（Home Décor Survivor）、澳大利亚的《生态屋挑战》（Eco-House Challenge）和《碳警察》（Carbon Cops）、美国的《人类资源》（Human Resources）和《生态区项目》（thc EcoZone Project）等等。新西兰更是打造了很多风靡一时的生态真人秀节目，如《远离雷达》（Off The Radar）栏目向观众展示了喜剧演员特·拉达（Te Radar）在奥克兰北部一个街区的生活（Parkins and Craig, 2011）。本章分析新西兰电视台特别推出的《浪费!》节目（WA$TED!）。普遍而言，即使可持续话题并非节目的重点，但新西兰生活方式电视并不乏此类话题，如存在已久的《国家日历》（Country Calendar）栏目主打全国各地不同的农务和生活方式；《荒野的呼唤》（Hunger for the Wild）节目主打烹饪和旅行，每集特写一个地区的产品、食物和美酒。本章分析的另一档节目《宏大设计》（Grand Designs），同样播出已久且广受欢迎。该节目主打生态建筑，由凯文·麦克劳德（Kevin McCloud）担当主持。需要指出的是，《宏大设计》虽不是一个严格意义上的生态真人秀节目，但自其开播以来，就囊括了以特定生态建筑为特色的常规剧集，我们将在本章中对此进行详细探讨。

二、节目专家、参与者和日常生活

生态真人秀电视节目的嘉宾既有专家主持人，也有参与可持续实践的普通人。"专家 + 普通人"的组合模式几乎是所有生活方式电视节目一个共有的特征，"改造"类节目更是如此（Heller, 2007）。改造现象记录了节目过程中人、关系、家庭和生活方式的转变，相关改造过程也为生活方式节目提供了叙事驱动，并在"揭晓"时刻到达叙事高潮，其中，参与者和观众可以看到改头换面的人或物。改造类电视节目通常聚焦的是个人的时尚和外表，但也会扩展到家庭翻新或改造计划以及各种不同社会"问题"的变革。

生活方式节目主持人所做的远不止管理节目叙事，他们也会就该类节目的普通主题，提供特定形式的专业知识（Brunsdon, 2003；Brunsdon et al., 2001；Taylor, 2002）。主持人的作用也会随着时间的推移而发生变化：早期的主持人以说教的形式提供专业知识，注重节目主题和技能习得的技术性问题，现在的主持人则注重更平等的对话方式、戏剧性的揭晓和与节日参与者的共情。尽管"教学与壮观之间的平衡"（Brunsdon et al., 2001: 54）已经发生了广泛的历史性转变，但当代生活方式电视节目仍然以教学策略为主要特征。例如，《更衣室》（Changing Rooms）和《不该穿什么》（What Not to Wear）这类热门节目，经常以一种"友好"的方式，让节目参与者尴尬，从而敦促他们进行自我监督并承认需要做出改变。

透过生活方式节目主持人个人风度的外壳，我们也应该认识到，此类电视节目仍然是"技术治理"的一部分："实践知识、……感知模式、计算实践、词汇、权威类型和判断形式的聚合体……。"（Rose, 1999: 52）基于第二章的讨论，我们可以认为，生活方式电视节目是解决现代治理中问题域的一种特殊手段：实施生产性而非压制性的治理形式，让公民能够通过社会自由，以符合普遍公共利益的方式，代表自己行事，培养正常和理性的自我意识（Cruikshank, 1999；Rose, 1999）。现代生活方式电视节目的专家促进了公共目标与个人欲望的融合：前者聚焦社会的有序运行，而后者聚焦个人的自我提升和幸福感（Rose, 1999: 74）。

虽然生态真人秀节目主持人必须以一种易于理解的方式，展示他们的专业知识，但这类节目往往会显著标记参与者的"普通人"身份，呈现他们在日常生活中的表现。很多流行电视节目可以归类为普通电视节目（Bonner, 2003），但生活方式电视节目，更具体地说，生态真人秀电视节目，往往扎根于平凡的日常生活——即使是追踪名人生活方式的电视节目，也只是注重表征他们的日常生活。该类节目的主要功能是展示如何解决环境问题，说明这类问题的解决不仅在于全球和国家层面，而且在于普通人的日常实践，并表明日常生活与全球之间的联系。正如第一章所示，对"日常生活"这一领域的评价不尽相同：不仅是生成臣服主体的场所，其中，消费者游离于公共领域的政治之外，而且是个人拥有更大自由度和能动性的场所，其中，个人自主管理自己的实践和时间。正如我们此前所指出的那样，这两种评价均没有充分捕捉到日常生活的复杂性，我们后续对生态真人秀电视节目的分析就充分证明了这一点。矛盾的是，该类节目呈现的主体平凡性并不统一。具言之，该类节目必须在一系列剧集的主体呈现中，兼顾二元的相似性/差异性；但同时，它们在其一季中也会特写不同群体的普通人，这些普通人都体现或代表了我们"身边人"的平凡性。这些参与者即使已经拥有先验的专业知识或实践技能，也必须（在不同程度上）在改造过程中展示的学习能力。可以说，普通参与者在受教过程中突显的个性和性格，在为相关剧集提供戏剧性、情感驱动力的同时，也提升了节目的吸引力。如此，生态真人秀电视节目堪称是一种教学实践，其中，个人的人格特征与特定环境背景之间的碰撞，淋漓尽致地刻画了可持续生活的"困境"。

下面两节对该类节目进行具体分析，我们首先考察具有全球影响力的《宏大设计》节目中的生态建筑剧集，然后考察新西兰的《浪费！》节目。在对前者的分析中，我们将探讨该节目如何呈现可持续的意义和背景。在对后者的分析中，我们将阐明该节目如何呈现现存网络对环境的破坏，探讨其如何据此引导参与者采取更可持续的生活方式。

三、《宏大设计》

《宏大设计》是由凯文·麦克劳德（Kevin McCloud）主持的英国科教类真人秀节目，在南非、芬兰和斯洛文尼亚等世界各地均有播放。该栏目聚焦房屋的生态改造过程，这些房屋通常（但并不总是）具有"宏大"的规模。该节目的成功和麦克劳德的名人效应衍生了一系列项目，如《宏大设计海外版》（Grand Designs Abroad）、《宏大设计澳洲版》（Grand Designs Australia）、《宏大设计新西兰版》（Grand Designs New Zealand）、《宏大设计》杂志和《宏大设计》现场活动等等。自1999年开播以来，该节目一直遵循一种固定的模式。节目开始，主持人会见客户，并通过计算机可视化建筑项目的设计。然后，麦克劳德在施工的不同阶段，定期访问建筑工地，采访客户和建筑商，关注与天气、建筑材料、预算、建筑项目压力的增加相关的进展和问题。节目最后，主持人和客户参观已完成或未完成的房屋，麦克劳德提供总结陈述。

从第一季开始，该节目就规划了特别的"生态建设"元素，并将可持续问题放在首位。本节分析2017年第1季到第18季的18个生态建设剧集，其中包括"重访"剧集，以挖掘其表征方面的特征。在该节目中，麦克劳德推广更可持续建筑的愿望一目了然。鉴于此，该节目往往会关注剧中房屋的可持续程度，最近几季中房屋的环境友好型特征则更为常见。在回顾生态建筑的前两集时，麦克劳德指出："当然，现在所有的建筑都有太阳能电池板、自然绝缘、热量损失减少系统。……社会变了，而私人住宅建设张开双臂拥抱了这些变化，这真是太好了。"（Houston, 2012）

我们在下面考察生态建设剧集中呈现的可持续意义和背景。如第一章所述，可持续和生态必须被理解为一种言说的概念，这种言说所表达的环保主义不是让自然游离于社会组织，也不是让自然从属于社会组织，而是从根本上将环境因素纳入生活体验之中。《宏大设计》生态建设剧集的显著特点不是统一、单一地展示建造可持续房屋的意义，而是展示截然不同的建筑和客户类型，以及新建筑中可持续表征形式的巨大可变性。也就是说，可持续涉及人际关系、经济成本等一系列因素，这些因素或突出、或削弱可持续的意义和实现。对可持续的灵活表征，在一定程度上体现在从理想到实用的各种呈现形式中。尽管在不同的剧集中存在多种表征形式，但可持续仍然被提供为一整套哲学方法，囊括主体性、集体主义、时间性、唯美主义和情感。

从第一季开始，生态建筑剧集就寻求可持续建筑的常态化。相关剧集有时将可持续建筑与节俭的"替代性"存在进行负面的比对，有时则将其与新技术的采用进行正面的关联。在"萨福克生态住宅"（Suffolk eco-house）建设的第一季中，阿莉达·桑德斯（Alida Saunders）声称："我们不是狂热分子。当搬进这所房子时，我们想证明的是，你不必因为想要一个更好的世界而成为头发蓬乱的嬉皮士。相反，你可以是过着正常生活的普通人，但仍然非常注重环保。"这种话语贯穿于《宏大设计》的诸多剧集之中。在 2017 年萨默塞特牛棚改造的重访剧集中，麦克劳德对艾德和维基（Ed and Vicky）说到："你们两位给我的印象是非常正常、普通的专业人士，而不是倡导可持续和断网生活方式的福音派生态战士。"对此，维基回应道："我们并不是要让每个人都以这种方式生活。我认为这只是一个不错的表达方式：不仅表明以这种方式生活完全可行，而且表明以这种方式生活实际上并没有那么困难。"在第五季中，帮助安德鲁和劳里·戴维斯（Andrew and Lowrie Davies）在威尔士卡马森打造生态屋的建筑师，对比分析了可持续生活的刻板印象和创新"绿色"技术的使用："很多人对可持续的想法是，我们不得不走到井边取水，其实你真的不需要这么做，现代技术和优质材料的很多美妙结合，都可以完美地发挥作用。"虽然《宏大设计》寻求可持续建筑的常态化，但生态建筑系列仍然呈现了生活方式截然不同的个体建设者。也就是说，可持续建筑的常态化并不是单一地将可持续纳入主导经济模式的过程中，而是通过展示可持续生活方式的多样性来产生常态化，这或许具有一定的讽刺意味。在第七季"拱形生态住宅"（the arched eco-house）剧集中，一位建筑师运用专业知识和大量资金，展示了"最新的前卫生态技术"。在第五季的"卡马森生态住宅"（the Carmarthen eco-house）剧集中，对客户的表征是他们对可持续建筑"知之甚少"。而在第九季的"再生木结构住宅"（the Recycled Timber-framed House）剧集中，建筑家庭的低科技含量和节俭的生活方式被呈现为一种田园牧歌。

在对个体生态建设者的描绘中所呈现出的变化性，并不是一种令人愉悦的附带情况，而是电视制作的必然需求。正是因为《宏大设计》的每一集都根据房屋改造的任务提供具体的协商，所以每一集都必须给观众提供可持续建筑的一些变化。这项任务可能部分是为了促进和常态化生态建筑，但却不是要深挖可持续建筑的任何一个本质。正如我们前面所提到的，生态真人秀节目必须兼顾二元的相似性和差异性。不同剧集之间的变化性，也必须根据不同的背景、人物和紧急情况，提供戏剧性和娱乐性，以吸引观众的参与。反过来，这对质询生态建筑剧集的观众又会产生重大的影响。观众接受了生态建筑美德的教育，并进入一种自律的主体性状态，但他们也必须保留有限的自由，选择如何实施可持续实践。正如麦克劳德在开场季中面对摄像机指出的那样："在生态建筑中，你必须记住，没有任何一件事可以让你摇身一变成为生态人士。相反，积跬步以至千里，你可以自己决定要走多远……"如此，可持续并不是强加给人们的一种生活实践，而是作为一份菜单呈现在观众面前，个人可以根据自己的环保承诺度、财务状况等从中进行选择。这种对可持续建筑的灵活展示，促进了该节目的普及度，但正如前面所示，它也是谱写现代治理过程的典型案例，其中，个人的自由和生产力与共同利益的打造是一致的。

可持续住宅呈现形式的变化性和该节目的戏剧性，也体现在建设过程中可持续理想与务实妥协之间的紧张关系中。在某种程度上，生态建筑的每一集都特写某一个人，他们在打造可持续房屋时，有时会在深思熟虑之后做出妥协，有时也会为此心生苦恼。在生态建筑的第一集中，罗伯·罗伊（Rob Roy）虽然没有在建筑物的地基上铺设大量的混凝土沟槽，但仍然使用了支持柱子的混凝土填充孔，他对这一点深表遗憾："这一想法的初衷是让地球上的建筑物占地面积最小。但用 21 立方米的混凝土填满 20 个孔，却比我真正想要的更违背我的意愿。"在"拱形生态住宅"剧集中，麦克劳德留意到了混凝土的使用。他指出其中的 50% 都取自附近阿什福德镇的混凝土废料，并说道："理查德在每个阶段都在努力让房子尽可能环保。"很多折中方案关涉从遥远的地方（通常是欧洲）运来可持续建筑产品的能源成本。在第五季中，"卡马森生态住宅"剧集的叙事，是围绕着一种紧张关系而架构的：建筑师有自己的环保理想，而客户则更务实，希望坚持自己的预算。虽然麦克劳德在节目中指出，客户缺乏对可持续建筑的研究和相关知识，但建筑师凯瑟琳的理想主义也受到了客户和该主持人的批评。客户直言："我认为建筑师对实验性事物的使用有点过于激进"，而麦克劳德指出，她的"生态哲学太过硬核"。因此，在《宏大设计》节目中，虽然对实现可持续理想的困难深表遗憾，但脱离预算、时间和关系等务实问题的可持续理想，同样会受到批评。

经济、交换模式和技术使用是可持续建筑剧集中的核心问题。节目叙事通常会突出可持续建筑的成本：麦克劳德询问客户的初始预算，评估他们在整个建筑过程中的财务管理，然后在节目结束时询问他们的最终成本。正如我们刚刚提到的那样，可持续的理想通常与建筑预算的"现实"相互冲突，但在所有的剧集中，并没有统一的可持续"成本"，因为有人会为最新的可持续技术投入大量的资金，有人则在建造可持续住宅时非常节俭。事实上，在所有的生态建设剧集中都存在经济方面的变化性，但节目很少会表明可持续和可负担之间的平衡是一个问题：花大钱的富人通常会因安装"尖端"技术而受到称赞，而穷人也会因在实施可持续措施方面的主动性和独创性而受到称赞。也就是说，可持续成本虽然在单个剧集中被量化，但可持续并没有被呈现为统一的技术、科学或经济：它可以体现在平淡无奇的稻草或泥砖房屋中，也可以体现在复杂、昂贵的技术中。也就是说，可持续建筑的一个优点是节约能源成本。在"萨福克生态住宅"剧集的结尾部分，我们注意到，水处理系统意味着该家庭不仅会比普通家庭少用40%的水，而且还没有污水排放费。对此，麦克劳德表示："绿色建筑意味着在未来数年中会节约大量的资金。"在"拱形生态住宅"剧集中，安装的可持续设施意味着可以将该房屋生产的电力转售给电网。对此，麦克劳德激动地宣称："你每年都会收到政府的支票，而不是要支付账单。"如此，可持续的价值在于其将环境福利和财务福祉结合在一起的方式。

《宏大设计》中可持续住宅的建设涉及一系列值得注意的交换关系，包括人们购物、寻找当地的公司或工匠、向朋友寻求帮助和寻找材料。在"拱形生态住宅"剧集中，理查德和索菲热衷于使用当地的材料，并寻找当地的采石场来制作他们的瓷砖，但麦克劳德同时宣称，为了达到最高的生态标准，他们安装了"超级昂贵的三层密封玻璃视窗"。在第三季的"樵夫小屋"（the Woodsmans Cottage）剧集中，本·劳（Ben Law）组建了一支志愿者建筑团队，他们同意免费工作，以换取本的木工技能指导。在"萨福克生态住宅"剧集中，罗伯（Rob）召集他的朋友们当建筑工人，并根据自己建造房屋的经验，开始了可持续建设业务。同一剧集中，罗伯和阿莉达（Rob and Alida）从一家"生态建筑超市"购买材料。在"再生木结构住宅"剧集中，埃德从当地以零成本或低成本收集了很多建筑材料，其"凑合和修补"的方法受到称赞。同时，埃德建造成本的降低在于缓慢的建筑进度及没有依赖外部专业劳动力。

麦克劳德盛赞技术在可持续建筑中的作用，但方式同样广泛、灵活：从赞赏昂贵的创新技术，到尊重传统的、基于工艺的技能。在"萨福克生态住宅"剧集中，麦克劳德在访问瑞典时，称赞该国先进的可持续建设技术的优点。在"拱形生态住宅"剧集中，相关人员进行了复杂的科学测试，以确保房屋的气密性，从而有效运行已安装的热回收系统。相比之下，在"再生木结构住宅"剧集中，马匹和传统木材采伐方法的使用，得到了正面的呈现；"樵夫小屋"剧集则表达了对抬高房屋 A 型框架技术的欣赏：并没有动用起重机，而是靠精心组织的人力和一系列滑轮和绳索。

虽然《宏大设计》节目中可持续的表征形式存在多变性，但在生态建筑的所有剧集中，呈现了相对连贯的可持续哲学方法，其中包含主体性、社区网络、时间性和美学。在第九季的"再生木结构住宅"剧集中，建筑过程与更广泛的可持续生活方式相契合。麦克劳德指出："对大多数人来说，可持续意味着换几个灯泡，或许还进行一些回收利用，但对艾德和罗威娜来说，这是一种完整的生活方式。"在"萨福克生态住宅"的某一集中，罗布和他的同事每天在开始工作前都会在棚子里冥思。在回答麦克劳德的问题时——"除了观众可能认为你们是一群怪人之外，冥思和建造生态住宅之间还有什么联系吗？"罗布的回答饱含人文关怀："我是一名冥思者，我正在建设一座生态住宅。冥思是关爱自己的一个部分，关爱好自己，才能有助于你关爱别人。建设生态房屋就是在爱护地球，所以这是整体哲学理念的一个部分。"即使是那些没有明确的哲学方法，或表现为可持续传统倡导者的建设者，也表达了对不同生活方式的渴望。"拱形生态住宅"的建筑师兼建设者理查德在谈到要搬离伦敦时，表达了对不同生活方式的渴望。她说："我只是喜欢以更可持续的方式去生活的这种想法。"如此，各类主体均承认，可持续房屋建设是可持续生活方式的一部分，而可持续生活方式受价值体系的影响。当然，这也是《宏大设计》的吸引力之一：尽管建筑本身可能就很有趣，但房屋的建造取决于那些拥有或寻求某种生活方式的特定个人。同时，这种人文趣味也是该节目的整体特征之一。

生态建设剧集也清楚地说明了可持续如何从自己去接触环保再延伸到他人的必然性。很多生态建设者都表现出相当大的主动性和独创性，但几乎无一例外的是，这些建设者也寻求、重视他人的帮助，并将其作为可持续建筑工程的一个组成部分。在"再生木结构住宅"剧集中，艾德独自一人承担了大部分工作，因而延长了建筑工期，但就在同一集中，也存在很多其他的例子，将他呈现为当地社区的一部分。虽然"萨福克生态住宅"剧集也展示了罗伯在学习建筑、掌握测量技术过程中表现出的主动性，但该集重点突出了他如何召集一帮朋友，组建了一支建筑团队。在该系列的前几集中，每个朋友都阐述了自己的背景和生态观。在第 17 季"低影响住宅"（the Low-Impact House）剧集中，建设者西蒙和加斯敏·戴尔（Simon and Jasmine Dale）是政府支持的当地社区项目"拉玛斯生态村"（the Lammas Ecovillage）的成员。他们在整个建设工程中，都依赖于那些致力于学习生态技能的志愿者所付出的劳动。当然，房屋建设始终是一项集体事业，但生态建设剧集内含的关系，很少呈现为物质交换所支配的工具主义关系，而更多地呈现为团结关系和当地社区网络的动员关系。

与传统建筑工程相比，生态建设的另一个共同特点是进度缓慢。虽然《宏大设计》的剧集中时有建筑工期延长的情况，但生态建设工程的特点往往是故意采用较慢的时间。就像在"卡马森生态住宅"剧集中一样，客户有时为了控制建筑成本，自己承担了更多的工作，因而拖延了工期，但在其他时候，进度缓慢却是一件值得颂扬的事情。"再生木结构住宅"剧集的镜头展示了家庭成员在采摘浆果、洗刷动物的场景。对此，麦克劳德指出："艾德和罗维纳所做的一切都很特别，很耗时，而且……很慢。"这种缓慢的建设进度也融入了日常生活的普遍节奏之中。对此，主持人再次指出："建筑只是小农场整体生活的一部分，这里有自己的节奏和时间感。"在"低影响住宅"剧集中，麦克劳德观察到建造过程"艰苦而又缓慢"。如此，可持续建设通常是通过不雇佣劳动力等措施，挑战传统建筑对经济效率的限制。因此，"工作"更多地被纳入日常生活的实践和义务之中，提倡自我主动性，并尽可能地拒绝传统的专业知识体系和职业化建设。

在《宏大设计》节目的生态建设剧集中，也有对可持续建筑美学的认可和对建设过程中情感投资的关注。在一些剧集中，对生态住宅美学的欣赏，被置于传统的建筑价值框架之中，其中，建筑师和建设者的创新设计和创造力备受称赞。例如，在"拱形生态住宅"剧集中，麦克劳德盛赞这座昂贵而精致的住宅"很漂亮"。然而，生态住宅的功能和节约，往往是节目优先考虑的因素，而功能和节约在某种程度上会以牺牲美学为代价。但情况并非总是如此。在"樵夫小屋"剧集中，本谈到了他的乡村住宅中木材的美学："首先，我喜欢明暗的对比。其次，也喜欢展示木材的真实形态。换句话说，这些木材有的带着树皮，有的则被去掉了。"木材的不同使用方式是基于"其必须具有审美愉悦感"。当然，人们之所以参与可持续房屋建设，从根本上来说，是因为他们认可环境可持续的价值体系，具有可持续的政治信念，并认为可持续的进一步实现需要更广泛的社会运动。在"低影响住宅"剧集中，加斯敏（Jasmine）说："之所以走到这一步，是因为我们遵从自己的内心，明白什么才能给我们的生活带来快乐，这一直是引领我们走到这一步的导航。"在重访"樵夫小屋"剧集时，劳谈到了他所打造的生活方式："我们的生活方式正在向很多人未来不得不采取的生活方式靠拢。"

《宏大设计》节目中对可持续建筑的诸多不同表征，虽然突出呈现了日常生活，但这种表征实际是有限的。该节目的标题本身就表明，相关剧集并没有直接关注更普通的日常生活中遇到的可持续挑战，例如，生态建设剧集鲜少发生在郊区。每个人都有自己的日常生活，但节目的镜头显然是对准那些昂贵的、复杂的、具有技术创新的生态建筑住宅，或者是乡村背景中那些更明确的"替代"建筑。因此，我们需要考察一个不同类型的节目——这种节目需要聚焦现代消费者生活中的平凡实践是如何对环境造成影响的。据此，我们在下一节分析新西兰的生态真人秀电视节目《浪费！》。

四、《浪费!》

《浪费!》是新西兰的一档生态真人秀电视节目，每集时长半小时，主要是对某个家庭的日常生活方式进行环境稽核，据此向他们展示如何减少生态足迹，并在此过程中节省资金。该节目于 2007 年推出，其首播的两季（每个故事 10 集）因广受欢迎而荣登 TV3 网络节目的前五名。该节目在全球 15 个国家/地区均有播出，并且在美国、加拿大、马来西亚、西班牙、丹麦和葡萄牙等国，制作了当地版本。其制片人强调，他们的目标是全力打造一个通俗易懂的节目，以吸引那些此前对可持续知之甚少的观众。相关节目也大获成功，获得了国家保护机构奖和法国戛纳电视节奖（Ministry for the Environment, 2007）。

《浪费!》的拍摄虽然以一系列家庭为单位，但该节目采用了常规叙事模式。节目开始，两位主持人弗朗西斯卡·普莱斯（Francesca Price）和特里斯坦·格伦丁宁（Tristan Glendinning）到达一个家庭。在那里，他们通常会亲历一场犹如环保犯罪的现场，如成堆的一次性尿布。垃圾的壮观场面不仅让相关家庭大为震撼，而且会成为节目稽核家庭整体环境的焦点。相关稽核启用生态计算器进行表征，计算该家庭的碳足迹超过其财产面积的倍数。对这些家庭来说，他们面临的挑战是以不同的方式生活，并在住宅、技术、生活方式等方面，做出对生态友好的改变。这种行为改变的驱动因素是，主持人展示该家庭转向更可持续的生活方式后，会有哪些相应的金融储蓄。在节目的其余时段，当这些家庭根据要求努力做出改变时，主持人基于他们改变的程度，或鼓励，或教育，或羞辱，或让他们难堪。节目最后，主持人公布环境稽核的结果，相关家庭谈论他们的成功和失败，领取他们赢得的现金。

本节的分析聚焦《浪费!》两个剧集的开场，探讨该节目突出环境网络的方式。这两集均清晰描绘了相关的环境网络，但同样地，它们也代表了节目中经常出现的各种环境场景、参与者以及节目主持人和家庭之间的互动。第一集的主角是两个体格健壮的单身兄弟，他们大量饮用瓶装水，并且在锻炼过程中还会消耗一次性能量棒。第二集的主角是一个核心家庭，他们的消费生活方式包括三辆汽车、一辆卡车、一艘摩托艇、水疗中心和游泳池、多台电视和四个冰箱，二氧化碳排放量是同类核心家庭的三倍。

"里德兄弟"（The Reed Brothers）一集从一辆卡车运送 5200 个空塑料瓶开始。节目介绍，这些瓶子代表着他们过去十年消费的塑料水瓶。兄弟俩对这一壮观场面很是震惊，其中一人感叹道："我简直不敢相信。"随后，普莱斯和格伦丁宁表明，除了瓶装水的消耗外，里德兄弟每月还消耗掉 200 升水，用于制作 40 升的塑料瓶。格伦丁宁倒出 1.5 升石油，他说这个数量用于制作他们一个月中使用的瓶子。普莱斯接着从个人推断到全球，表明全球塑料水瓶行业每年使用 4200 万桶石油来生产这些瓶子。对此，一位兄弟惊呼道："这太恐怖了！"另一位说："从来没有人告诉我们这些。像香烟盒一样，把这些写在瓶子上，你喝水时会有提醒'你干的就是这些事（指浪费）'。如此，你会三思而后行。"普莱斯随后讨论起兄弟俩对一次性能源棒塑料包装的处理，概述了包装的后续路径和乱扔垃圾的后果："雨水把垃圾冲进雨水处理系统，进入大海。相关调查显示，塑料垃圾造成的海洋生物死亡数，超过了石油泄漏和有毒污染物的总和。"对此，其中一位兄弟回答说："现在我们不仅用水过多，而且还杀死了海豚。"该节目随后通过生态计算器显示，里德兄弟的碳足迹是其财产面积的 154 倍，每年 10 吨的二氧化碳排放量是新西兰家庭平均水平的两倍。

在"贝克一家"（The Beck Family）一集开始时，该家庭正对着一个大气球，里面装着他们"每天向大气中排放"的二氧化碳。普莱斯告诉观众，该家庭具备温室气体的相关知识，但并没有采取任何措施来减少排放。其中父亲对着镜头说道："你只是在过去的几年里才对它有所了解。20 年前，这真的并不重要，人们也没有想过这一点。"普莱斯再次将个人消费模式与国家和全球环境影响联系起来，他说："他们每转动一次钥匙或轻触一次开关，就会增加本已巨大的温室气体排放。这不仅会融化冰盖，预计还会对新西兰的地貌产生影响，因为我们山上的积雪会减少，东部干旱会加剧，北部洪水会泛滥。"普莱斯随后向这家人展示了一桶食物残渣，代表着他们每天的厨余垃圾产量。主持人接着谈论食物残渣被扔后的路径，并对食物残渣的生态效应进行了解释：从垃圾处理装置到污水处理厂，最终被送往垃圾填埋场，在那里它们会因为厌氧而产生甲烷这种温室气体，其破坏性是二氧化碳的 21 倍。听闻此言，这家人非常惊讶，他们也因此收到了一个一公斤重的气球，代表着他们的食物残渣每天产生的二氧化碳量。生态计算器显示，他们每年产生 30 吨二氧化碳，碳足迹是其财产面积的 24 倍。这家人中的母亲总结了家人的反应，说这是"一个真正的警钟"。

对开场两集的讨论表明，这些家庭深深卷入一个复杂的环境网络，包括他们的房屋、消费模式、物质财富以及更广阔的国家和全球景观。《浪费！》节目质疑相关家庭的日常生活，批评他们的日常生活方式，包括他们如何居住和使用房子、如何管理日常生活、如何处理物质财富等等。该节目也阐明了垃圾处理等日常实践与地球环境健康之间的联系，揭示了身体、废物和物品从家到其他地点的移动路径，并计算出与此类活动相关的能源和环境成本。如此，该节目批评把家作为一个独立实体的观点。当然，该节目不仅对现有环境网络提出了批评，而且还寻求塑造新的更可持续生活方式网络。显然，节目主持人是相关探索的主要行动者（或行动者网络理论中的行为体）。在此类任务中，节目主持人参与"转译"工作：明确起始问题，识别并动员相关行动者，再基于事实和价值框架，力推对环境更为友好的新型网络。在整个节目的进行过程中，当这些家庭采取对环境友好的新举措时，主持人也会监控相关新型网络，关注网络运行中的任何故障以及任何冥顽不灵的主体。如此，《浪费！》节目在基于相关家庭的具体表现证明其可行的同时，也会处理网络建立过程中出现的任何冲突或初期问题，并随之可视化一个新型的可持续网络。显然，这一点书写了该节目的另一个重要特点。

家庭参与新型环境网络的方式，既涉及家庭成员主体性的转变，也涉及有助于激活网络的话语动员。也就是说，该节目的潜在意义在于其言说环保意识的方式。具言之，该节目既了解情感在家庭构成中的意义，也了解相关话语的修辞力量：关心自我、家庭、生活质量及邻里关系。例如，主持人普莱斯恩请贝克一家的父母："利兹和凯文，如果想让孩子们拥有你们努力打拼而创造的生活方式的一小部分，那你们绝对有必要开始减少温室气体的排放。"另一期节目则力陈拼车的个人效益、社会效益和环境效益。事实上，《浪费！》节目的每一集均强调，参与新型环境网络需要更严格的主体性和更强烈的道德责任感。具有讽刺意味的是，鉴于里德兄弟是体育锻炼中身体自律的"化身"，他们也被要求以合适的环保方式，处理能量棒包装纸，从而成为道德自律的主体。

该节目的有些剧集侧重于可持续主题，有些则聚焦于水资源浪费、垃圾焚烧、建筑缺乏隔热等话题。尽管如此，改造的动机只源于一个要求：以对环境负责的方式，采取行动拯救地球。如此，该节目和其他生态改造类电视节目，均表征了本章前面讨论的"生活方式电视节目偏离历史演进"之说，即提供"正确"知识和技能的专业知识说教形式，已经让位于更加个性化和多元化的节目主题参与模式。《浪费！》节目中的家庭主要被定位为消费者，他们的道德消费与行为结果更为统一，但在其他的生活方式电视节目中，个人采纳时尚、烹饪、园艺和其他生活方式的建议，并且以不同的方式表达他们的个性化感觉。当然，这种"个性化"表达取决于特定的美学和价值体系，但其他的同类节目主要是提供一系列的生活方式选项，以扩大消费者的选择面，而不是鼓励单一的生活方式（Taylor, 2002: 488）。

生态真人秀电视节目肩负教育使命，主持人是其中的积极推动者，他们对相关家庭进行教育，并通过一系列的修辞策略，引导他们进入新的环境网络。同时，主持人也不断鼓励家庭，共情他们遇到的困难，祝贺他们取得的成功。《浪费！》节目中也使用羞辱之术，如以戏谑的方式嘲讽家庭是"生态罪犯"。节目的叙事则关涉特写家庭在环保方面挥霍无度的生活方式——普莱斯告诉里德兄弟"是时候限制你们的浪费方式了"——当这些家庭未能根据要求进行相应改变时，就会受到批评——其中一集中，在与一位家庭成员沟通时，普莱斯批评道："在谈到水疗池和拼车时，你根本不听我的建议"，"我简直不敢相信你竟然试图为自己辩解"。总体而言，节目中的生态改造不仅源于这种纪律性的责难，该节目还呈现了相关家庭了解并投身新型环境网络时所表达的快乐，这些新型网络不仅关涉日常生活中的全新时空动态，包括乘坐公共交通上班而减轻了压力，而且关涉与其他家庭成员和当地社区重新建立的关系。

《浪费！》的另一个特别之处在于其对家庭"物品"的关注，以及其展示平凡物品意义的方式。该节目不仅会表明构成此类物品的网络，而且会表明此类物品所在网络的复杂度和长度，而这种复杂度和长度此前却不为人知。我们在第一章讨论了"完时化"过程，里德兄弟使用的塑料水瓶正是一个典型的案例：推动该物品制造的网络通常并不明显，因为它们不仅是作为固定不变的实体呈现给消费者的，而且是我们日常生活中司空见惯的存在。"里德兄弟"剧集解构了它们的本质，展示了其制造过程中使用的石油、能源和水。通过这种方式，塑料水瓶充当了行动者，或者用行动者网络理论的语言来说，充当了行为体，因为相关生产过程的披露，会促使家庭成员改变其行为。其中一位兄弟在将塑料水瓶上的生产信息与烟盒上"吸烟有害健康"的警告进行比较时，直接提到了生产链网络的披露所带来的政治和道德困境。该节目还说明，现代消费生活不仅隐藏了日常物品制造过程中复杂的材料、能源和劳动力网络，而且隐藏了这些物品在被访问、使用和丢弃后继续参与的网络。节目中就有一个这样的例子，"里德兄弟"一集展示了一组蒙太奇式的拼接图片，清晰呈现了能量棒包装纸被丢弃后的处理路径，以及这类垃圾对海洋生物造成的影响。这种网络化取向不仅印证了我们在第一章讨论的道德消费，而且暴露了传统消费文化将消费视为"终点"行为的错误所在。

行动者网络理论坚称，行动者的力量不是来自个体行动者的技能和能力，而是来自"他们设法建立的行动者和各种实体之间的关系"（Murdoch, 2006: 62）。就《浪费!》节目的主持人而言，她的权力不仅源于她针对其他行动者，实施的话语和肢体动员，而且源于她利用资源，促进环境网络的流动，而这种流动正是该节目的目标所在。主持人利用的宝贵资源之一是统计数据的使用，正如我们在对开场两集的描述中看到的那样，统计数据在节目中占据着突出地位。显然，统计数据也是体现完时化的一个例子，因为它们实际上是一系列复杂的技术、科学、方法和制度互联网络的产物，但却被呈现为可一种事实，用于表达特定的效果。正如默多克（Murdoch, 2006: 82）所言："统计数据的收集、分类和枚举技术，使民事领域可视化、可计算，因而可治理。"在《浪费!》节目中，统计数据提供了环境实践中历史演变的事实（如"我们生产的垃圾是20年前的三倍"），量化了特写家庭对环境造成的破坏，同时还架构了国家和全球环境背景，以与单个家庭进行对比（如"你们一年的二氧化碳排放量加起来是10吨。这是新西兰家庭平均水平的两倍！"）。

五、本章小结

本章描述了生态真人秀电视节目这一媒体类型，首先探讨的是真人秀电视节目的普遍特征。我们观察到该类媒体赖以得名的明显表征力，并据此指出其本质所在：不仅是社会整合形式的组织者，而且是公开展示私人生活方式，并给予其社会评价的机制。在此基础上，本章探讨了主持人和作为节目主体的普通人在生态真人秀电视节目中扮演的角色。我们指出，该类节目涉及不同方式的改头换面：促进参与者改变其态度和行为，并引导他们实施对环境更为友好的生活方式。节目主持人提供各种形式的专业知识和咨询，因此是改造过程的核心。尽管如此，我们也发现了节目主持人电视角色的历史演变：早期提供专业知识，因此更具说教性，现在则以更平等的方式分享信息。这种更现代的节目主持形式，体现了本书前面讨论的生产性而非压制性的社会治理形式。生态电视节目聚焦日常生活的可持续和普通人的日常生活，表征可持续日常生活的困境，并展示平凡的物品和实践对环境造成的各种消极和积极的影响。尽管参与者先前的社会地位和环境知识各不相同，但他们作为该类节目的主体，却具有相同的普通身份和学习意愿。如此，不同类型的主体之间存在相似性。同样，电视节目的制作要求每一个主体和每一期都必须具有差异性，而这种日常可持续困境的差异也为每一集提供了戏剧性和情感驱动力。

本章随后概述了英国的《宏大设计》节目和新西兰的《浪费！》节目，并对其进行了案例分析。对《宏大设计》的分析表明，生态建设剧集寻求可持续理想的常态化，挑战将可持续作为替代性生活方式的刻板印象。在所有剧集中，可持续理想在建设工程中均有一定程度的妥协：虽然满怀可持续理想，但存在预算、时间、关系等现实问题。相关分析还表明，可持续建筑既有高科技的建设形式，也有低科技的建设形式。从这个意义上说，并不存在单一的、正确的可持续表征形式。尽管如此，相关剧集也突出了环保措施可以节约成本的方式，并表明了建设者在其工程中注入了更广泛的可持续价值理念。相关分析还阐明了影响可持续建设行为的因素，如他者网络、非常规的工作和劳动体系、缓慢进度以及美学和情感的表达。我们对《浪费！》节目的分析，聚焦该节目如何突出并追踪那些影响、激活日常实践和平凡物品使用的环境网络。相关分析表明，该节目从根本上质疑日常生活的惯例和假设，批评将家庭视为独立场域的想法。相关分析还探讨了主持人在节目教育过程中的作用，即通过额外现金的诱惑，引导普通人采取正确的、对环境友好的行为方式。

参考文献 ————————————————————————————————————

Anderson, Benedict. 1991. *Imagined Communities: Reflections on the Origin and Spread of Nationalism*. Revised edition. London: Routledge.

Bonner, Frances. 2003. *Ordinary Television: Analyzing Popular TV*. London: Sage.

Bratich, Jack. Z. 2007. "Programming Reality: Control Societies, New Subjects and the Powers of Transformation." In *Makeover Television: Realities Remodelled*, edited by D. Heller, 6–22. London: I.B. Tauris.

Brunsdon, Charlotte. 2003. "Lifestyling Britain: The 8–9 Slot on British Television." *International Journal of Cultural Studies* 6 (1): 5–23.

Brunsdon, Charlotte, C. Johnson, R. Moseley, and H. Wheatley. 2001. "Factual Entertainment on British Television: The Midlands TV Research Group's '8–9 Project'." *European Journal of Cultural Studies* 4 (1): 29–62.

Couldry, Nick. 2003. *Media Rituals: A Critical Approach*. London: Routledge.

Cruikshank, Barbara. 1999. *The Will to Empower: Democratic Citizens and Other Subjects*. Ithaca, NY: Cornell University Press.

Escoffery, David S., ed. 2006. *How Real Is Reality TV? Essays on Representation and Truth*. Jefferson, NC: McFarland.

Hartley, John. 1992. *The Politics of Pictures: The Creation of the Public in the Age of Popular Media*. London: Routledge.

Heller, Dana, ed. 2007. *Makeover Television: Realities Remodelled*. London: I.B. Tauris.

Hill, Annette. 2005. *Reality TV: Audiences and Popular Factual Television*. Oxford: Routledge.

Houston, Melinda. 2012. "House Proud." *The Sydney Morning Herald*, September 3. https://www.smh.com.au/entertainment/tv-and-radio/house- proud-20120831-253yg.html.

Kavka, Misha. 2008. *Reality Television, Affect and Intimacy: Reality Matters*. Houndsmills: Palgrave Macmillan.

Ministry for the Environment. 2007. *"Talk Sustainability." Issue 4*. http://www.mfe.govt.nz/publications/sus-dev/talk-sustainability.

Morley, David. 2000. *Home Territories: Media, Mobility and Identity*. London: Routledge.

Morse, Margaret. 1998. *Virtualities: Television, Media Art and Cyberculture*. Bloomington and Indianapolis: Indiana University Press.

Murdoch, Jonathan. 2006. *Post-structuralist Geography*. London: Sage.

Parkins, Wendy, and Geoffrey Craig. 2011. "Slow Living and the Temporalities of Sustainable Consumption." In *Ethical Consumption: A Critical Introduction*, edited by Tania

Lewis and Emily Potter, 189–201. London: Routledge.

Rose, Nikolas. 1999. *Powers of Freedom: Reframing Political Thought*. Cambridge: Cambridge University Press.

Scannell, Paddy. 1996. *Radio, Television and Modern Public Life*. London: Sage.

Taylor, Lisa. 2002. "From Ways of Life to Lifestyle: The 'Ordinariization' of British Gardening Lifestyle Television." *European Journal of Communication* 17 (4): 479–493.

Wood, Helen, and Beverley Skeggs. 2011. "Reacting to Reality TV: The Affective Economy of an 'Extended Social/Public Realm'." In *The Politics of Reality Television: Global Perspectives*, edited by Marwan M. Kraidy and Katherine Sender, 93–106. London: Routledge.

第六章

名人和环保活动

一、引 言

　　新闻报道、电视节目和社交媒体对名人环保倡议的赞美，初看起来似乎与可持续日常的现实格格不入。这种宣传似乎只是在利用环保主义的文化积淀，或者可以说，媒体对名人文化的消费偏离了"开拓更基础、更简单、更可持续的生活"这一艰巨而又平凡的任务。从这个意义上说，名人是一种商业消费文化的化身，与日常可持续相悖。很多环保运动参与者都认同这种对名人生活方式和环保行动主义的描绘。在我们看来，这种描绘不仅会引发人们对如何传播环境可持续公共信息和价值观的合理担忧，而且会在可持续生活和调节公共生活的复杂互动背景之间，建立一种误导性的二元对立，同时也会妨碍我们进一步审慎评估名人在当代媒体文化中的作用。当然，种种看法体现了我们在前几章梳理的问题域——据此评估媒体、环境和日常生活问题，表明了评估名人在媒体宣传环境问题中的重要性和相关性其实并非易事。

　　本章首先探讨名人的文化功能。具言之，他们作为魅力个体的地位，提供了"价值和风格方面的词汇"（Craig, 2004: 58）；他们表达和体现真实性的能力，促进了与普通人的互动。本章同时探讨名人行动主义的价值，对比分析在介导性公共生活的宣传环境中，这种行动主义的真正影响和符号力量。本章随后梳理参与环保活动的各类名人，考察他们的行动和环保承诺在多大程度上只是名人形象的必要投资，并探讨他们的环保活动在多大程度上真正促进了环保事业的进步。据此，本章进行具体的案例分析。第一个对象是英国名厨休·费恩利－惠汀斯托尔（Hugh Fearnley-Whittingstall），我们梳理他的《休的反浪费战争》，探讨他在该节目中的环保活动。第二个对象是艾伦·德杰尼勒斯（Ellen DeGeneres），我们梳理她在 2014 年奥斯卡颁奖典礼上著名的自拍事件，探讨该事件引发的"海豹摄影"（sealfie）运动。

二、名人效应

名人是日常媒体消费中常见而又平凡的存在，但通常也被视为具有非凡能力或魅力的人物，这似乎有点矛盾。名人的无处不在，顺理成章派生了一种名人文化，其中，从广告到重要的社会问题，均不可避免地由名人加以呈现并就其发声。我们参照"A、B、C、D名单"，对他们的排名进行分类，排名较低的是那些不能稳定依附于某种"名声"的名人。就其本质而言，名人是"众所周知"的。尽管如此，无论是对名人的定义，还是将他们的意义归因于他们不同的功能，均存在争议。名人被广泛理解为在娱乐、媒体和体育领域中具有特殊才能或魅力的知名人士，他们的公众形象也延伸到对其私人生活的审视。作为公众人物，名人有别于成功当选的公职人员，但随着巴拉克·奥巴马（Barack Obama）和唐纳德·特朗普（Donald Trump）等人物的登台，"政治名人"这一概念现在可以说是耳熟能详，尽管政治与名人之间也存在着长期的历史关系（van Krieken, 2012）。

名人不仅是具有特别才华的人物，而且是媒体的表征力生成的文化人物。我们都知道名人是媒体表征（通过形象和叙事）的产物，但他们自身也发挥着表征的功能：通过表达社会价值观和风格的方式，通过认同不同公共选区和观众并为他们发声的方式。名人虽然具有这种公共功能，但他们自身也是媒体和娱乐业生产的商品，被观众消费。

因此，名人是一种集交际、文化、经济和社会功能于一体的复杂载体。正如格雷姆·特纳（Graeme Turner, 2004: 9）所言，名人是"一种表征形式和一种话语效果，一种由促销、公关和媒体行业——生成表征和效果——进行交易的商品，一种具有社会功能的文化形态……"。有人尝试将名人置于更广阔的社会和经济背景之中，对他们的活动和功能进行分类。例如，戴维斯（Davis, 2013）借鉴布迪厄（Bourdieu）对资本形式和专业领域或"场域"（field）的描述，探讨名人如何生成可交换为资本的经济、政治和社会形式的符号资本，反过来又生成符号力量，影响社会实践和行为模式。博伊科夫和戈德曼（Boykoff and Goodman, 2009）基于前人的研究（Carvalho and Burgess, 2005），力图解释名人在气候变化宣传方面的作用方式。他们首先建构了一个"政治化名人系统"模型，描述名人在当代媒体业发挥作用的特征和互联，包括名人表演、品牌和公益、艺术品/图像、与媒体的政治经济、观众（Boykoff and Goodman, 2009: 397-398）。反过来，他们又将这种模型嵌入"气候变化名人的文化回路"这一更广泛的模型当中，进而沿着空间轴（公共领域/私人生活）和时间轴，描绘名人在气候变化传播中可能产生的影响（Boykoff and Goodman, 2009: 401-403）。

学界充斥着对名人的鞭挞之声，指责他们具现了流行文化的肤浅和不当影响，妨碍了公众对政治和社会问题的严肃思考（Alberoni, 1972；Boorstin, 1961）。相关研究称，名人的公共权力日益增长，对代议制民主和公民参与产生了负面影响。例如，洛维认为，政治和娱乐之间界限的模糊，在一定程度上导致了名人沦为一种"伪政治"现象："结果是政治问题被公关化，现在，娱乐业名人被召集来煽动大众舆论"（Louw, 2010: 126）。特纳同样认为，"名人的存在仍然是一种等级分明、排他性的现象"（Turner, 2004: 83），无处不在的名人活动往往是服务于企业利益的商品化过程。

尽管如此，名人的大受欢迎赋予了他们一种不容忽视的力量。其他研究发现，名人通过粉丝和公众，促进社会身份的形成，表达审美秩序和价值体系，扮演着对公共生活至关重要的结构性角色。有人认为，对名人的批评可能预设了观众的被动性，而无视了名人的多义性潜力及其所在的文化和政治文本（Wheeler, 2013: 11）。也有人认为，名人体现了一系列个性化的社会类型。例如，在马歇尔看来："每个名人都代表着一种复杂的观众主体性类型，当这种主体性被置于名人系统中时，就为区分、差异和对立的演绎提供了基础。如此，名人具现了文化中探讨个体性和品格规范的话语战场。"（Marshall, 1997: 65）而在约翰·汤普森（John Thompson, 1995）看来，名人和公众之间的"介导式伪互动"（mediated quasi-interaction）派生了一种跨越时空的亲密但非互惠的关系，这种关系虽然在很大程度上是"非互惠的"，但仍然在观念、情感和价值观的公众动员方面发挥作用。对此，马歇尔（Marshall, 2013: 369）指出，名人是"思想运动的载体。对名人的这种使用，显然是在拟人化问题的结构及其转译，从而为我们应该如何解读公共世界中的特定问题，提供情感触点。名人据此成为情感力量的通道，其易变性允许我们考虑很多问题"。

从上述讨论中我们可以看到，对名人的价值不能进行任何一种单一的评价，而是需要解读他们在复杂的介导性社会中不同的结构性功能。探讨名人效应的上述两种评价性立场，代表着一个更广泛的学术挑战，即把传播、文化和政治效能，归因于社会背景中的表征和实践，而这种社会背景又深受经济和宣传力量的影响。有些人认为，此类经济和宣传之势被赋予了一种决定性力量，资本利益据此被视为主导性因素，随后又破坏或削弱了表征和实践的影响。有些人则在承认其商业背景的同时，进一步认识到此类表征和实践的文化和政治影响价值。在他们看来，名人虽然不能被"禁锢"于任何一个位置，但他们表达了一种始终存在的文化霸权（Marshall, 1997: 48）。

三、名人和环保宣传

我们现在非常熟悉名人宣传在政治、人道主义和其他社会事业中的突出表现，但名人的环保宣传却是一个异常拥挤的场景，也是最广泛的名人宣传形式之一。萨尔等人（Thrall et al., 2008: 370–371）在他们的研究中确认了"致力于保护雨林、清理海洋、阻止全球变暖等活动的 165 位名人和 53 个环保组织"。布洛金顿（Brockington, 2009: 34–35）总结了名人支持环保问题的三个原因："相信这项公益事业并想要有所作为；有利于他们的形象；令人愉快。"人们往往对名人的宣传冷嘲热讽——似乎某种形式的行为主义或慈善工作是当代仟何名人品牌的必要配置——但名人也为提高人们对环境问题的认识做出了贡献。从历史上来看，演员埃迪·阿尔伯特（Eddie Albert）在 1970 年发起第一个地球日方面发挥了重要作用。很多名人都为 2007 年世界各地的"乐活地球"音乐会（Live Earth）做出了贡献，其中就包括美国的前副总统阿尔·戈尔（Al Gore）。2006 年的电影《难以忽视的真相》（*An Inconvenient Truth*）记录了他长期以来的环保活动。该片荣获奥斯卡最佳纪录片奖，并在提高全球的气候变化危机意识方面发挥了重要作用。小埃德·贝格利（Ed Begley Jr.）

一直是直言不讳地宣传环境变化的名人之一。现在的他作为环保活动家的名气，可能比他作为演员的名气更大。还有很多知名人士也在一直致力于特定的环境事业，如歌手斯汀（Sting）致力于拯救亚马逊热带雨林。新西兰女演员露茜·劳利斯（Lucy Lawless）是绿色和平组织的七名活动家之一。他们最近高调登上了一艘石油钻井船，随后被判从事社区工作并被勒令支付赔偿金（Lawless, Greenpeace Activists, 2013）。当然，还有很多名人也在效力环保公益事业。有人指出，对动物和景观"非人类魅力"（Goodman and Littler, 2013: 271）的考量，也需要兼顾环保公益事业得以公开和宣传的方式。同时，也有一些名人对气候变化持怀疑态度（Boykoff and Olson, 2013）。

虽然名人在环保事业的推广方面表现突出并大获成功，但仍然面临着重大挑战，即在创造真正的可持续经济和社会方面，他们的宣传是否相关、实用。正如戈德曼和利特勒（Goodman and Littler, 2013: 269）所言："生物多样性和环境危机需要参与、合作、反剥削的监管和系统性的政治变革，而名人是个体化权力模式、财富集中、系统性盈利的复杂载体。如此，他们恰恰是环保事业的对立面吗？"名人参与强调环境问题，可以改变媒体对相关问题的架构方式，并提供一种更温和、不那么"政治"的处理之道，但也在一定程度上分散人们对环保事业本身的注意力。同时，名人是娱乐业不可或缺的一部分，而娱乐业是主要的污染源（Corbett and Turco, 2006）。正是在这种背景下，很多人只看到名人的虚伪面，即他们一边推广环保事业，一边尽享奢华。生活（Miller, 2013）。一些罗列顶尖名人环保活动的网站，展示了环保行动主义与具有社会意识的电子商务项目和产品之间的关联。例如，其中一个网站（Stern, 2016）观察到，女演员杰西卡·阿尔芭（Jessica Alba）"经常代表她本人的电子商务网站'诚实公司'（The Honest Company）发布推文，为妈妈们提供生态友好型婴儿产品和其他家居用品……"。

尽管如此，人们通常会相信名人的符号性能量：他们的名气会推动环保事业的发展，并促使公众舆论和行为的改变。虽然我们已经注意到一些正面且著名的名人环保行动，但还需要进一步考察他们的影响问题。媒体对名人环保活动的宣传，在多大程度上直接导致了舆论和社会变革的成功转变？我们是否也可以说，名人环保行动不再像以前那样具有说服力：对环保和其他公益事业的过度依赖，削弱了他们改变社会意识的能量？对此，有人认为，名人在其他精英群体中具有影响力，可以在游说和政策制定过程中发挥作用，但更普遍地来说，名人宣传实际上会疏远公众（Brockington and Henson, 2014）。不过，我们也需要认识到，最近名人有能力利用社交媒体，发动那些承诺支持环保公益事业的群体，这在一定程度上可以抵消对他们的负面看法。"传统的"及"制造噪音—制造新闻—制造改变"的名人宣传模式，可能已经让位于另一种新的模式："不是'广'播而是'狭'播，即更多的是动员一小群有动力的人，而不是一次性改变数百万人的观点；更多的是建立长期的变革基础设施，而不是对新闻媒体议程产生短期的影响"（Thrall et al., 2008: 364）。同样，艾莉森·安德森（Alison Anderson, 2013: 349）对有关"里约热内卢+20峰会"两场活动的新闻报道进行了研究，她得出的结论是："虽然名人参与环保运动可能会提高该事业的知名度……但宣传本身不应该被视为目的。真正的问题是如何架构需求，非精英挑战者能够在多大程度上保持对新闻议程的控制，名人能够在多大程度上促进问题的显著性和有效性。"

因此，我们需要意识到，具有生态意识的名人带来环境变化的力量可能有限，但我们也需要认识到，他们仍然是环境问题具有持续公共意义的焦点。鉴于此前对名人表征功能的探讨，我们完全可以说，名人仍然是宣传环保事业，并赋予其意义的重要手段。正如我们在前一章对生态真人秀电视节目的研究中所强调的那样，名人环保活动是一种特殊的教育形式，指导、鼓励观众，并表达对他们的理解。这类活动不仅告诉我们为什么个人和家庭在环境变化中至关重要，而且表明如何在不给现有日常生活造成太多动荡的情况下，以对环境更为负责的方式行事，颂扬与可持续生活相关的各种乐趣和好处。

四、《休的反浪费战争》

休·费恩利－惠汀斯托尔是英国家喻户晓的荧幕名人和美食作家，他的名气不仅源于其广受欢迎的烹饪节目，而且源于他在环境问题（与食品生产和消费相关）上的表现，以及他对可持续的全面推广。费恩利－惠汀斯托尔赖以成名的《河边小屋》（*River Cottage*）节目于1998年首播，其间，他在多塞特郡的一个小农场过着自给自足的生活，并以寻觅自然食材和采纳质朴的烹饪方式而闻名。他创造了一种独特的荧幕形象：博学多才，乐于接受新思想，充满热情且鼓舞人心，但也愿意提出批评，并激励自己既要合乎道德，又要能够接受美食和可持续生活的乐趣。虽然费恩利－惠汀斯托尔塑造的荧幕形象友好、平易近人，但他的背景也很特殊。毕业于伊顿公学和牛津大学的他，此前曾在伦敦著名的餐厅"河边咖啡屋"（The River Café）做过厨师，后因不修边幅和不守纪律而被解雇（Fearnley–Whittingstall, 2006）。在《河边小屋》专题节目的几次迭代之后，费恩利－惠汀斯托尔主持了更多的食品活动节目，寻求解决可持续以及道德生产和消费的问题，包括《休的鸡跑》《休的鱼斗》《休的反浪费战争》。这类节目代表着一种新兴的电视类型，因此被打上了"烹饪推广纪录片"的标签（Bellet al., 2017）。

　　费恩利－惠汀斯托尔在撰写烹饪文本、开播美食电视节目、收获名气的同时，也培养了自己环保活动家的身份。跟他一样的名人还有不少，同为英国人的杰米·奥利弗（Jamie Oliver）就是其中一位。他的成名故事与费恩利－惠汀斯托尔可谓如出一辙：早期的烹饪节目大获成功，随之赢得环保或食品活动家的声誉。奥利弗制作了很多关于食品问题的电视节目，其中最著名的或许是《杰米学校晚宴》（*Jamie's School Dinners*）系列，该系列主要是就有关营养和国家食品政策的公共辩论进行调停。在美国，名厨艾丽斯·沃特斯（Alice Waters）是健康有机食品的高调公共倡导者，也是"慢食国际"的副总裁。在澳大利亚，名厨斯蒂芬妮·亚历山大（Stephanie Alexander）为学校制定了一个全国性的厨房花园规划。

　　人们对费恩利－惠汀斯托尔和奥利弗的评价都是基于他们的公共身份和相关运动的价值（Bell and Hollows, 2011；Hollows and Jones, 2010；Hopkinson and Cronin, 2015；Parkins and Craig, 2011；Piper, 2015）。与他们比肩而立的名人厨师还有很多，如戈登·拉姆齐（Gordon Ramsey）和尼格拉·劳森（Nigella Lawson）。学界对这些美食名人进行了多维度研究，如他们的性别（Hollows, 2003; Scholes, 2011），阶层身份和文化精英主义（Johnston et al., 2014），生活方式、乐趣和食欲（Bonner, 2005; Magee, 2007），以及他们与公众和食品行业的联系（Abbots, 2015; Lewis and Huber, 2015）。随着时间的推移，费恩利－

惠汀斯托尔和奥利弗的电视叙事方式开始趋同，但前者并没有像其他人那样积极追求名人地位，而是更多地保护他的家庭和私人生活免受媒体的关注。对此，贝尔和霍罗思（Bell and Hollows, 2011: 180）表示，这种做法让费恩利－惠汀斯托尔在更好地维护自己公众形象的同时，也强化了公众对他真实性和"平凡"的感知。

《休的反浪费战争》一共三集，重点关注的是英国公众、超市和零售商在食品、衣服和包装等方面的浪费问题。该节目于 2015 年一经播出就广受好评，其中一集就吸引了 460 万观众（Johnson, 2015）。该节目的澳大利亚版本，于 2017 年在澳大利亚国家公共广播公司澳大利亚广播公司（the Australian Broadcasting Corporation, ABC）播出。《休的反浪费战争》突显了很多问题，如水果和蔬菜的"品相"标准，超市与农民之间的商业关系，因订单取消而造成的农产品大量浪费等等。该节目还关注了曼彻斯特街道和居民的回收事件，分析了时装行业的短暂性，其中存在不可持续的衣服处理率，也考察了亚马逊和"高街咖啡"连锁店等公司的包装做法。就其性质而言，该节目是一种电视环保行动主义的实践，宣传或质询不同的公共行动者，调查连接行动者的网络和权力关系，而变革的论点也为这些剧集提供了叙事动力。该节目也会曝光那些不可接受的企业行为，支持工业和农民，给活动团体提供宣传公益事业的平台，并呼吁公众改变他们的行为。该节目政治议程明确，借鉴时事新闻调查的惯例，并使用真人秀电视节目的特写手法，如组织壮观的公共行动，在国内背景下培养与"普通"人的关系等等。

《休的反浪费战争》节目的冠名是基于休·费恩利－惠汀斯托尔本人的名字，显然，他的名人效应是节目吸引力不可或缺的一部分，但应该指出的是，这种名人效应，源于他在节目中对食品政治的持续关注，而这种关注又赋予他一定的权威性和真实性。这一点也是他与其他一些名人的不同之处：后者利用名人身份提供的自主权，推广与他们的才能或专业领域无关的事业。从这个意义上说，名人并不是一种"自由漂浮"的现象，也不是媒体行业唯一的、独立的创造，而是从根本上来说由公众的认知加以推动的，这儿的"公众认知"指社会大众对社会问题和价值观之间真实联系的看法。在费恩利－惠汀斯托尔的电视节目中，我们可以看到前面概述的名人的表征功能，即名人身份被用作宣传社会问题的工具，并通过情感表达使这些问题富有意义并易于理解。在《休的反浪费战争》中，费恩利－惠汀斯托尔名人效应的发挥方式，与其说是通过与观众对等的立场，不如说是通过成为公众的拥护者：他迫使超市和其他公司负责人与他会面，并促使他们承诺采用更可持续的商业实践。这一点不同于《河边小屋》节目：在《休的反浪费战争》中，费恩利－惠汀斯托尔过着自给自足的生活，是一个可持续实践的普通参与者，而不是常规的那种专家主持人与普通人（努力学习、奋斗、时而会成功接受可持续理念）之间的脱节。费恩利－惠汀斯托尔的这种名人形象，使他能够在整个节目进程中扮演一系列不同的角色。在其中一个场景中，他邀请自己所代言的街道的居民，到当地的一个公园，查看并回收洗涤和修理过的衣服和其他被当作垃圾扔掉的家居用品。费恩利－惠汀斯托尔的表演就像狂欢节招揽观众一样：大声讲着笑话，宣传他的反浪费战争，并鼓励人们参与其中。而在其他场景中，费恩利－惠汀斯托尔的名人效应，则使他能够像调查记者一样行事：研究调查对象，采访人们，并复制时事调查惯例，如在采访公司代表前，他会直接对着车里的摄像机讲话。在一个类似场景中，他写给连锁超市的一封信，得到了该公司的回复：要求与制片人而不是费恩利－惠汀斯托尔联系。对此，休自嘲自己的名人身份，笑称自己"只是'仗着'有一张漂亮的脸蛋"。

尽管如此，费恩利－惠汀斯托尔仍然在名人声望和对等表达之间保持了平衡。他在节目中有很多声援普通人的表达和行为：与所宣传的农民和普通人建立起情感联系，鼓励他们减少浪费并努力提高企业和家庭的可持续。他曾经协助一位居民清运一个散发着恶臭的回收箱：就垃圾箱中东西合适与否的问题，该居民与垃圾清运工发生争执，导致垃圾箱连续数月未被清运。休让这位居民参加他的回收活动，随后又去查看他是否真的执行了新的回收制度。费恩利－惠汀斯托尔这种名人声望和对等地位的双重表达，也体现在节目中人称代词的使用上：在其中一集开始时，他喊话说："*我们*比以往的任何时候，都在花更多的钱，在*我们*想要的时候，得到*我们*想要的东西，但*我们*也正在为*我们*的这个选项无限的世界，付出高昂的代价……"在对莫里森超市高管的采访结束后，他用第二人称直接对话观众："莫里森的客户们，我真的需要*你们*在这一点上站出来。如果*你们*不告诉这些人这么做，他们就不会去做，所以来吧！告诉他们你们不太在意'品相'标准，你们希望看到农民和供应商得到真正公平的对待。"

费恩利－惠汀斯托尔在名人声望和对等表达之间的切换，表明了名人在节目调查可持续网络过程中的重要性。名人身份赋予了他一种权威，可以促进社会的流动性，这对突出、展示不同人群和地方之间的联系不可或缺。名人赋予其所主持的节目一定的叙事逻辑，因而显然是节目的组织者，但我们也需要认识到，主持人的名人身份让费恩利－惠汀斯托尔既能迫使超市高管出面接受采访，也能改观郊区街道及其居民的日常生活。也就是说，名人具有可持续调查所需的文化力量，可以跨越经济和社会界限，展示物质联系，表明阶层和社会关系，而这些关系正以不同的方式影响着生产、分销和消费空间。

《休的反浪费战争》的叙事驱动力是对英国日常城市生活中不可持续状况的剖析，也是对人们如何开启更可持续方式生活的写照。该节目表征了平平无奇的城市日常生活，包括街景、小巷、家庭和工作场所；探讨了日常生活空间的细枝末节，如费恩利－惠汀斯托尔对人们冰箱和垃圾箱的探索。据此，该节目因对普通公民的朴实表征和纪实风格，而被打上了浓厚的现实主义烙印。在《休的反浪费战争》中，日常生活不是独立的、有限的存在，而是深受一种复杂网络的影响，这种网络促进了物质生产、分销和消费，以及废物的丢弃形式。显然，揭示并探索这种网络是我们理解和实践现代可持续的核心。《休的反浪费战争》将通常不可见的不可持续网络可视化，并力图突出更可持续的网络，如将食物"垃圾"重新导向更可持续的目的地，正如我们在节目中看到的那样，一些拾荒者为他们的非营利咖啡馆收集食物，休加入了他们的行动。他还访问了"合理份额"（Fairshare）这一慈善机构，该机构主要负责及时阻止丢弃并分发超市的剩余库存。《休的反浪费战争》不仅表明了这些垃圾所在的网络，而且突出了当前的主导网络和替代的可持续网络所负载的经济和道德价值。例如，从对"合理份额"代表人员的采访中可以看出，竞争压力如何促使超市故意供大于求，以确保顾客不会在其他地方购物。

《休的反浪费战争》也关注大曼彻斯特地区的浪费及其网络，所选家庭位于该区的普雷斯特威奇街道，且均具有代表性。费恩利－惠汀斯托尔择选出一批人员，并探索他们垃圾箱的物什，以此暴露他们的回收缺陷。在随后的时间中，他与这些人通力合作，促进他们成为更好的垃圾管理者。他试图说服一群对回收利用的好处持怀疑态度的人，特别关注了其中一位名为凯莉的女士：该女士最初对拿走垃圾箱也能进行垃圾回收持怀疑态度。费恩利－惠汀斯托尔带着包括凯莉在内的一群怀疑论者参观一家回收工厂，向他们展示如何分离不同的材料，以及由这些回收材料制成的产品。相关拍摄场景追踪废物进入新产品的物理路径，但重要的是，它们也见证了知识和情感的产生，这些知识和情感进而促进了相应的行为改变，而这些改变无疑是激活替代性垃圾网络所不可或缺的。在该集的尾声阶段，凯莉说，她从工厂参观中学到了很多东西，现在的她已经意识到回收利用的好处。通过这种方式，《休的反浪费战争》书写了自我转变的叙事，并突出了这种转变带来的乐趣。费恩利－惠汀斯托尔也遇到了其他想要参与减少垃圾的人员，在通过与休的接触而了解到可持续知识时，他们的高兴和惊喜溢于言表。在一个场景中，费恩利－惠汀斯托尔搜寻乔安妮和彼得（Joanne and Peter）的冰箱，用其中的番茄酱、生菜叶、鹰嘴豆泥和陈面包做了一碗汤，而这些食材原本是要扔进垃圾箱的。乔安妮感叹汤的美味，并补充说："如果此前有人给我看这些食材，我可能永远都不会相信它们尝起来会是这种味道。"绿色生活方式媒体以这种方式，呈现新的可持续实践带来的全新愉悦和享受，从而对抗现代资本主义消费社会中盛行的愉悦。

《休的反浪费战争》也批评、援用各种话语和媒体，而这些话语和媒体对物质网络的激活和运行同样不可或缺。例如，费恩利－惠汀斯托尔批评超市网站和其他公司醒目的促销话语。在其中一集的开始，他浏览他们的废物减少声明，并说道："……如果浏览他们的网站，你会认为他们根本没有任何浪费问题。几乎所有超市都在说他们会尽其所能避免浪费任何仍然适合人类食用的食物。现在，我想知道这是真的吗？"在他与肯德基公关代表的讨论中，后者承诺到2016年底把分发未使用食品的慈善链接扩大50%，对此，费恩利－惠汀斯托尔补充道：

你表达得非常清楚，我对此深表赞赏，但我可以把你目前表达的明晰度与你们网站上一些内容的明晰度进行对比吗？（阅读官网）"如果在90分钟内没有售出产品，我们将停止销售。在过去，这意味着丢弃一些鸡肉，即使它们仍然可以食用。"使用"在过去"这一短语充分暗示着你们已经解决了这个问题。真正写这些东西的人能不能看看他们选择的短语,然后把它们理顺一点,好让人们知道你们只是在坦陈刚刚开始关注这个问题,而不是让他们误认为你们真的已经解决了这个问题。你很有抱负,但任重而道远。

费恩利－惠汀斯托尔也披露了"高街咖啡"店外卖杯上极具误导性的标签:杯子的纸套上印有一个"100%回收"的图标,导致大多数人误认为杯子是可回收的,这一点可以理解,但实际情况是只有纸套可以回收,而杯子本身是用不可回收的聚乙烯制成的。这个例子突出了一个事实,即物质和符号的共存实际上会影响可持续网络的运行。需要指出的是,物质网络不会自动运行,而是须由话语加以引导,这些话语将不同类型的行动者聚集起来,从而促进特定的行动过程。

在《休的反浪费战争》节目的运行中,随附的社交媒体和在线媒体全程发挥着重要的助力作用:这有助于促进地方社区和观众参与"反浪费战争"的运动,进一步巩固费恩利－惠汀斯托尔作为宣传主体的地位,重要的是,也有助于批评与休的可持续主张相悖的其他社交媒体。在后广播媒体时代(Turner and Tay,2009),那些致力于动员社区和改变公众行为的电视节目,几乎都默认配套使用社交媒体,以扩大节目的覆盖范围和传播潜力。费恩利－惠汀斯托尔建立了一个名为"拒绝浪费"(WasteNot)的网站,其中,个人可以签署请愿书,要求超市停止食物浪费,并改变他们对水果和蔬菜的严苛品相标准。在一次公共活动中,费恩利－惠汀斯托尔向居民展示了他们扔掉的,但实际上可以重复使用的产品,然后宣布:"我将在推特和脸书上发布食谱,以帮助拯救他们可能想要的食物。"一个名为"拒绝浪费的普雷斯特维奇"(WasteNot Prestwich)的脸书网站,允许居民上传食谱和节约食物的视频,发布与这些做法相关的实用建议,例如检测鸡蛋新鲜与否的方法。从这些实践中,我们可以看到社交媒体成为自治过程延伸的方式,而这种自治过程与真人秀电视节目息息相关。普雷斯特维奇本地人的可持续自治,实际上是源于参与社交媒体而实现的自由和能动。除此之外,社交媒体网站也是费恩利－惠汀斯托尔拓展自己名人品牌的机会，因为人们在浏览相关网站时，可以看到他与居民合作并代表他们行事。社交媒体不仅是《休的反浪费战争》的宣传工具，而且被用来批评其他形式的社交媒体。在费恩利－惠汀斯托尔调查当代"断舍离"时尚文化的剧集中，他批评了一些颇具影响力的时尚视频博主展示、讨论最新购买时装的做法，如佐拉（Zoella）、塔尼娅·伯尔（Tanya Burr）和帕特里夏·布莱特（Patricia Bright），并质疑"拖地"风格的时装。费恩利－惠汀斯托尔如此剖析此类帖子的交流语气：

> 这些视频博主的语气有些太过巧妙，就像你对最好的朋友说："我去买东西了，看看我买了什么。我买了这个。哦，我觉得这个配我的牛仔裤会很好看。"就像她们提供给观众试穿一样，就像你穿上会很好看一样。佐拉之类的视频博主是飞速发展的时装行业的一员，这个行业似乎一心想说服我们购买超出我们实际需要的东西，因为这些衣服太便宜了，我们会毫不犹豫地把它们扔掉，以腾出更多的空间。

在该评论中，费恩利－惠汀斯托尔挑战了时装行业的不可持续，但不那么明显的是，他对视频博主和消费者之间互动的评论，与他自己与公众建立联系并说服他们以他认为合适的方式去采取行动，似乎没有太大的不同。

五、艾伦、自拍和海豹摄影

本章的第二个案例分析聚焦名人艾伦·德杰尼勒斯（Ellen DeGeneres）。我们的分析不是要关注她的环保倡议，而是要关注社交媒体为回应她的行为，而引发的环保行动。在 2014 年奥斯卡颁奖典礼上，主持人艾伦·德杰尼勒斯与布拉德利·库珀（Bradley Cooper）、梅丽尔·斯特里普（Meryl Streep）、布拉德·皮特（Brad Pitt）和詹妮弗·劳伦斯（Jennifer Lawrence）等一线明星自拍留念。该自拍照成为当时转发量最大的帖子：半小时内转发 779295 次，一小时内转发 100 多万次，到奥斯卡颁奖典礼结束时转发 200 多万次。这张自拍照是与三星智能手机公司达成的广告协议的一部分，德杰尼勒斯据此获得 300 万美元，并将其捐给她所选择的慈善机构，包括圣裘德儿童医院（St. Jude's Children's Hospital）和美国人道主义协会（the Humane Society of the United States, HSUS）。HSUS 的工作包括反海豹捕猎运动，德杰尼勒斯此前曾表示过对该运动的支持，尽管她在自拍后没有就自拍事件发表过任何公开评论。本节的案例分析聚焦随后的"海豹摄影"社交媒体活动，该活动是对德杰尼勒斯给 HSUS 捐赠的回应：来自加拿大纽芬兰和拉布拉多和其他地方的人，力陈海豹捕捞的可持续及其在日常因纽特人文化中不可或缺的作用，据此向德杰尼勒斯发起挑战。如此，本节的案例分析并不是突显名人效应，而是关注名人如何被用作社交媒体环保运动中的论辩场所。这场"海豹摄影"活动借助社交媒体的力量，批判好莱坞明星文化，并从特定文化的日常生活背景出发，在全球范围内推广农耕方式的可持续。

德杰尼勒斯最初是一名脱口秀喜剧演员，1986 年，她出现在约翰尼·卡森（Johnny Carson）著名的《今夜秀》（The Tonight Show）节目中。作为第一位收到邀请的女性嘉宾（Johns, 2017），德杰尼勒斯出场后，应卡森的邀请，坐在沙发上，并接受了一个简短的采访。1997 年，德杰尼勒斯宣布出柜，此举引发了一场轩然大波和全国性讨论，她还因此登上了《时代》杂志的封面。由她扮演的情景喜剧角色艾伦·摩根（Ellen Morgan），也在《艾伦秀》的一个场景中透露了她的女同身份。该节目吸引了 4200 万人观看，并引发了强烈的抗议，导致 ABC 网络很快就将该节目下架。2003 年，随着《艾伦秀》的首次亮相，德杰尼勒斯重返小银幕。该日间脱口秀节目同样广受欢迎，并获得了 59 项日间艾美奖（Bried, 2017）。德杰尼勒斯还因在动画片《海底总动员》中为蓝鱼多莉配音而闻名。她主持过奥斯卡金像奖、格莱美奖和黄金时段艾美奖颁奖活动。至此，德杰尼勒斯已成为流行文化偶像。2016 年，时任美国总统巴拉克·奥巴马授予她总统自由勋章。

凭借电视脱口秀节目的成功，德杰尼勒斯敏锐地将自己打造成一个名流及流媒体经济中的明星领袖。2016 年，时代华纳宣布成立"艾伦数字网络"（Ellen Digital Network）。在社交媒体上，德杰尼勒斯"在照片墙（Instagram）上拥有 4600 多万粉丝，在脸书上拥有 2700 多万粉丝，在推特上拥有 7000 万粉丝，粉丝数全球排名第六"（Bried, 2017）。爱穿运动鞋的德杰尼勒斯以休闲时尚风格而闻名，她名下的品牌时尚系列，包括手袋、内衣和家居用品（Johns, 2017）。

德杰尼勒斯的品牌建立在塑造特别的名人形象的基础上，该形象融合了她的女同身份以及幽默、友好、善良的性格。她被描述为"美国甜心：让我们起舞、大笑和哭泣的柔软女同"（Anderson-Minshall, 2017）。《GH》杂志上的一则专题报道讲述了"艾伦·德杰尼勒斯过上幸福生活的 9 个秘诀"，其中包括"做个好人""永远不要让恶霸得逞""为你的爱人腾出时间""做让你害怕的事情"（Bried, 2017）。德杰尼勒斯的其他形象是推广素食主义，倡导动物权利，包括与善待动物组织（People for the Ethical Treatment of Animals, PETA）和美国人道主义协会的密切合作。作为对动物权利的一种支持，她此前曾表示，加拿大捕猎海豹是"政府批准的、对动物最残忍、最不人道的行为之一"（Childs, 2014）。

这一声明不仅激起了海豹捕猎支持者的怒火，而且导致了"海豹摄影"活动。该活动是对德杰尼勒斯捐赠行为的回应，最初是在奥斯卡颁奖典礼之后，由加拿大广播新闻报道引发的。纽芬兰人批评德杰尼勒斯的动物权利立场，一位海豹猎人倡导抵制《艾伦秀》（Sealer Boycotting Ellen, 2014; Hawkins and Silver, 2017）。在接下来的几周中，海豹捕猎支持者在推特上使用"sealfie"标签，发布个人照片，讲述海豹捕猎如何让他们的家庭和社区受益，以此宣传他们的事业。3 月 26 日至 4 月 17 日期间，使用"sealfie"标签的推文出现了 2148 次（Rogers and Scobie, 2015: 87）。相关推文宣传海豹捕猎的意义：如何在寒冷的气候中提供食物和衣服，如何成为因纽特文化中不可或缺的一部分，又如何以合乎道德且人道的方式捕猎。一位伊魁特居民打趣道："戴着海豹手套，给海豹摄影真的很难。"与此同时，推特发布者延伸至领导阶层。在推特上，一位因纽特族的国家领导人发布了一张自己身穿海豹皮背心的照片，加拿大环境部长也发布了一张自己身穿海豹皮斗篷的照片，并配文说她"为支持加拿大道德、人道的海豹捕猎而感到自豪"（Ball, 2014）。推特上的推广活动反过来又引起了加拿大和更多地方新闻媒体的进一步关注。"海豹摄影"活动的一个重要内容是因纽特少女基拉克·埃努拉克 - 施特劳斯（Killaq Enuaraq-Strauss）在油管（YouTube）上发布的一段视频。该视频题为"亲爱的艾伦"，时长 7 分钟，拍摄于埃努拉克－施特劳斯的家中。视频中，该少女自称是艾伦的粉丝，但批评这位名人的言论和反海豹捕猎运动给她的社区和文化带来的痛苦。她以礼貌和可信的口吻，直接喊话德杰尼勒斯：

> 不管是作为一个女人，还是作为一个人，你都非常鼓舞人心。你帮助他人，你坚持自己的信念，你做出改变。话虽如此，我真的不希望我接下来说的话会冒犯到你，我这么做是为了分享我的观点，并给你普及一些在加拿大北极地区捕猎海豹的知识。

埃努拉克－施特劳斯接着讲述她在日常生活中使用海豹制品的情况，同时还谈到了海豹捕猎有助于缓解她所在地区的粮食安全和贫困问题的方式：

> 我有海豹皮靴子，它们超级可爱，我很自豪地说，我拥有它们。我吃海豹肉的次数多得数不过来，我只是……我不能为此道歉，因为……即使我们现在已经被西方社会同化，但传统食物仍然是维持很多家庭的重要物资，因为这些家庭买不起杂货店的东西，食品保障在北方是一个大问题。

因纽特电影制片人和活动家阿勒西娅·阿纳库克－巴里（Alethea Arnaquq-Baril）随后在德杰尼勒斯的脸书页面上发布了一封信，要求她观看埃努拉克－施特劳斯的视频，并阅读一篇随附德杰尼勒斯身穿海豹皮毛肖像的文章，该肖像由一位纽芬兰艺术家制作。据报道，德杰尼勒斯对此没有做出任何回应（Hawkins and Silver, 2017: 119–120）。

在对德杰尼勒斯自拍事件和海豹摄影活动的解析中，我们不仅可以看到名人和环保行动主义的交集，而且可以看到案例分析对我们理解这种交集的意义所在：展示名人的复杂政治和传播效应；名人在促进替代性交际网络形成中的作用；可持续意义和价值的争议性本质；日常生活在此类争议中的中心地位；社交媒体在环保行动中的重要性。艾伦·德杰尼勒斯的自拍展示了名人作为资本主义消费文化的一个载体，在三星的宣传活动中被用来推广新产品，名人也试图利用这种宣传来调动她的人气，以进一步推动她所青睐的社会事业和环保事业。因此，正如本章前面对名人类型的梳理所示，他们既是主流商业文化的载体，也是公众得以聚合的媒介，表达并推广特定的社会价值。当然，本节所析案例的独特之处在于，德杰尼勒斯的名人效应无法单向传输或加以遏制，她的自拍和相关捐赠行为的符号多重性，被一场竞争性的环保运动无缝利用。费恩利－惠汀斯托尔利用自己作为名人的文化权威，建立了一个可持续网络，从而将生产、分销和消费的不同空间连接起来，而德杰尼勒斯的名人效应更像是一个"节点"，触发、促进了可持续替代网络的传播与推广。德杰尼勒斯的自拍和随后的海豹摄影活动，拓展了我们对名人环保行动"有效性"的思考。我们需要评估名人环保行动是否具有直接影响，我们也需要评估名人环保行动是否仍然像以前那样具有说服力，我们或许还可以补充一点，名人有时会充当一个场所：围绕特定环境原因的话语和政治辩论在此展开。

这种对名人在现代环保行动中作用的观察，在本节所析的案例中产生了共振，因为在环保行动主义的历史画卷中，书写了几十年来制止捕猎海豹的斗争史。正如彼得·达维格尼和凯特·内维尔（Peter Dauvergne and Kate Neville, 2011）所表明的那样，这种环保行动主义的历史叙事，可以让我们在媒体和图像的使用、公众对媒体运动的反应、反海豹捕猎运动的政治对策等不断变化的背景下，洞察名人环保行动主义的动态。全球公众对海豹捕猎的关注始于20世纪60年代，彼时，很多跨国观众和著名活动家捕捉到了海豹捕猎的纪录片镜头，尤其是新布伦瑞克防止虐待动物协会（the New Brunswick Society for the Prevention of Cruelty to Animals, SPCA）的布莱恩·戴维斯（Brian Davies），开始带记者去实地考察海豹捕猎活动（Dauvergne and Neville, 2011: 196–197）。报纸图片、电影片段、海报和小册子上有着柔软白色皮毛、又大又黑眼睛的海豹幼崽，引发了公众的同情，而对这些动物的猎杀方式（通常是用棍棒打死），则点燃了公众的怒火。作为回应，加拿大政府对海豹捕猎制定了更为严格的指导方针，但环保抗议活动仍在继续。1976年，绿色和平组织（Greenpeace）的相关人士抵达纽芬兰，宣布他们计划向"白衣"海豹喷洒一种无毒的绿色染料，以破坏海豹毛皮的商业价值。第二年，《巴黎竞赛》（*Paris Match*）使出了一个著名的宣传妙招：该杂志刊登了一篇引人注目的报道，并随文刊发了碧姬·芭铎（Brigitte Bardot）拥抱"白衣"海豹幼崽的照片（Dauvergne and Neville,

2011: 198）。随后几年的持续抗议推动了政治变革，欧洲议会从1983年起禁止海豹进口，导致海豹毛皮的价格一年内下跌了50%，并一度摧毁了加拿大的海豹制品行业（Dauvergne and Neville, 2011: 200）。然而，环保运动的持久性却难以为继，自20世纪90年代后期以来，反皮草时尚情绪慢慢消散，支持捕猎人士发布声明，指出海报捕猎的可持续及其在原住民文化和生计中的作用，公众舆论据此大受影响，图像和名人的公关效应已大不如前。如此，海豹捕猎反制的成功不仅得益于环保组织对海豹捕猎问题的分歧，而且得益于公众的关注点转移至其他新出现的环境原因和危机（Dauvergne and Neville, 2011: 203）。

对反海豹捕猎活动的历史概述，突出了图像在活动策略和成功中的核心作用和重要影响。反海豹捕猎运动的初步成功，是基于两种对比鲜明图像的并置。一些照片、电视和电影镜头凸显了海豹柔软的白色皮毛和又大又黑的眼睛，并传达了它们作为幼小动物的地位——有时它们被称为"幼崽"——这种形象有时会随附名人的照片。此类表征形式与暴力捕猎海豹的描绘构成了强烈的反差：残忍猎杀毫无攻击性的海豹，红色的血迹映衬着皑皑白雪中白色的海豹。正如绿色和平组织前任负责人所说，这场运动是一枚"心灵炸弹"，"在公众的意识中成功爆炸，改变了人们看待世界的方式"（Hunter, 1971: 22）。相关图像调动了公众的情感和情绪，强化了"图像事件"（DeLuca, 1999）在环境政治中的效力，使行动和话语得以传播，并促进了抵制和变革，显然，环保活动家的这种策略在电视等公共领域收获了成功。这种传播策略随后效用的下降，则突显了借助大众媒体的简单图像传播——无论多么戏剧化——在动员公众的效力方面已经今非昔比的现状，也支持了本章前面的整体环保运动和名人效应衰减之说。图像的传播力量仍在，但这种力量是通过现代社交媒体中公众对此类图像的积极参与，才得以显著实现的。社交媒体中图像的使用背景——来源渠道激增，传播速度更快、更转瞬即逝——也意味着图像意义更具临时性、更容易引发争议。艾伦的自拍照意义非凡，吸引了全球媒体的关注，最终被340万人转发，但正是这种更具对话性的社交媒体环境，实现了该照片的公共传播，从而引发了一场"反向"运动。在社交媒体上，海豹摄影活动的图像吸引的公众关注度可能不高，但该运动利用艾伦和她自拍事件的新闻价值，吸引了新闻媒体对其事业的特别关注。此外，海豹图片和视频的传播力源于它们对日常表达的真实性。该运动的有效性取决于名人生活与纽芬兰和拉布拉多人民的实际日常生活之间的对比。然而，赋予图像力量的不仅仅是对日常生活的平凡表征，还有伴随图像而来的真实性修辞。我们在埃努拉克－施特劳斯的油管视频中看到了这一点：这名少女恭敬、睿智、得体的表现引起了公众的关注。真实性是现代公共媒介领域中的宝贵商品：德杰尼勒斯的名人效应源于公众对其形象真实性的感知，对于任何寻求公开存在感的人来说，真实性均不可或缺。真实性之所以成为社交媒体的必要组件，主要是因为它在社交媒体中并没有客观地位，而是源于公众对模态的理解，即公众对命题的真实性做出的判断及言者的主体取向（van Leeuwen, 2001）。

海豹摄影运动还说明了原住民社区如何在他们的环境运动和其他运动中使用社交媒体，以获得认可、身份、自主和正义。众所周知，从1994年墨西哥萨帕塔（Zapatistas）起义开始，原住民社区和更广泛意义上的激进团体，在环保运动、反对自由贸易和跨国公司的斗争、债务减免和全球正义运动（Dreher et al.,2016; Juris, 2004; Landzelius, 2006; Niezen, 2009; Petray, 2011; Raynauld et al., 2018）等一系列事业中，一直在利用互联网的网络潜力。这些激进运动建立并使用全球传播网络，以打造跨国性的休戚与共，维护并强化地方身份和权利的特殊性。在海豹摄影运动中，很多推特图像都展示了海豹肉品和穿着海豹皮装的当地人，呈现他们居住的风景，据此突出因纽特人的原住民身份。这些图像发挥着重要作用，向更多的受众展示了因纽特人的身份和该文化中日常生活的真实写照。显然，伴随图像意义而来的是强烈而又自豪的文化身份和权利宣言。这些图像和文字诉说着对动物权利保护者的强烈抵制，但仍然深受复杂符号化过程的影响。正如罗杰斯和斯科比(Rogers and Scobie, 2015)总结的那样，海豹摄影运动与原始主义悖论（Prins, 2002）相关：捕获海豹、毛皮和肉类的因纽特人图像唤起了一种异国情调意象，而且这种意象"符合关于人们维持'前现代'生存方式的种族主义设想"（Rogers and Scobic, 2015: 92）。同时，相关图像铺垫了此类抵制策略的架构基础：社区通过自我表征行使主体权，展示他们在维护自己身份和实践方面的决心和抗逆力。从这个意义上来说，对影响这一特定社交媒体活动的广阔历史和文化背景的考察，同样至关重要。正如罗杰斯和斯科比（Rogers and Scobie, 2015: 77）所指出的那样，海豹摄影运动的动机既是对狩猎权的简单直白宣示，也是对新殖民主义进程的更深层次的愤怒宣泄，这种情绪最近才通过动物权利运动表现出来。

六、本章小结

在考察可持续日常生活的推广过程中，我们发现，名人似乎是一种矛盾的公众主体：一方面，人们对他们留下大量碳足迹的奢华生活方式提出合理批评；另一方面，我们又注意到名人如何利用他们的传播能力和公众号召力，向公众传达环保主义的意义，尤其是可持续日常生活的重要性。本章介绍了学界对名人经济和文化功能的不同看法，探讨了名人在资本主义营销经济中的意义，考察了他们在构建公共结构、表达审美秩序和社会价值体系中的表征功能。本章认为，相关评估突显了名人效应及其影响的多样性。作为文化使者，他们有助于促进主流经济和文化秩序；作为表达大众文化的工具，他们有助于传播新兴的价值体系和生活方式。本章也探讨了名人在环保推广中的具体作用，并介绍了近几十年来的突出事例。相关讨论质疑了一种假设，即名人的知名度和受欢迎程度可以独立地、绝对地影响公众的舆论和行为。尽管名人的大众说服力业已衰弱，但他们在推广环保事业并赋予其意义，动员已经做出承诺的个人，进一步指导公民实施适当的做法和行为等方面，仍不失为一种重要的媒介。

本章随后提供了两个案例分析，探讨名人如何参与可持续日常生活问题：休·费恩利－惠汀斯托尔的三集电视节目《休的反浪费战争》，艾伦·德杰尼勒斯著名的奥斯卡自拍和她对动物权利的倡导引发的、在加拿大纽芬兰和拉布拉多发起的海豹摄影运动。第一个案例分析概述了费恩利－惠汀斯托尔独特的名人形象，指出他对名人主体性的自控增强了他所投射的平凡性，并强化了观众对他真实性的感知。相关分析论证了费恩利－惠汀斯托尔的名人主体性，是如何通过架构名人的差异及其与观众的对等关系来发挥作用的："平凡性"使他能够与节目参与者一起工作并分享情感，而名人效应则让他能够接触到超市高管等主要人物，并充当公众的代言人。当主持人跨层阶级和社会界限以及生产、分销和消费空间时，其名人效应就赋予了他一种社会权威性和流动性，由此促进对（不）可持续生活网络的质疑。相较于其他节目对生产、分销和消费空间的轻视与忽略，《休的反浪费战争》的一个重要特征是拆解现代城市中家庭、公共、商业环境的空间和网络，披露它们产生不可持续浪费水平的方式。该节目不仅探索了产生这种浪费的物质网络，而且探索了推动可持续行为或不可持续实践的媒体和宣传网络。相关分析还阐明了该节目是如何像生态真人秀电视节目那样设定教育目标的：节目的主要叙事追踪持怀疑态度的个体，主持人力邀他们参与个人挑战和社交活动，而他们最终都对这些挑战和活动做出了回应。这种教学叙事的成功源于主持人对他人的情感投资，以及促进日常可持续生活的另类乐趣，包括个人自我提升的表征。

第二个案例分析探讨话题标签为"海报摄影"（sealfie）的运动，该运动不仅是为了回应艾伦·德杰尼勒斯著名的奥斯卡自拍事件，也是为了回应她对动物权利和反海豹捕猎运动的支持。该案例的特别之处在于名人是被批评的对象。海豹摄影运动利用德杰尼勒斯的公众知名度和名人效应，既突出了他们对动物权利保护者的反挑战，也突出了他们对传统文化习俗和日常生活方式可持续的另类宣传。因此，在该案例研究中，我们既看到了两个相互竞争的事业：动物权利和原住民权利，也看到了从全球到地方的各个领域都在演绎的激进主义运动的复杂性。我们还看到，名人效应和社交媒体的影响不会单独实现，而是被使用、被争论，且对不同的观众呈现出不同的效果。相关分析也为围绕环保名人宣传有效性的辩论提供了一种补充。换言之，该案例分析并未过多地关注名人行动的有效性，而是重点关注他们作为场所的位置，围绕该场所聚集的是环境问题话语和政治争论。相关分析也将社交媒体的海豹摄影运动，置于媒体表征海豹捕猎抗议活动的历史画卷之中。研究发现，早期大众媒体图像的单一力量在现代社交媒体中已然衰减，但现代社交媒体也推动了公众去积极消费这些图像。相关分析还将当前保护因纽特传统文化和日常实践的努力，置于社交媒体图像的符号化过程之中。研究发现，相关图像沿用了文化和种族的刻板印象，而这种抵制策略是对抗新殖民主义种种表现形式的一个组成部分。

参考文献

Abbots, Emma-Jayne. 2015. "The Intimacies of Industry: Consumer Interactions with the 'Stuff' of Celebrity Chefs." *Food, Culture & Society* 18 (2): 223–243.

Alberoni, Francesco. 1972. The Powerless 'Elite': Theory and Sociological Research on the Phenomenon of the Stars. In *Sociology of Mass Communications*, edited by Denis McQuail, 75–98. Middlesex: Penguin.

Anderson, Alison. 2013. "'Together We Can Save the Arctic': Celebrity Advocacy and the Rio Earth Summit 2012." *Celebrity Studies* 4 (3): 339–352.

Anderson-Minshall, Diane. 2017. "The Power of Pop Culture: Ellen DeGeneres Changed Everything, But She Didn't Do It Alone." *Advocate*, June 1.

Ball, David P. 2014. "Inuit Flood Twitter with 'Sealfies' After Ellen DeGeneres Selfie Funds Hunt Haters." *Indian Country Today*, March 31. https://indi-ancountrymedianetwork.com/news/first-nations/inuit-flood-twitter-with-sealfies-after-ellen-degeneres-selfie-funds-hunt-haters/.

Bell, David, and Joanne Hollows. 2011. "From River Cottage to Chicken Run: Hugh Fearnley-Whittingstall and the Class Politics of Ethical Consumption." *Celebrity Studies* 2 (2): 178–191.

Bell, David, Joanne Hollows, and S. Steven Jones. 2017. "Campaigning Culinary Documentaries and the Responsibilization of Food Crises." *Geoforum* 84: 179–187.

Bonner, Frances. 2005. "Whose Lifestyle Is It Anyway?" In *Ordinary Lifestyles: Popular Media, Consumption and Taste*, edited by David Bell and Joanne Hollows, 35–46. Maidenhead: Open University Press.

Boorstin, Daniel. 1961. *The Image*. Harmondsworth: Pelican.

Boykoff, Maxwell T., and Michael K. Goodman. 2009. "Conspicuous Redemption? Reflections on the Promises and Perils of the 'Celebritization' of Climate Change." *Geoforum* 40: 395–406.

Boykoff, Maxwell T., and Shawn K. Olson. 2013. "'Wise Contrarians': A Keystone Species in Contemporary Climate Science, Politics and Policy." *Celebrity Studies* 4 (3): 276–291.

Bried, Erin. 2017. "Ellen DeGeneres' 9 Secrets for Living a Happier Life." *Good Housekeeping,* August 11. https://www.goodhousekeeping.com/life/ entertainment/a45504/ellen-degeneres-cover-story/.

Brockington, Dan. 2009. *Celebrity and the Environment: Fame, Wealth and Power in Conservation*. London: Zed.

Brockington, Dan, and Spensor Henson. 2014. "Signifying the Public: Celebrity Advocacy and Post-Democratic Politics." *International Journal of Cultural Studies* 18 (4): 431–448.

Carvalho, Anabela, and Jean Burgess. 2005. "Cultural Circuits of Climate Change in UK Broadsheet Newspapers, 1985–2003." *Risk Analysis* 25 (6): 1457–1469.

Childs, Ben. 2014. "Canadian Inuit Post 'Sealfies' in Protest Over Ellen DeGeneres' Oscar-Night Selfie." *The Guardian*, March 28. https://www.the-guardian.com/film/2014/mar/28/inuit-seal-sealfies-selfie-degeneres-oscars.

Corbett, C. J., and R. P. Turco. 2006. "Sustainability in the Motion Picture Industry." Report Prepared for *the Integrated Waste Management Board of the State of California*. http://personal.anderson.ucla.edu/charles.corbett/ papers/mpis_report.pdf.

Craig, Geoffrey. 2004. *The Media, Politics and Public Life*. Sydney: Allen & Unwin.

Dauvergne, Peter, and Kate J. Neville. 2011. "Mindbombs of Right and Wrong: Cycles of Contention in the Activist Campaign to Stop Canada's Seal Hunt." *Environmental Politics* 20 (2): 192–209.

Davis, Aeron. 2013. *Promotional Cultures: The Rise and Spread of Advertising, Public Relations, Marketing and Branding*. Cambridge: Polity.

DeLuca, Kevin Michael. 1999. *Image Politics: The New Rhetoric of Environmental Activism*. New York: The Guildford Press.

Dreher, Tanja, Kerry McCallum, and Lisa Waller. 2016. "Indigenous Voices and Mediatized Policy-Making in the Digital Age." *Information, Communication & Society* 19 (1): 23–39.

Ellen DeGeneres Launches. 2016. "Ellen DeGeneres Launches New Digital Network and Unveils First Original Programming Slate at 2016 Digital Content NewFronts." *TimeWarner*, May 4. http://www.time-warner.com/newsroom/press-releases/2016/05/05/ellen-degeneres-launches-new-digital-network-and-unveils-first.

Fearnley-Whittingstall, Hugh. 2006. "Getting Fired—The Best Thing to Happen to Me." *The Guardian*, September 30. https://www.theguardian. com/lifeandstyle/2006/sep/30/features. weekend.

Goodman, Michael K., and Jo Littler. 2013. Celebrity Ecologies: Introduction. *Celebrity Studies* 4: 269–275.

Hawkins, Roberta, and Jennifer J. Silver. 2017. "From Selfie to #Sealfie: Nature 2.0 and the Digital Cultural Politics of an Internationally Contested Resource." *Geoforum* 79: 114–123.

Hollows, Joanne. 2003. "Feeling Like a Domestic Goddess: Postfeminism and Cooking." *European Journal of Cultural Studies* 6 (2): 179–202.

Hollows, Joanne, and Steve Jones. 2010. "'At Least He's Doing Something': Moral Entrepreneurship and Individual Responsibility in Jamie's Ministry of Food." *European Journal of Cultural Studies* 13 (3): 307–322.

Hopkinson, Gillian C., and James Cronin. 2015. "'When People Take Action...' Mainstreaming Malcontent and the Role of the Celebrity Institutional Entrepreneur." *Journal of Marketing Management* 31 (13–14): 1383–1402.

Hunter, Robert. 1971. *The Storming of the Mind*. Garden City, NY: Doubleday.

Johns, Nikara. 2017. "The Ellen Effect." *Footwear News*, May 29.

Johnson, Niall. 2015. "Hugh's Waste Crusade Increases by 38% in One Week on BBC One." *Mediatel Newsline*, November 10. http://medi-atel.co.uk/newsline/2015/11/10/hughs-waste-crusade-increases-by-38-in-one-week-on-bbc-one/.

Johnston, Josée, Alexandra Rodney, and Phillipa Chong. 2014. "Making Change in the Kitchen? A Study of Celebrity Cookbooks, Culinary Personas, and Inequality." *Poetics* 47: 1–22.

Juris, Jeffrey S. 2004. "Networked Social Movements: Global Movements for Global Justice." In *The Network Society: A Cross-Cultural Perspective*, edited by Manuel Castells, 341–362. Cheltenham: Edward Elgar.

Landzelius, Kyra, ed. 2006. *Native on the Net: Indigenous and Diasporic Peoples in the Virtual Age*. New York: Routledge.

Lawless, Greenpeace Activists. 2013. "Lawless, Greenpeace Activists Sentenced." Stuff, February 7. http://www.stuff.co.nz/national/crime/8273450/Lawless- Greenpeace-activists-sentenced.

Lewis, Tania, and Alison Huber. 2015. "A Revolution in an Eggcup? Supermarket Wars, Celebrity Chefs and Ethical Consumption." *Food, Culture & Society* 18 (2): 289–307.

Louw, Eric. 2010. *The Media and Political Process*. 2nd edition. Los Angeles: Sage.

Magee, Richard M. 2007. Food Puritanism and Food Pornography: The Gourmet Semiotics of Martha and Nigella. Americana: *The Journal of American Popular Culture* 6 (2). http://www.americanpopularculture.com/ journal/articles/fall_2007/magee.

Marshall, P. David. 1997. *Celebrity and Power: Fame in Contemporary Culture*. Minneapolis: University of Minnesota Press.

Marshall, P. David. 2013. "Personifying Agency: The Public-Persona-Place-Issue Continuum." *Celebrity Studies* 4: 369–371.

Miller, Toby. 2013. "Why Coldplay Sucks." *Celebrity Studies* 4: 372–376.

Niezen, Ronald. 2009. *The Rediscovered Self: Indigenous Identity and Cultural Justice*. Montreal: McGill-Queen's University Press.

Parkins, Wendy, and Geoffrey Craig. 2011. "Slow Living and the Temporalities of Sustainable Consumption." In *Ethical Consumption: A Critical Introduction*, edited by Tania

Lewis and Emily Potter, 189–201. London: Routledge.

Petray, Theresa-Lynn. 2011. "Protest 2.0: Online Interactions and Aboriginal Activists." *Media, Culture & Society* 33 (6): 923–940.

Piper, Nick. 2015. "Jamie Oliver and Cultural Intermediation." *Food, Culture & Society* 18 (2): 245–264.

Prins, Harald E. L. 2002. "Visual Media and the Primitivist Perplex: Colonial Fantasies, Indigenous Imagination, and Advocacy in North America." In *Media Worlds: Anthropology on New Terrain*, edited by Faye D. Ginsburg, Lila Abu-Lughod, and Brian Larkin, 58–74. Berkeley, CA: University of California Press.

Raynauld, Vincent, Emmanuelle Richez, and Katie Boudreau Morris. 2018. "Canada Is #IdleNoMore: Exploring Dynamics of Indigenous Political and Civic Protest in the Twitterverse." *Information, Communication & Society* 21 (4): 626–642.

Rogers, Kathleen, and Willow Scobie. 2015. "Sealfies, Seals and Celebs: Expressions of Inuit Resilience in the Twitter Era." *Interface: A Journal for and About Social Movements* 7 (1): 70–97.

Scholes, Lucy. 2011. "A Slave to the Stove? The TV Celebrity Chef Abandons the Kitchen: Lifestyle TV, Domesticity and Gender." *Critical* Quarterly 53 (3): 44–59.

Sealer Boycotting Ellen. 2014. "Sealer Boycotting Ellen DeGeneres Show Over Oscars Selfie." *CBC News*, March 13. http://www.cbc.ca/news/canada/newfoundland-labrador/sealer-boycotting-ellen-degeneres-show-over-oscars-selfie-1.2571169.

Stern, Claire. 2016. "13 Eco-Friendly Celebrities You Need to Follow on Twitter." *InStyle*, April 20. https://www.instyle.com/celebrity/ eco-friendly-celebrities-to-follow-twitter.

Thompson, John. 1995. *The Media and Modernity: A Social Theory of the Media*. Cambridge: Polity.

Thrall, A. Trevor, Jaime Lollio-Fakhreddine, Jon Berent, Lana Donnelly, Wes Herrin, Zachary Paquette, Rebecca Wenglinski, and Amy Wyatt. 2008. "Star Power: Celebrity Advocacy and the Evolution of the Public Sphere." *International Journal of Press/Politics* 13: 362–385.

Turner, Graeme. 2004. *Understanding Celebrity*. London: Sage.

Turner, Graeme, and Jinna Tay, eds. 2009. *Television Studies After Television: Understanding Television in the Post Broadcast Era*. London: Routledge.

van Krieken, Robert. 2012. *Celebrity Society*. London: Routledge.

van Leeuwen, Theo. 2001. "What Is Authenticity?" *Discourse Studies* 3: 392–397.

Wheeler, Mark. 2013. *Celebrity Politics: Image and Identity in Contemporary Political Communications*. Cambridge: Polity.

第七章

地方可持续组织和社交媒体

一、引　言

应对气候危机最有趣的方式之一是成立地方环保组织，以处理社区内的可持续问题，并使用在线和社交媒体，传递、共享信息，缔造团结。这些社区将可持续的挑战和潜力融入到其成员的日常生活之中，让他们有机会参与当地的网络，体验可持续实践的乐趣，从而为他们注入一种主观能动感。虽然这些组织往往会携手处理可持续问题，其能量也因工作中直接的人际接触而得以增强，但社交媒体的使用也是这些组织运行方式中不可或缺的一部分。本章研究此类社交媒体在群体身份和活动中的作用，重点关注社交媒体引发公众情感和共情的方式。本章首先从生态公民和在线行动主义出发，探讨地方可持续组织的身份，随后聚焦其社会背景，研究相关组织如何表达并融入"地方"和社区意识，包括如何协调地方生产与更广阔的全球可持续背景之间的关系。据此，本章讨论社交媒体（尤其是脸书）在推动地方环保活动方面的作用。本章的后续分析考察地方可持续组织在脸书上发布的一系列帖子，相关分析聚焦几个问题：如何呈现可持续；提供了何种信息以及如何共享知识；网站上的声音范围；性别和情感话语。

二、生态公民和在线活动

本章的研究对象"地方可持续组织"，并不等同于传统形式的环保行动主义。这种不同主要体现在后者不仅质疑此类组织的政治特征，而且质疑基于团体成员身份而形成的公民类型。地方可持续组织是松散、非正式的个人集合体，其身份的建立是基于与特定可持续问题的关联，如社区花园、绿色交换计划和零浪费运动。如此，此类组织通常会特别关注粮食的生产和消费、浪费最低化的策略等问题，而不是诸如城镇转型运动这种广泛现象的基础性结构问题。地方可持续组织有时可能会与当地的议会和企业接触，但他们工作的重点仍然是就其成员关注的问题开展活动。

尽管"公民身份"这一概念往往因发展阶段而异（Marshall, 1963），但基于国家的结构和运行，对公民身份进行单一、政治的那种传统解读，正面临着巨大的挑战。数字文化的繁荣推动了相关概念的表达和公众认知的更新，越来越多的人见证了公共领域和私人领域的破壁、全球化的发展、个性化的更甚、身份政治的兴起，以及公共生活的日益多样化和异质性。对公民身份差异性的解读（Hudson, 2000），强调公民身份的多元性，关涉不同的场所、能力和形式，如世界公民身份、性取向公民身份、企业公民身份和环境公民身份。这种以差异为主题并优先考虑公民权利的公民身份解读，源于 20 世纪 60 年代社会运动和文化革命的兴起（Schudson, 1999）。因此，对当代公民身份的解读，往往倾向于突出他们的文化身份（Miller, 2006; Van Zoonen, 2005）和个人身份（Hartley, 1999; Ratto and Boler, 2014）。哈特利（Hartley,1999: 181）就"符号自决"（semiotic self-determination）进行了探讨，认为该主张得益于一种认知，即数字文化给个人的文本生产和创新性参与，提供了更多机会。据此，该学者提出了"DIY 公民身份"之说。兰斯·贝尼特及其同事（Bennett et al., 2009; 2010; 2011）则在多年研究的基础上指出，不同于传统"尽职尽责"形式的公民身份和实践，越来越多的人，尤其是青年，参与"实现公民身份"。这种身份实现的平民化风格，体现在一系列创造性的公民身份表达形式之中，且深深植根于自我实现的理念之中，同时，个人利益则产生于多种松散连接的网络。在社交媒体中，来自同行或大众的信息会被视为权威，而内容生产与信息消费基本会同步进行（Bennett et al., 2010: 398）。如此，对等网络的互动内容共享形式，具现了"实现公民身份"的传播逻辑。

环境或生态公民身份，就是在这种社会、文化和媒体变化的背景之下出现的。但这一身份同样具有特殊性，亟待我们进一步探索。在这方面，我们可以从安德鲁·多布森（Andrew Dobson, 2003）的研究中汲取营养。在多布森看来，不同于其他基于身份政治的差异性公民身份，后世界公民身份将义务和责任置于权利主张之上，而生态公民身份就是后世界公民身份的一种。这种形式的公民身份调节公共领域和私人领域之间的界限，并对"私人行为具有良性公共影响的可能性"持开放态度（Dobson, 2003: 54）。这种开放态度意味着，与公民身份的其他最新发展一样，我们需要从更广泛的角度去解读"政治的"这一概念。多布森研究的价值在于他对"生态公民"的新解读。在他看来，"环境公民"之说源于传统开明的公民身份解读，受理性、程序合法性观念的影响，且受制于对民族国家的关注（Dobson, 2003: 89）。而生态公民源于"生态足迹"，即我们对环境的影响及随后对他人的影响（Dobson, 2003: 104）。多布森认为，生态足迹让我们意识到对他人的义务，而我们此前并没有这种意识。这些义务不受空间邻近性的限制，也不是民族国家等政治实体指定的任务。相反，生态公民的空间源于"个人与环境之间的代谢和物质关系"（Dobson, 2003:106）。同样，生态公民也不受传统时间背景的限制：对他人的义务不仅是对共存者的义务，也是对子孙后代的义务，这一概念经常在可持续倡议实践中得以表达。生态公民的首要美德是正义，特别是"生态空间的公正分配"（Dobson, 2003: 132），其他人道主义而非政治的美德，如关怀和同情，是实现正义的重要手段。因此，生态公民身份是对公民身份的一种有据的唯物主义解读：它不是源于我们在道德层面属于世界社区的唯心主义观点，也不是源于我们与自然之间基本关系的本体论观点。生态公民"是一种受约束的公民"（Dobson, 2003: 138）：不同于其他对公民身份的传统和当代解读，生态公民不是由超越物质约束的欲望和需要驱动的。相反，我们的日常工作以及与环境的接触，生成我们的生态足迹，反过来又为我们的生态公民身份奠定基础。因此，日常生活的私人领域不是边缘，而是公民实践的核心。事实上，多布森曾经直接指出，生态公民"就是种种日常生活实践"（Dobson, 2003: 138）。

据此，地方可持续组织可以被视为生态公民的实践场所，但我们也可以考察这些组织开展的相关活动的性质。在很多人看来，交换过量的本土农产品并不是环保行动，这些组织的社交媒体网站——发布地方事件新闻和支持信息——也不符合对环保行动的传统解读。如果这种工作和交流不能被认定为行动主义，而是被描述为动员某类公民的政治工作，那么我们该如何定义地方可持续组织的活动？环保运动的活动不仅涵盖各种类型的行动主义，即采取直接行动以谋求政治或社会变革，而且涵盖更多以功能为导向的倡议工作，即就其关注的问题，寻求他人的支持。尽管环保运动只有在重组地方社区和家庭生活环境的各种尝试中，才能被赋予一定的形式和实质，但其定义却源于引人注目的行动主义行为。环保运动在其行动主义中对在线媒体的使用，一直是学界分析的主题。早期的研究（Pickerill, 2001）和一些近期的研究（Adams and Gynnild, 2013; Lester and Hutchins, 2009）均表明，在线活动主要是复制线下活动。网络行动主义涵盖广泛的活动，从非法的黑客行动，到教育和文化团体的信息宣传活动，实施者既可以是著名的非政府机构，也可以是暴戾的个人（Vegh, 2003）。事实上，在线和离线活动之间存在着种种不同的关系（Vegh, 2003），而在线行动大致可分为三个方面：意识／倡议；组织／动员；行动／回应。

互联网和各种形式的新型社交媒体，有助于促进社会运动和非机构性政治组织的发展，原因有二：一是通信相对容易和便宜；二是它们与这些结构松散、成员关系薄弱的实体相契合。技术的发展反映了参与性文化的特点和政治潜力，尽管这种新型的政治交流形式也同样存在复杂的问题，如是否再现了现有的等级制度和权力关系，包括跨年龄、性别和种族的分层。虽然我们看到了一些组织的在线倡议取得了政治性成功，如英国的38度（38 Degrees）和澳大利亚的"行动起来！"（GetUp!），但也有指控称，这些组织转移了公众对其他政治和社会倡议团体的注意力和资源，且只是鼓励一种肤浅的政治参与，而这种肤浅具现了"懒人行动主义"的概念（Christensen, 2011; Morozov, 2009）。

"亚政治"的相关描述阐明了具有政治倾向的活动的扩散和意义，即通过介导性的公共话语，或质疑社会问题，或为之呼号奔走，而不是直接针对传统的政治领域。对乌尔里希·贝克（Ulrich Beck, 1997）来说，"亚政治"是一种超越和低于国家政治体系的政治形式，通常包括小规模的、有时是个人的决策和活动。在"亚政治"中，群体和个人从事具有政治后果、但通常不被视为"政治"的蓄意行为，各种类型的绿色消费主义都是"亚政治"的例子。尽管如此，霍尔茨和索伦森（Holzer and Sørensen, 2003）也注意到，当政治后果产生于其他非政治性的行动或行为时，如通过科学的创新，往往也会派生"亚政治"的被动形式。玛利亚·巴卡德基瓦（Maria Bakardjieva, 2009）梳理了"亚行动主义"这一概念，拓展了贝克对"亚政治"的解读。在她看来："虽然贝克一再强调表层正式制度之下的政治形式和表现，但他的构造仍然保留了一种强烈的公共和活动人士元素。"（Bakardjieva, 2009: 96）巴卡德基瓦则坚称，"亚政治"之说并没有捕捉到由政治和/或道德参考框架驱动的种种日常实践，而亚行动主义则是一种公民身份形式，"始于思考和行动的主体对物理和社会世界的即时体验"（Bakardjieva, 2009: 96）。他进一步指出，要取代对公共—私人之分的思考，就必须承认个人参与众多不同物理和媒介场所的方式，这些场所跨越并融合了个人和亲密事务，且具有更抽象的、公共的、传统的政治内容。传播媒体，特别是在线媒体，协助建立了大量场所，并促进跨场所的个人复杂谈判，产生"我们的微型编队"（Bakardjieva, 2009: 101），但巴卡德基瓦同时认为，在线媒体从根本上增强了"现有的冲动和势力"（Bakardjieva, 2009: 102）。

因此，在多布森的生态公民理论和巴卡德基瓦对"亚行动主义"的描述中，我们可以看到两种表达、解释地方可持续组织活动类型的方式，而地方可持续组织的活动类型正是本章关注的对象。这两种理论都将日常生活视为实施可持续的中心场所和承担环境责任的基础，而不是将其视为可持续的边缘角色，认为日常生活不过是再现了宏观政治和社会势力。相较于其他有影响力的研究（Beck, 1997; Beck and Beck-Gernsheim, 2002; Giddens, 1991），这两种理论均赋予个人以相应的合法性，指出个人正是新型政治活动形式的来源，并试图勾勒出一种超越传统分类的政治主体性。这也正是柯思缇·霍布森（Kersty Hobson, 2011: 206）的研究目标："思考一种环境政治和参与形式，既不盲从'负责任和精明的'消费者—公民话语，也不盲从活动家—抗议者话语。"在该学者看来："可能存在某种形式的个人和家庭环境政治形式，其中，绿色物质性重新唤起'中断时刻'，以构成一种不断发展的创造性实践语法。"（Hobson, 2011: 206）我们也看到了在线和社交媒体在日常可持续实践中的重要性。具言之，在线和社交媒体使此类实践更为便利，而不是发起或驱动此类实践，重要的是，它们将个人与当地其他人和社区联系起来。

三、日常可持续中的"地方"和"社区"

本节的分析对象是地方层面从事可持续工作的团体,相关研究既关注单个的地理区域,也关注与该地区相关的社区。我们在本书中考察的可持续表征,均不同程度地植根于日常生活场所,虽然一些文本——如第四章中的一些广告——描绘了相对普遍的日常生活,但大多数文本,关注的都是特定地方和社区(在较小程度上)中可持续性实践的困境、潜力和生产力。我们已经对家庭环境中的日常可持续进行了相关考察,本节重点关注地方和社区。在对可持续团体及其对社交媒体的使用进行分析之前,我们首先探讨"地方"的含义。

显然,地方有别于更广阔的空间背景,如区域、民族国家和全球。尽管如此,我们也很难给予其具体的描述(Brodie, 2000),一是因为进步和保守势力都可以援用其意义和价值;二是因为虽然地方因特异性而受到重视,但如果认为它只是提供了一种具体的现实,而不是一个更具介导性的抽象空间,就相当于否认了国家和全球势力的直接和有形影响(Massey, 1994)。在当代,地方有一种脆弱感,部分原因是现代性对地方与空间之间关系的切断已然非常成熟,外部势力已经开始渗透到地方(Giddens, 1990)。鉴于全球公共生活的介导性及流动的便利性,我们的身份、社会关系和文化形态,更普遍地受到非本地空间环境的影响。一系列术语均捕捉到了现代性的这种特征,如"去地方化"(delocalisation)、"去域化"(deterritorialisation)和"移位性"(displacement)(Elden, 2005; Inda and Rosaldo, 2002; Jackson et al., 2004; Tomlinson, 1999)。全球资本主义的发展,派生了一种连续性的、同一性的熟悉感,进而掩盖了西方发达国家城市景观和郊区环境中文化的特殊性。

这种对地方特异性的降维打击,也相应地为其提供了更大的社会和文化价值感。这一点既体现在近几十年来农贸市场的剧增中,也体现在游客对城市中心地区"自然"和"真实"街道的探寻中。这种重新特权化地方的做法,有时可能是一种防御性和保守性的姿态,投射出一个浪漫化的、僵化的社区——强调商品化进程、拒绝新兴的差异表达。不过,正如多琳·梅西(Doreen Massey,1995: 183)此前所阐述的那样,地方"从来都是一种混合体"。对当代背景的梳理也意味着,地方的复活和意义源于对其与更广阔空间背景之间关系的反思性解读。对此，帕金斯和克雷格（Parkins and Craig, 2006: 2009）指出，当代有意识地打造"地方"的举措同样是一个复杂的过程，其中，种种宣传性话语及对外部势力的创造性表达，援用的是早先存在的价值、实践、传统。相关方式不一定是冷嘲热讽地方的过去，而是赋予它顺应力和能力，以参与围绕其意义和价值展开的持续性斗争。

地方可持续组织的驱动力，不仅在于对可持续的共同兴趣，而且在于两种基本认知：一是可持续需要他人的参与，二是地方生产、分销、消费网络的建立和维护，有助于进一步推动可持续。从这个意义上说，地方可持续组织的驱动力，还在于对其空间基础及人际关系基础的认知、对地方生产的情感投资，以及对社区的渴望。可持续组织只是一种表现形式：人们寻求地方的复苏，且享受"地方成员"这一身份的归属感与乐趣。对社区的渴望往往基于一种理想，这种理想体现在托尼斯（Tönnies,1887）对礼俗社会（Gemeinschaft）和法理社会（Gesellschaft）的经典区分中。后者与社会相关，前者与社区相关，指通过共同的地理区域、面对面的交流、共同的核心信仰和传统、基于信任而形成的社会团体。然而，"社区"这一概念不仅具有积极的内涵，而且如前所述，社区观带有一种团结感和特权感，这种感觉源于抵制差异和"冲突"，并利用其他地方和社区的资源和能力（Young, 1990）。

地方可持续组织是更广泛现象中的一部分，也是一种新兴的、灵活的社会联盟形式，介于个人和更结构化的宏观政治团体之间。这种社会联盟形式包括那些关注具体环境问题的"可持续社区运动团体"（Forno and Graziano, 2014）和更普遍的"生活方式运动"（Haenfler et al., 2012）。学界对这类团体的身份和范围进行了多维度探讨，但正如第一章所述，对地方可持续组织的考察很难复制对"生活方式"和"社会运动"的传统解读，鉴于此，相关考察仍然存在学术盲点。这里所说的"生活方式"以个人为导向，而"社会运动"则以集体为导向，也更具组织性（Haenfler et al., 2012: 1）。弗尔诺和格拉齐亚诺（Forno and Graziano, 2014）梳理了可持续社区运动团体的特点：更普遍地批评传统的消费主义和唯物主义；支持手工艺人，而不是大规模生产；支持本地生产商和项目，同时清楚此类问题如何产生全球影响；聚焦社会关系，认为社会关系影响生产者与消费者之间的市场和交换关系；此类团体的参与者是一种"扩散式、相互团结"的存在（Forno and Graziano, 2014: 143-144）。正如我们将在后续分析中看到的那样，地方可持续组织促进并参与了一系列的经济和交换关系，但在很多方面也具现了"充分实践者"（plenitude practitioners）的特征。肖尔和汤普森（Schor and Thompson, 2014）在提出该术语时指出，此类团体不再充分信任政府和企业具有开创更可持续社会的能力，由此带来了一种后果，即认为融入当地社区和环境会进一步实现自给自足。

对地方可持续组织的考察，也驱使我们进一步详细探讨可持续实践过程中，个人与他人之间关系的本质。具言之，此类组织如何激励人们加入，又是如何帮助和指导个人履行自己对环境管理和可持续实践的承诺？本节虽不可能对这些复杂的问题进行详细的探讨，但其他学者提供的一些建议，可以指导我们对地方可持续组织的分析。例如，米德勒米斯（Middlemiss, 2011）考察了地方环保组织如何促进个人的可持续生活方式。基于相关实践理论，特别是斯巴勒加腾（Spaargarten, 2003）的研究成果，米德勒米斯提出，个人生活方式需要一种"供给系统"去促进可持续社会实践。她所说的供给系统指"规则和资源的组合，存在于不同群体所在的特定环境中"（Middlemiss, 2011: 1160）。在创建更可持续的社会这一更广泛的任务中，以社区为基础的团体扮演着"社会中介"的角色。米德勒米斯进一步指出，大多数关于可持续消费的实践理论研究，聚焦的是"实践的结构性决定因素"（Middlemiss, 2011: 1159），认为这些因素或派生、或约束个人行为，但她本人对环保组织的研究却表明，在激励和实施可持续实践方面，与可持续知识和价值相关的"话语意识"发挥着至关重要的作用（Giddens, 1984）。这种社会学研究的意义在于其认识到，在个人和集体的可持续实践中，除了相关的结构和习惯背景，情感、乐趣、道德义务感等与价值相关的因素同样不可或缺。

我们对地方可持续组织的考察还需要综合考虑几个方面的见解：一是个人必须参与地方可持续组织的动机；二是这些组织强化个人可持续承诺的方式；三是以日常可持续为基本导向的个人和家庭层面的项目；四是地方组织在当代资本主义消费的现实背景中的有效性。根植于个人、家庭和地方组织层面的可持续性，可以被视为"绿色治理"过程的一种表现（Luke, 1999; Rutherford, 2007）。尽管大家普遍认为，在推动日常家庭的可持续方面，绿色治理也能促进政治的"创造性语法"（creative grammar）（Hobson, 2011），但这种治理往往是将环境管理的任务下放到自我负责的个人身上，据此消除结构性经济和社会变革所需的环境政治因素。在更普遍的层面上，地方可持续组织对替代性食品网络和道德消费形式的批评，突出了一个事实，即个人和地方的可持续实践不仅美化了市场关系过程，而且永久化了阶层和种族特权。同时，正如第一章所述，这种实践也分散了公众对有组织的集体行动形式的注意力和精力（Guthman, 2008, 2011; Johnston, 2008; Littler, 2009）。如此，无论是评估地方可持续组织的社区功绩，还是评估个人与组织成员资格之间的关系，均没有单一的维度。无论是从短期、中期，还是从长期来看，可持续生活方式的实现均存在诸多障碍，但也有很多促成因素（Axon, 2017）。对此，阿克森（Axon, 2017: 19–20）认为，从长远来看，地方社区层面的集体行动可以推动个人的可持续实践。本章的分析旨在通过对地方可持续组织的社交媒体文本的考察，了解此类组织的活动的性质，分析成员对组织的认同方式，并探讨成员与他人互动的方式。

四、脸书、身份和社区参与

我们都很清楚，大多数人的日常生活都受到社交媒体不同程度的影响。如果要了解地方可持续组织如何发挥其传播的潜力，我们就必须明确社交媒体的定义性特征。首先，我们可以看到，社交媒体在其名称中使用了"social"这一形容词，故而与其他类型的媒体形成了有趣的对比：我们不应该忘记大众媒体也是一种"社交"媒体，但"社交媒体"这一名称无疑直指这类新型媒体的功能——使公众能够进行更多类型、更多层次的沟通。如前一章所述，在介导性公共领域的内容生产中，社交媒体和大众媒体往往相互关联。相较于互联网的早期表现形式，技术发展促进了更大程度的网络化互联、开放、参与和协作。社交媒体可以泛指Web2.0环境中出现的一系列服务和应用程序。例如，我们可以区分不同类型的社交网站：推特（Twitter）是博客网站，照片墙（Instagram）和福立客（Flickr）是图片分享网站，领英（LinkedIn）是职场网络服务网站，油管（YouTube）是视频分享网站。"社交媒体"一词使用的普遍性和无处不在，可能会分散我们对其具体传播特征的注意力，特别是在更广阔的"共享经济"背景之下。（Meikle, 2016: 18—19）

格拉哈姆·米克尔（Graham Meikle, 2016）对社交媒体进行了很好的概述，并给予其一个简洁的定义——"整合公共信息与个人交流的网络化数据库平台"。（Meikle, 2016: 19）社交媒体具有基本的汇聚能力，可以整合计算、通信和内容，通常归于强大的公司麾下。这些公司利用数字媒体构建通信平台的潜力，生成信息数据库这一有价值的商品。数字技术实现的社交媒体网络，可以促进信息源的扩散和信息的聚合，同时有助于突出个人身份的诸多表现。马歇尔将社交媒体归类为一种表象（presentational）媒体，而将大众媒体归类为一种表征（representational）媒体。（Marshall, 2014）这反过来又凸显了社交媒体中个人和公共传播共存的重要性，并将其与更广泛的在线传播区分开来。社交媒体之所以成为地方可持续组织的理想媒体形式，主要原因有两点：一是它们能够促进网络传播；二是它们将个人的和公众的聚集在一种新型的、调节性的社会空间中。正如我们已经探讨过的那样，可持续组织具有一种非正式身份，可以调节个人生活方式的表达和更集体的可持续形式。

本节分析最突出的社交媒体形式之一"脸书"，重点关注地方可持续组织对其的使用。作为一个公司实体，脸书具有巨大的全球影响力：截至 2017 年第四季度，该公司的月活跃用户达到 22 亿。（Statista, 2018）不过，我们考察的是其独特的传播特色以及其派生的身份、话语和关系特征。个人可以创建脸书主页，也可以创建脸书群，邀请、限制或关闭开放的对象。脸书消息通常很短（虽然不像推特那样在技术上受到限制），可以是文本或图像，也可以是单独的消息或在线材料的帖子。相关讨论按时间轴（timeline）组织，参与者可以访问不同时段的信息。脸书允许用户在页面上发布一般消息，也支持个人或更有针对性的消息收发形式。参与者可以通过一系列表情符号去评论他人的帖子，如喜欢、爱、哈哈、哇、难过、生气等等。基奥加罗（Georgalou, 2017: 17）基于能供性，区分了四种脸书类型：参与、空间、个人表达和互联。"参与能供性"指在提供个人信息的同时，创建带有个人头像和封面照片的个人资料。"空间能供性"指用户在登录脸书时所体验的环境，包括他们的时间轴和信息流（News Feed）。"个人表达能供性"指用户通过发布帖子、更新状态和分享链接进行互动的方式。"互联能供性"指用户与他人互动的各种方式，如评论、使用表情符号、标签、私信和发送好友请求。

脸书的个人资料既是个人身份的一种展示，也是一种自反式的建构，但从根本上来说，它是一种协作性的身份建构：其他"好友"的回应会直接确认和引导身份的表达。众所周知，线下和线上身份之间存在某种程度的冲突，包括假冒和隐藏身份，但脸书的大部分日常使用，均存在线下和线上身份之间的部分对应（事实上，任何交流都表达了单一、真实的身份）。脸书帖子通常会链接到并有助于促进线下活动和参与，尽管它们也可以仅指在线的活动、实践和社区。然而，脸书的互联主要来自既存的线下关系："不同于其他的社交网站，使用脸书的目的不是与陌生人交谈和见面（尽管完全有这种可能），而是与拥有相同（线下）经验、知识和背景的知名人物，维持、深化和扩展线下关系。"（Georgalou, 2017: 16）也有研究确认了人们参与脸书群的主要动机：社交、娱乐、寻求自我地位、传递信息。（Park et al., 2009；Gummerus et al., 2017）还有研究表明，使用脸书获取信息或进行社交的人，更有可能参与政治团体活动。更有研究考察了脸书在道德消费群中的使用情况，并区分了对道德消费的情感承诺和持续承诺。后者的特点是认知更为理性，即认为有必要对相关事业提供道德支持。这项研究还发现，"消费者越觉得他们是因为情感依恋而进行道德消费，就越能够感知到参与在线社区的收益"。（Gummerus et al., 2017: 49）虽然情感是脸书的核心，并且已经被确认为能够激励他人参与在线群组，但也有人认为，参与脸书的个人和情感基础，促进了以自我为中心的疗愈文化，而牺牲了真正的、实质性的公共文化。例如，在马里沙尔（Marichal, 2016: 84）看来，通过促进积极的情感体验，脸书让我们从心理上排斥自发性和偶然性，并让我们远离另类的、困难的争论和与陌生人的共情关系。

五、使用脸书的地方可持续组织

本节考察 4 个不同的地方可持续组织如何使用他们的脸书网站。这些组织均来自新西兰北岛（the North Island）的同一个地区，每个组织都有一个地区名称和主题焦点，其中两个组织专注于减少废弃物和污染，一个负责本土农产品的交换，最后一个社区花园组织只有一个脸书页面，而并无一个公共组织实体。我们首先对 2017 年 11 月至 2018 年 3 月期间相关组织的脸书帖子进行编码，包括每个组织的发帖数量，发帖人数，发帖的男女人数，帖子的可持续问题涉及本地还是非本地，帖子是原创还是分享自其他站点或新闻来源，表情符号——喜欢、爱、哇、难过、哈哈、生气和分享——的数量，评论数量。如果帖子涉及国内其他地方的行动或新闻，则被编码为非本地。虽然非本地内容的帖子几乎都是分享的，但本地内容的帖子也存在差异。显然，本地内容帖子被分享的程度，表明该组织与当地其他组织和个人的网络化互联程度。所有帖子中的表情符号总数也被计算在内，包括对个人评论（包括发布图片和"动图"）的回复。除了对每个组织的脸书帖子进行量化编码外，本节还将对帖子进行更深入的分析，探讨帖子中可持续的呈现方式以及评论的特征，包括表达的支持和情感。

绿色交换组织是一个公共组织，共有 124 名成员。在我们编码期间，该组织共发贴 188 个，是 4 个组织中发帖数量最多的一个。这些帖子由 20 人发布，其中只有 2 名男性。帖子重点关注的是本地事件和新闻：176 个帖子涉及本地内容，12 个帖子涉及非本地内容。原创帖子 148 个，分享帖子 40 个。在 176 个本地内容帖子中，30 个是分享内容。整体而言，该组织的帖子共收获 679 个喜欢、58 个爱、18 个哇、10 个难过和 30 个分享。除去分享，每个帖子平均有 3.6 个表情符号。所有帖子共有 482 条评论，每个帖子平均约 2.6 条。

排名第二的是一个减废组织（称为减废 1 组）。该组织也是一个公共组织，共有 302 名成员，在我们编码期间，该组织共发帖 95 个，这些帖子由 28 人发布，其中 24 人是女性。有 69 个帖子与本地可持续内容相关，26 个与非本地内容相关。原创帖子 45 个，分享帖子 50 个。69 个本地内容帖子中有 44 个原创，25 个分享。整体而言，该组织的帖子共收获 319 个赞、46 个喜欢、8 个哇、11 个难过和 44 个分享。除去分享，每个帖子平均约有 4.0 个表情符号。所有帖子共有 260 条评论，每个帖子平均约 2.7 条。

最后两组在编码期间的发帖数量明显不多。正如前面所说，社区花园网站只是一个脸书页面，而不是一个公共组织实体，这意味着只有管理员才可以发布与花园进度相关的帖子，但有 488 个粉丝。在我们编码期间，该网站共发帖 37 个，其中只有两个与非本地内容相关，并且是分享的。整体而言，该页面的帖子共收获 141 个喜欢、8 个爱、1 个哇、1 个哈哈和 3 个分享。除去分享，每个帖子平均有 4.1 个表情符号。所有帖子共有 15 条评论，每个帖子平均约 0.4 条。该网站的帖子主要是更新每周园艺会议，并附有花园和打理者的照片。照片总数为 98 张，每个帖子平均约 2.6 张。

编码期间发帖数量最少的是另一个减废组织（简称减废 2 组）。该组织也是一个公共组织，共有 82 名成员。在我们编码期间，该组织共发帖 34 个，这些帖子由 8 人发布，均为女性。13 个与本地内容相关，21 个与非本地内容相关。与非本地内容帖子数量较多相对应的是，23 个帖子分享自脸书其他主页或新闻网站，原创帖子 11 个。在 13 个本地内容帖子中，只有两个分享自其他组织或网站。整体而言，该组织的帖子共收获 89 个喜欢、7 个爱、2 个生气和 1 个难过，每个帖子平均约 2.9 个表情符号。所有帖子共有 20 条评论，每个帖子平均约 0.6 条。

编码结果中最显著的发现之一是参与这些组织的多为女性：在所有组织中（不包括社区花园页面），89.2% 的发帖人是女性。需要指出的是，这不是所有组织收获的所有评论中共现的特征。显然，如果没有更详细地了解这些组织的性别构成，我们就很难进行进一步的讨论。很多特征都可以用来解释评论的性别分布：本书重点关注的是家庭领域的日常可持续；女性更亲近自然、更具有节约和无私的倾向、更愿意参与此类组织的社交活动。然而，女性与可持续之间的关系错综复杂，我们在归纳性别和可持续之间关系时应该审慎，需要兼顾地点、身份等特定背景因素（Meinzen-Dick et al., 2014）。在该方面，梅因森·迪克等人（Meinzen-Dick et al., 2014: 47）的研究结论是，性别对于可持续确实非常重要，"但这并不意味着女性（或男性）天生就更节约资源；相反，我们在考察男女性别时需要综合考虑很多因素，如他们无形的、内在的动机，以及他们的物质条件和手段"。尽管如此，本节考察的四个组织的脸书网站，均有一个显著的特征，即性别倾向明显，虽然这一事实并未引起人们的关注。

编码数据也显示了这些可持续组织对地方事件、新闻和实践的关注程度。绿色交换组织的大多数帖子关注的是本地的工作，而社区花园页面几乎只关注花园的工作。数据还显示，虽然会相互分享一些本地内容帖子，但这些组织的本地内容帖子，主要是原创的，关涉特定组织的活动和关注事项。鉴于这些组织均是本地的，这种对本地内容的关注并不奇怪。尽管不同组织具体关注的本地内容存在差异，但似乎都涉及不同的可持续主题：两个减废组织的非本地内容帖子百分比更高，减废 2 组发布的非本地内容帖子多于本地内容。这突出了一个差异，即改善可持续问题——尤其是减少浪费——更具有公民和政治取向，而粮食生产问题则被更积极地视为个人和社区的使命。总体而言，这些组织均聚焦本地这一点表明，脸书的使用较少是外向的、离心的，而更多的是处理组织自身的关注事项。这一点可能会招来批评之声，认为这些组织的运行方式与世隔绝，只关心本地自己的可持续问题，却对与志同道合的他人建立联系或表明此类联系以及推进可持续项目不感兴趣。但是，这一编码结果也佐证了此前的观察，即脸书主要基于并用于支持既存的线下关系。

脸书网站促进和表达公众参与的程度，体现在表情符号的使用和评论的发布之中。在 4 个脸书网站中，每个帖子表情符号的平均数量相对一致：从社区花园网站的 4.1 个，到减废 2 组的 2.9 个。要评估这些表情符号的数量并非易事，主要原因在于其使用频率不高，但同时，我们也需要兼顾帖子的内容类型，如信息的传播；更多个人对组织实践价值的评论；对组织中其他成员的支持，如表达赞赏、钦佩和感激之情。在考察每个帖子的平均评论数时，我们发现组织之间的差异更大。就发帖较多的两个组织而言，他们每个帖子的平均评论数量也更高（绿色交换组织为 2.6 条评论，减废 1 组为 2.7 条）。其他两组则要低得多（社区花园为 0.4 条评论，减废 2 组为 0.6 条）。帖子数量和评论数量之间的相关性，有望成为衡量组织活动的标准。值得注意的是，脸书主页和公共组织的不同身份，派生网站用户不同的参与类型：社区花园是唯一的页面网站，每个帖子吸引的表情符号平均数最高，但评论数最低——只有 1 人留下了文字信息。其主页的醒目图片主要是展示花园工作坊每周的成果，这或许可以解释表情符号为什么比文字问讯或感言更多。

编码数据既表明了每个组织的活跃程度，也表明了相关脸书网站发帖者的类型范围，同时也说明了其他成员回帖的比率和特征。然而，我们也需要对脸书网站进行更为细致的阅读，据此评估主题类型和话语方式，以进一步解读这些数据。例如，这些网站是如何表征可持续的？在脸书发布的信息中，表达了何种个人身份和关系？此外，这种定性阅读需要就本章开头提出的问题，去评估脸书网站的主题和话语。例如，脸书网站是否明确表达了生态的、"自我实现"

的公民身份？如果是，又是如何表达的？我们能否将这些地方可持续组织的帖子归类为某种"行动主义"？"地方社区"是如何通过脸书网站进行构建和描绘的？

这4个组织有各种各样的帖子，首先值得我们关注的正是这种多样性：在4个脸书网站中，"可持续"内容并不单一，而是囊括一系列主题，从平凡、日常的通告，一直到对全球环境问题的评论。同时，表达方式也呈现多样化，从条理清晰的通告类信息，一直到个人幸福和快乐的感叹。如此，可持续既呈现为"个人"问题，也呈现为"政治"问题。更特别的是，围绕这些问题的正是一种聚合的社会形态，即志同道合之士因共同的价值观和友谊联系在一起。虽然相关网站关注的是家庭日常生活和当地社区，但其背后更广阔的生态和政治背景，直接或间接地讲述着可持续话语和实践。

脸书网站的另一个显著特点是对可持续实践和产品的视觉呈现或相关视觉盛宴。帖子展示的通常是具有代表性的图片，如农产品的图片，这些农产品或者是绿色交换组织的成员自己种植的，或者是来自社区花园的馈赠；当然也有来自车间的图片，如减废1组的蜂蜡包或布袋；另外还有人们在社区花园工作的照片或参加"堆肥制作或枝条修剪"工作坊的照片。从这个意义上说，脸书网站是组织活动的视觉记录，为组织成员提供了一种表达支持的渠道，也是向潜在成员宣传组织的一种手段。在充斥着"自拍"和其他自我宣传形式的社交媒体世界中，这种视觉记录虽然不那么引人注目，但也表明了为屏幕文化创建图像以说明可持续具体形态的重要性。显然，不管是对政客和名人，还是对其他寻求公共存在感的人来说，可视化管理（Thompson，1995）都是一个愈发必要的手段。

这4个组织的很多帖子，或发布即将举行会议这种简单信息，或分享出席和参与的个人交换信息。如此，脸书网站成了一个基本的沟通渠道，以简单快捷的方式传播新闻和信息。例如，绿色交换组织在某一周中，多次发帖预告下一次会议时段中有潜在危害的阴沉天气，讨论会议是否会继续进行。相关帖子不仅会提供单个组织活动的信息，而且会分享其他地方环保组织的事件和活动。在某些情况下，不同组织或团体共享成员资格，但在通常情况下，人们只是会传递分享请求。一些帖子还会求助他人的专业知识和资源，以获得信息和知识。

例如，某人拥有根据月球周期进行播种的专业知识，其中一条消息直接询问此人："……是时候种植甜菜和其他冬季蔬菜了吗？"绿色交换组织中的另一个人问道："我们在寻找种子——如果有人有的话……蓝莓种子、靛蓝番茄种子、玫瑰种子或黑樱桃种子。有国王种子，但先问问，以防有人有但还没送走……谢谢！"回复指出，社区花园种植了各种西红柿，可以从它们的果实中获取种子。如此，利用当地社区自产的种子，避免了可能的商业购买行为。

　　虽然大多数帖子的主题与日常和地方可持续相关，但这些组织的确也会发布一些市政或政治成分更多的帖子，披露国家和全球问题，指出需要在地方和更广阔的范围内着手打造一个更可持续的未来。这一点在两个减废组织中最为明显。减废2组网站上的一个帖子分享了一篇关于加州禁塑令的文章，并附文评论道："这是政府禁止使用一次性塑料袋的成果。新西兰'干净、绿色'的步伐迈得太慢了。"另一个帖子分享了市议会呼吁减少食物浪费的拨款申请，还有一些帖子分享了浪费最小化和创新基金的融资轮次信息。此类帖子主要是分享当地政府的举措，借此倡导采取积极的减废行动，但几乎没有帖子会直接关涉政府政策或政党的环保和可持续决策。虽然在当地的食品生产和道德消费形式方面有一个可持续的整体架构，但几乎没有帖子会直接推销"绿色产品"，除了一个例外：该帖分享了一篇文章，推广一种可以附加到钻机上的挖土工具。即使是这样，对其的评论也多是批评性的，如"很抱歉，我是一个扫兴之人，但我还是想说，它会损害您所有的微生物，尤其是蠕虫！"。虽然有些帖子确实提出了过度消费的问题，尤其是塑料的使用（海滩清理、争取让超市弃用塑料袋等），但这些帖子既没有专门进行经济批评，也没有提到以更可持续的方式重塑更广泛的经济。尽管如此，有些帖子的确表明了当地可持续经济的雏形：偶尔会有帖子寻求推动当地可持续业务的发展。在共享经济方面，绿色交换组织的表现非常突出。减废1组也多次开设"技能再培训"和"维修"工作坊。

　　这4个可持续组织的脸书帖子也表达了组织中的个人身份，尤其是参与者之间的关系。虽然我们可以从定期发帖者的信息来推断他们的人格和品质，但这些组织的脸书页面上，并没有个人脸书页面上的那种个人身份表达和自我宣传。这一点在社区花园的网页中表现得尤为明显：只有一个人以组织的身份发布了消息。同时，该帖子虽然提到了一些个人，并上传了他们的照片，但宣传的仍是该组织的集体工作。绿色交换组织也没有发布个人菜园或果园的照片或信息，而是整体推广或匿名展示每周例会上提供的产品。在这些组织的脸书网站上，发帖者虽然无意宣扬自己的成就和才能，但却会得到他人的认可：有人会发布信息展示通过交换获得的产品，并在感谢对方的同时，表扬该产品有多好吃；也有人发布消息展示他们用他人馈赠的产品，制作了什么样的食物。如此，不同于很多个人脸书页面的自我推销，可持续组织的脸书页面聚焦的是互联带来的互惠以及集体身份的表达。

尽管这4个地方组织的发帖内容均与可持续"相关"，但与之对应的是，他们也非常注重情感的培养。这类情感不仅可以推动可持续实践，同时也是可持续实践的产物。所有帖子都有一个非常显著的特点，那就是表达正面的支持和鼓励。从帖子中可以明显看出组织成员之间真正的友谊：绿色交换组织最受欢迎的帖子之一推介的是"百乐餐和大合唱"的社交聚会，该帖子共收获了25个喜欢和24条评论。减废1组的一名成员晒出了家人去海滩捡拾垃圾的照片，该帖子引发了网友的诸多评论，如："善行团队，××××！""干得好！""哇！惊人！好样的！看到海上这些东西，真的让人很难过。随着强风的吹拂，真相被冲上了海岸。海龟和我们海洋中的所有其他生物都会非常感谢你们的帮助，真是太棒了。"然而，这些组织的社交性，几乎都与组织自身的可持续行动相关。帖子中充斥着对活动价值和乐趣的评论，或对他人发出的赞赏和钦佩的感叹之声。社区花园页面在几周中引发了诸多此类评论，如"多么惊人的收获！""看起来棒极了，××××""人间天堂，周一早上我最爱去的地方"等等。当然，这些评论和表情符号的使用远不止那种寒暄式的交际，而是可以表达支持、缔造团结。表情符号的使用尤其是一种认可帖子影响力的普遍方式。当然，每个发帖者都可以看到谁点赞了他们的帖子，这对组织网络的进一步壮大很有帮助。

然而，地方可持续组织的情感表达不仅仅局限于表达友谊和钦佩的评论。显然，培养可持续主体性或"生态惯习"（Haluza-DeLay，2008），尤其是面对占主导地位的消费资本主义，需要相当大的、持久的动力和努力。顺理成章的是，这些组织的帖子的另外一个特色是劝勉和命令采取行动（无论表达得多么礼貌和正面）。有很多帖子敦促人们签署请愿书并提交意见书，引导地方及个人进行"恰当的"可持续实践和消费活动。从这个意义上说，脸书网站促进了地方环保网络的建立，这对于生态惯习的常规化、"如何在此地生活得更好的实用逻辑"[①] 的发展来说不可或缺。4 个组织的大多数帖子和评论，强调的都是可持续生活的乐趣和积极特征。事实上，尽管有人发帖求助他人的专业知识，或询问当地的资源和设施信息，但并没有多少帖子或评论，抱怨实施可持续生活的困难。不过，有一篇帖子的确分享了一则题为"海洋塑料垃圾让你失望了？打破消极偏见：成为问题爱好者"的新闻报道，标题旁还随附了一条评论："保持积极，尽你所能"。在这些组织的所有帖子中，几乎没有任何辩论、分歧或冲突的表达。唯一的例外发生在绿色交换组织的一次例会中：因为有人在给他人提供的产品中使用了塑料盆，他们就此讨论是否应该禁止所有的塑料制品。该组织随后发布的无塑化声明，遭到了一个人的反对："我不同意——我们采取的每一项行动都必须有所帮助……我相信这是为了提高意识，并鼓励使用替代品，而不是制定一个 100% 严苛和快速的绿色交换法规！只是说……"该评论的一个跟帖是无塑化申明发布者的回应："是的，很公平……我只是认为是时候就花盆问题表明立场了，每周都有数百万只花盆被丢弃。"

对地方可持续组织发帖范围和内容的探讨，促使我们进一步评估他们在多大程度上体现了本章前面概述的"实现生态公民"身份，他们是否是亚行动主义的表现，脸书活动又是如何构成地方社区的。显然，这些地方可持续组织的社交媒体文本，充分体现了我们前面概述的迈向更文明、更个性化的公民身份表达。人们自行选择参与可持续，而不是像我们在更传统的、"尽职尽责"的公民身份活动的概念化中所看到的那样，通过成为某个环保组织的正式会员，而这类环保组织往往是针对特定的政治和市政机构，策略性地、连贯性地参与政治活动和竞选工作。虽然这些地方可持续组织的主题一致，但因为对不同的、更具创造性的公民身份表达形式持开放态度，所以代表着如何"实现公民身份"。换言之，个人可以追求自己的兴趣，以非正式的网络互联方式与他人展开合作，从而自由发展他们的自我实现。不过，正如班尼特及其同事（Bennett et al., 2010: 398）指出的那样，市政行动和传播的尽职尽责和实现公民身份的风格并不相互排斥。地方可持续组织，尤其是两个减废组织，确确实实鼓励人

[①] 参见第一章，哈鲁匝 - 德莱（Haluza-DeLay, 2008: 213）提出的实用逻辑之说。——译者注

们签署请愿书，并就政府计划和环保运动提交意见书。其中有个帖子鼓励个人就奥克兰市议会零浪费计划提交意见书，并评论道："太重要了！只需要2分钟就可以提交……"另一个帖子分享了新西兰的无吸管活动，并评论道："请支持这项倡议，确保咖啡馆、餐馆、酒吧和其他食品供应场所不再使用吸管。每一次关于'我们为什么不需要吸管'的对话都很有帮助。"正如这两条评论所强调的那样，实现公民身份的领域并不会促进完全自主身份的形成，但作为实现公民身份的一种形式，必然会关涉对行为和行动的约束和训练。

这4个地方可持续组织的共同之处是，他们都意识到日常生活实践对环境的影响，并希望减少个人和当地社区的生态足迹。如此，他们的确实现了生态公民身份，这一点与多布森对该概念的解读如出一辙。多布森虽然认为生态足迹并不受空间邻近性的限制，并指出个人行为与全球环境后果相关，但他同时强调，基于与环境的物质和代谢关系，我们在居住地如何生活同样具有生态意义。因此，多布森对生态公民的描述，有力地反驳了一种指控，即对可持续个人行动的考虑往好了说是无关紧要的，往坏了说是偏离了亟须进行的政治、经济和社会的结构性变革。在这4个组织的脸书网站上，有大量帖子推广减少消耗和塑料的使用、回收或修补衣服和其他家居用品、增加家庭和当地产品的数量。例如，有一个帖子分享了一段关于塑料回收机的视频，并评论道："我们需要一位本地工程师或能人来制作一台……想象一下，作为一个社区，我们可以创造出多么酷炫的东西！"这些帖子不仅具有雄心壮志，而且还会着手宣传相关组织开设的工作坊，介绍当地社区通过这些工作坊开展的一些实际工作。例如，一个减废组织开设了"修理咖啡馆"，并发帖宣传"修理咖啡馆，马上行动起来……带上损坏的零碎……。修理自行车、珠宝、仪表、电器，磨刀，织补，缝纫。修修补补，不要扔掉！！！"。

很明显，地方可持续组织发布的很多帖子都与网站成员和贡献者的日常生活有关，尽管如前所述，这些帖子是日常生活的特殊呈现，因而不同于我们熟悉的那种个人的脸书帖子。显然，这些组织在脸书网站上的帖子和评论，打破了私人和公共领域的壁垒，交错混合了多种信息形式，从个人笑话和社交聚会，一直到参与市议会的政策规划。然而，绝大多数帖子和评论都表现了当地社区背景下的日常生活。这里呈现的日常生活并不是一种"内向性"的个人主义。

尽管如前所述，有一些帖子展示了他人馈赠的花束，呈现了用共享产品烹制的饭菜，但除了偶尔会有帖子解释为什么有人无法参加未来几周的会议，大多数帖子并未突出人们的家园和个人的生活环境。相反，它们对日常生活的传播侧重于可持续生活的动机、乐趣和活动，而不是与他人的互动。如此，这些帖子和评论都与可持续生活方式的养成和实践相关。这种生活方式虽然没有明确的传统政治身份，但同样受到伦理和政治价值观的强烈影响，因此，似乎确实体现了本章前面所述的亚行动主义思想：

> ……一种在主体经历的层面上展开，并湮没在日常生活中的政治。它是由小规模的，往往是个人的决定和行动而构成的，这些决定和行动具有政治或道德参照框架（或两种框架兼而有之），但我们很难用衡量政治参与的传统工具对其加以描述。亚行动主义是公共政治舞台在私人和个人世界中的折射。（Bakardjieva, 2009: 92）

重要的是，亚行动主义之所以成为可能，根本原因在于互联网和社交媒体的传播模式，这种传播模式更为精确地允许个人真实地表达其社会世界，而个人的社会世界并没有严格区分公共领域和私人领域，相反，其构成是通过诸多主体之间错综复杂的融合，如亲密朋友、熟人、家庭成员和亲属、同事、当地身份、文化和专业团体、名人、政客和政党、国家层面、国际社会等等。如此，"在亲密、高度抽象和匿名之间出现了大量的中间状态，而不是由绝对界线划分出的、两种截然不同领域的二元对立"。显然，正是在线和社交媒体在"帮助个人穿越这种连续体去接触社会，而接触的内容、强度和亲密度都处于无限的变化之中"（Bakardjieva, 2009: 97）。

最后，我们需要考察地方可持续组织的活动和帖子是如何参与当地社区生活的，相关组织又是如何通过线下和线上活动来表征当地社区的。作为社区的一部分，地方可持续组织累积起来表征出所在地公民生活的一个不容忽视的特征。他们与社区的其他部门合作，如当地的学校和农贸市场，特别是当地企业，敦促商店不再使用塑料袋。这些组织是建立地方可持续网络的一个重要组成部分，反过来又会促进传播渠道的进一步发展。例如，绿色交换组织的一个帖子写道："嗨，大家好，这里有些人为打理好花园，在使用或浏览……。我成立了一个小组，帮助支持那些有兴趣主持或者已经在主持的人。"此处分析的地方可持续组织确实具有福诺和格拉齐亚诺（Forno and Graziano, 2014: 143–144）早前概述的可持续社区运动团体的特征：批评传统消费主义，支持地方手工艺者，关注市场和交换关系的社会性质，且有助于"分散式的相互团结"。也就是说，与很多地方环保组织一样，地方可持续组织主要还是处于提高人们的气候变化意识和实施小规模行动的阶段，如杜绝塑料袋的使用，尽管减废 2 组已经就当地回收中心的管理问题，与奥克兰市议会进行了交涉。

值得注意的是，在地方可持续组织的帖子和评论中，主要是对当地社区的正面表征，而没有涉及冲突或分裂。这些组织虽然付出了相当大的努力，去引导当地社区走向更可持续的生活，但没有任何帖子参与或表明他们与当地社区的其他利益集团或利益攸关方的"拉锯"行动，最多是笼统抱怨"那种人"乱扔垃圾，造成塑料污染，特别是在海滩上和水道沿线旁。正如本章前面所述，"社区"这一概念可能因抵制差异、传播统一和特权的方式，而招致了批评之声。除了对参与的性别化进行编码外，我们很难从脸书帖子中，判断出组织内部的同质性。在脸书网站上，对地方可持续组织和更广泛的地方社区的正面建构，很可能源于可持续的良好社会内涵。如果对可持续的呈现，尚未表现出对现有社区组织和经济结构的根本挑战，那么更有可能是这种社会内涵在背后发挥作用。当然，脸书帖子的情感和评论对当地社区活动的影响，可以用独特的、正面的方式加以投射，这无疑有利于可持续事业，尤其是考虑到其他很多对环保主义的表征往往是以负面的方式，包括拒绝和否认日常消费生活的乐趣。本节分析的脸书帖子和评论，均将可持续日常生活描绘成一个愉快的社交场所，因而做了不少实质性的工作。尽管如此，如前所述，我们还必须考察脸书在多大程度上深化了既存的线下关系。作为一种社交媒体形式，脸书还不太擅长促进与陌生人的接触。从这个意义上说，脸书表面上丰富的"社会性"，在创造广泛而深刻的可持续未来这一终极任务中，力量可能仍然有限。

六、本章小结

本章探讨了地方可持续组织如何利用社交媒体（特别是脸书）来帮助打造组织身份，促进和推广这些组织的线下活动。与前几章相比，本章的意义在于，我们在此看到了公众如何借助社交媒体，在可持续日常生活中行使主体权。本章首先考察了生态足迹和日常生活领域，据此梳理对生态公民的解读。在讨论地方可持续组织行动主义的非传统本质时，本章强调平凡的重要性，并援引亚行动主义的概念，解释了公众取向、政治观点和实践影响日常个人实践及关系的多种方式，而这种日常个人实践及关系，反过来又更加明显地影响了公众取向、政治观点和实践。本章随后探讨了"地方"和"社区"这两个概念，将它们复杂的构成拆解为具体的物理空间、社会关系和介导性网站。我们发现，地方和社区通常负载积极的内涵，这一点对可持续来说不可或缺，主要原因在于可持续需要与他人进行接触，并需要强化地方的生产、分销和消费环境。尽管如此，它们也会被视为防御性和孤立的实体，抵制着差异和其他。

据此，本章讨论了社交媒体的定义性特征，指出它如何使个人和群体身份的多种表达得以实现。本章认为，这种"使能"主要源于社交媒体和其他形式的大众媒体之间的区别：前者是一种表象媒体，而后者是一种表征媒体。本章随后对脸书进行了详细的探讨：其作为公司的实体性质；其作为全球知名媒体的传播方式；其互联特征；其如何促进自反式的身份建构，即通过与他人的接触。

本章的案例分析，聚焦4个地方可持续组织使用脸书的情况。我们首先对脸书使用中的若干不同类别进行了编码，包括帖子总数、发帖人数、发帖者的性别、帖子是否涉及当地可持续问题、帖子是原创还是分享、帖子中表情符号的类型和数量、评论的数量等。基于此，我们梳理了4个组织之间的差异。总体而言，女性是这些组织的积极参与者；这些组织在很大程度上关注的是自身的活动和当地社区，而较少关注国家和全球可持续问题。我们接着对4个组织的帖子进行了定性阅读，并发现了一些共同的特征，包括视觉记录组织活动的重要性，脸书在成员之间发挥着简单传播渠道的作用，即允许人们使用和传播组织成员所拥有的、不同类型的专业知识。我们也发现，不同于个人脸书页面上常见的自我宣传，地方可持续组织的帖子侧重于表达组织身份，突出具现于成员关系中的互惠互利。如此，从这些帖子中，我们可以明显看出，地方可持续组织的脸书网站不仅关注可持续"内容"，而且至关重要的是，它们建构情感上的鼓励并表达支持，可以说，本章所析网站中几乎没有出现冲突或分歧。最后，这些帖子的内容充分体现了先前概述的生态公民和亚行动主义的概念。

参考文献

Adams, Paul C., and Astrid Gynnild. 2013. "Environmental Messages in Online Media: The Role of Place." *Environmental Communication: A Journal of Nature and Culture* 7 (1): 113–130.

Axon, Stephen. 2017. "'Keeping the Ball Rolling': Addressing the Enablers of, and Barriers to, Sustainable Lifestyles." *Journal of Environmental Psychology* 52: 11–25.

Bakardjieva, Maria. 2009. "Subactivism: Lifeworld and Politics in the Age of the Internet." *The Information Society* 25 (2): 91–104.

Beck, Ulrich. 1997. *The Reinvention of Politics: Rethinking Modernity in the Global Social Order*. Translated by Mark Ritter. Cambridge: Polity.

Beck, Ulrich, and Elizabeth Beck-Gernsheim. 2002. *Individualization: Institutionalized Individualism and Its Social and Political Consequences*. Translated by P. Camiller. London: Sage.

Bennett, W. Lance, Chris Wells, and Allison Rank. 2009. "Young Citizens and Civic Learning: Two Paradigms of Citizenship in the Digital Age." *Citizenship Studies* 13 (2): 105–120.

Bennett, W. Lance, Chris Wells, and Deen Freelon. 2011. "Communicating Civic Engagement: Contrasting Models of Citizenship in the Youth Web Sphere." *Journal of Communication* 61: 835–856.

Bennett, W. Lance, Deen Freelon, and Chris Wells. 2010. "Changing Citizen Identity and the Rise of a Participatory Media Culture." In *Handbook of Research on Civic Engagement in Youth*, edited by L.R. Sherrod, C.A. Flanagan, and J. Torney-Purta, 393–423. New York: Routledge.

Brodie, Janine. 2000. "Imagining Democratic Urban Citizenship." In *Democracy, Citizenship and the Global City*, edited by Engin F. Isin, 110–128. London: Routledge.

Christensen, Henrik Serup. 2011. "Political Activities on the Internet: Slacktivism or Political Participation by Other Means?" *First Monday* 16 (2). http://uncommonculture.org/ojs/index.php/fm/article/view/3336.

Dobson, Andrew. 2003. *Citizenship and the Environment*. New York: Oxford University Press.

Elden, Stuart. 2005. "Missing the Point: Globalization, Deterritorialization and the Space of the World." *Transactions of the Institute of British Geographers* 30 (1): 8–19.

Forno, Francesca, and Paolo R. Graziano. 2014. "Sustainable Community Movement Organisations." *Journal of Consumer Culture* 14 (2): 139–157.

Georgalou, Mariza. 2017. *Discourse and Identity on Facebook*. London: Bloomsbury.

Giddens, Anthony. 1984. *The Constitution of Society: Outline of the Theory of Structuration*. Cambridge: Polity.

Giddens, Anthony. 1990. *The Consequences of Modernity*. Cambridge: Polity.

Giddens, Anthony. 1991. *Modernity and Self-Identity: Self and Society in the Late Modern Age*. Stanford: Stanford University Press.

Gummerus, Johanna, Veronica Liljander, and Reija Sihlman. 2017. "Do Ethical Social Communities Pay Off? An Exploratory Study of the Ability of Facebook Ethical Communities to Strengthen Consumers' Ethical Consumption Behavior." *Journal of Business Ethics* 144: 449–465.

Guthman, Julie. 2008. "Neoliberalism and the Making of Food Politics in California." *Geoforum* 39: 1171–1183.

Guthman, Julie. 2011. *"If They Only Knew: The Unbearable Whiteness of Alternative Food."* In *Cultivating Food Justice: Race, Class, and Sustainability*, edited by Alison Hope Alkon and Julian Agyeman, 263–281. Cambridge, MA: MIT Press.

Haenfler, Ross, Brett Johnson, and Ellis Jones. 2012. "Lifestyle Movements: Exploring the Intersection of Lifestyle and Social Movements." *Social Movement Studies* 11 (1): 1–20.

Haluza-DeLay, Randolph. 2008. "A Theory of Practice for Social Movements: Environmentalism and Ecological Habitus." *Mobilization* 13 (2): 205–218.

Hartley, John. 1999. *Uses of Television*. London: Routledge.

Hobson, Kersty. 2011. "Environmental Politics, Green Governmentality and the Possibility of a 'Creative Grammar' for Domestic Sustainable Consumption." In *Material Geographies of Household Sustainability*, edited by Ruth Lane and Andrew Gorman-Murray, 193–210. Farnham: Ashgate.

Holzer, Boris, and Mads P. Sørensen. 2003. "Rethinking Subpolitics: Beyond the 'Iron Cage' of Modern Politics?" *Theory, Culture & Society* 20 (2): 79–102.

Hudson, Wayne. 2000. "Differential Citizenship." In *Rethinking Australian Citizenship*, edited by Wayne Hudson and John Kane, 15–25. Cambridge: Cambridge University Press.

Inda, Jonathan Xavier, and Renato Rosaldo. 2002. "Introduction: A World in Motion." In *The Anthropology of Globalization: A Reader*, edited by Jonathan Xavier Inda and Renato

Rosaldo, 1–34. Malden, MA: Blackwell.

Jackson, Peter, Philip Crang, and Claire Dwyer. 2004. "Introduction: The Spaces of Transnationality." In *Transnational Spaces*, edited by Peter Jackson, Philip Crang, and Claire Dwyer, 1–23. London: Routledge.

Johnston, Josée. 2008. "The Citizen-Consumer Hybrid: Ideological Tensions and the Case of Whole Foods Market." *Theory and Society* 37 (3): 229–270.

Lester, Libby, and Brett Hutchins. 2009. "Power Games: Environmental Protest, News Media and the Internet." *Media, Culture & Society* 31 (4): 579–595.

Littler, Jo. 2009. *Radical Consumption: Shopping for Change in Contemporary Culture*. Maidenhead: Open University Press.

Luke, Timothy W. 1999. "Environmentality as Green Governmentality." In *Discourses of the Environment,* edited by Éric Darier, 121–151. Oxford: Blackwell.

Marichal, Jose. 2016. *Facebook Democracy: The Architecture of Disclosure and the Threat to Public Life*. London: Routledge.

Marshall, T. H. 1963. *Sociology at the Crossroads and Other Essays*. London: Heinemann.

Marshall, P. David. 2014. "Persona Studies: Mapping the Proliferation of the Public Self." *Journalism* 15 (2): 153–170.

Massey, Doreen. 1994. *Space, Place and Gender*. Cambridge: Polity.

Massey, Doreen. 1995. Places and Their Pasts. *History Workshop Journal* 39 (1): 182–192.

Meikle, Graham. 2016. *Social Media: Communication, Sharing and Visibility*. London: Routledge.

Meinzen-Dick, Ruth, Chiara Kovarik, and Agnes R. Quisumbing. 2014. "Gender and Sustainability." *Annual Review of Environment and Resources* 39: 29–55.

Middlemiss, Lucie. 2011. "The Power of Community: How Community-Based Organizations Stimulate Sustainable Lifestyles Among Participants." *Society & Natural Resources* 24: 1157–1173.

Miller, Toby. 2006. *Cultural Citizenship*. Philadelphia, PA: Temple University Press.

Morozov, Evgeny. 2009. "The Brave New World of Slacktivism." *Foreign Policy*, May 19.

Park, Namsu, Kerk F. Kee, and Sebastián Valenzuela. 2009. "Being Immersed in Social Networking Environment: Facebook Groups, Uses and Gratifications, and Social Outcomes." *CyberPsychology and Behavior* 12 (6): 729–733.

Parkins, Wendy, and Geoffrey Craig. 2006. *Slow Living*. Oxford: Berg.

Parkins, Wendy, and Geoffrey Craig. 2009. "Culture and the Politics of Alternative Food Networks." *Food, Culture & Society* 12 (1): 77–103.

Pickerill, Jenny. 2001. "Environmental Internet Activism in Britain." *Peace Review* 13: 365–370.

Ratto, Matt, and Megan Boler. 2014. "Introduction." In *DIY Citizenship: Critical Making and Social Media*, edited by Matt Ratto and Megan Boler, 1–22. Cambridge, MA: MIT Press.

Rutherford, Stephanie. 2007. "Green Governmentality: Insights and Opportunities in the Study of Nature's Rule." *Progress in Human Geography* 31 (3): 291–307.

Schor, Juliet B., and Craig J. Thompson, eds. 2014. *Sustainable Lifestyles and the Quest for Plenitude: Case Studies of the New Economy*. New Haven: Yale University Press.

Schudson, Michael. 1999. *The Good Citizen: A History of American Civic Life*. Cambridge, MA: Harvard University Press.

Spaargarten, Gert. 2003. "Sustainable Consumption: A Theoretical and Environmental Policy Perspective." *Society and Natural Resources* 16: 687–701.

Statista. 2018. *"Number of Monthly Active Facebook Users Worldwide as of 4th Quarter 2017 (in millions)."* https://www.statista.com/statistics/264810/number-of-monthly-active-facebook-users-worldwide/.

Thompson, John. 1995. *The Media and Modernity: A Social Theory of the Media*. Cambridge: Polity.

Tomlinson, John. 1999. *Globalization and Culture*. Cambridge: Polity.

Tönnies, Ferdinand. 1887. *Community and Society*. Translated by Charles Loomis. Mineola, NY: Dover, 2002.

Van Zoonen, Lisbet. 2005. *Entertaining the Citizen: When Politics and Popular Culture Converge*. Lanham, MD: Rowman & Littlefield.

Vegh, Sandor. 2003. "Classifying Forms of Online Activism: The Case of Cyberprotests Against the World Bank." In *Cyberactivism: Online Activism in Theory and Practice*, edited by M. McCaughey and M.D. Ayers, 71–95. New York: Routledge.

Young, Iris Marion. 1990. "The Ideal of Community and the Politics of Difference." In *Feminism / Postmodernism*, edited by L.J. Nicholson, 300–323. New York: Routledge.

第八章

结 论

本书的出发点之一是两种深刻的认识，一是我们需要通过大众媒体和社交媒体，获取更多关于气候变化的信息，二是我们需要在系统、个人和家庭层面，多管齐下应对危机。将我们的经济、社会和家庭推向更可持续的立足点这一任务，无疑是一项巨大的挑战。但这一挑战似乎并没有在政治和企业的反应以及不断变化的个人日常实践中，得到充分的体现。有些国家在短时间内从可再生资源中获取能源，有些超市决定停止供应塑料袋，类似报道可能会振奋人心，但现实情况是，我们在充分减少碳足迹的全面变革方面，做得还远远不够。这种不充分的回应，似乎也反映在关于"我们如何应对气候危机"的新闻和媒体报道中。相关报道虽然承认危机正在出现这一现实，但总体上似乎呈现出一个延续现有政治框架、价值体系和生活方式的场景。这一点很是令人沮丧，似乎很难找到任何合适的应对之策。基于此，本书着手考察可持续日常生活在媒体中的表征，以期通过一种简单的方式做出回应。本书作者希望，我们的分析可以突出实施日常可持续的重要性，提高我们进一步关注当代媒体如何呈现绿色生活方式的意识，拓展相关知识，并为我们指出如何以展示其可行性和吸引力的方式，呈现可持续日常生活。

　　本书的出发点之二是我们初步认识到媒体呈现日常可持续的复杂性，并期望绘制出可用于解读多样化文本的评估范围。显然，在既不实质性地干扰消费社会动力的同时，也要充分表明我们必须着手批判现有的生活方式，并寻求更可持续的日常生活方式这一任务上，这些新闻故事和专栏、电视节目、广告和社交媒体网站，可谓是和衷共济，虽然深度各异。这种复杂性和评价的多元性体现在生活方式的概念之中：后者常被用作消费者肤浅的速记代码，但也暗示了实质性身份形成的过程。就环保主义而言，生活方式通常被呈现为阻碍了进一步的可持续，一是因为它们与炫耀性消费相关；二是因为它们与不考虑个人实践和行为对环境造成更广泛后果的思维模式有关。本书在这方面提供的案例分析，梳理了流行媒体的表征如何生动书写了对生活方式的这种理解，但同样地，案例分析有时也突出了环境媒体文本如何正面描述新兴的日常可持续实践和主体性。从这个意义上来说，本书的研究源于一种信念，即生活方式不是环境政治无法解决的问题，而是环境政治运行的重要场所。这一声明强调的是，环境传播学者和更广泛的环境运动，需要进一步关注绿色生活方式，并了解这种生活方式构成的复杂性、在整体身份形成过程中的功能，以及在促进更高水平可持续方面的潜力。正如第一章所述，对"生活方式"这一概念，学界有着不同的理论解读，但主流的解释坚持将其视为消费资本主义的必然结果。生活方式也经常被呈现为个人的实践，我们则在整本书中，展示并讨论了生活方式存在的"问题"，以及它们是如何体现在集体、社会组织和相关运动中的。

在前面的章节中，我们已经看到了不同形式的媒体如何表征可持续日常生活，了解到每种媒体的传播特性如何影响主体的呈现和意义。不过首先，我们很容易发现，可持续日常生活得以公开表征这一点本身就很重要。面临生态困境的北极熊和喷射浓烟的烟囱这类成规图像，可能形象化地展示了气候变化，并在公众意识中留下了深刻的印象，但除了象征性的回收实践之外，呼吁对可持续日常生活进行全面的表征，基本是难上加难。本书所考察的可持续日常生活的图像和叙事，为此类存在提供了外在的形状和实质的内容，也让对未来行为变化的投射和常态化过程成为可能。当然，此类投射和常态化也可能存在问题：第四章中的子午线广告尽管非常诙谐，但它直接表明，我们可以在不离开沙发的情况下帮助拯救世界。同样地，我们在第六章《休的反浪费战争》中看到，该节目的大部分内容是向普通人展示日常可持续的样子——减少浪费、强化当地社区网络、减少消费等等。

前几章的分析例证了一个事实，即对可持续日常生活的理解，在很大程度上塑形于传播这一主题的媒体。对可持续日常生活的呈现，通常出现在生活方式媒体领域，这一位置影响着它的表征和公众的接受。绿色生活方式被定位为生活方式的子项或独特的表达，并被架构为家庭的、消费导向的实践和经历。

它的政治潜力和效度，也往往被包含在这种通用架构之中，尽管它作为一种不同生活方式的新颖性，提供了质疑传统生活方式媒体所传播的实践和价值观的可能性。在第三章中，我们通过周末彩色增刊中的呈现，看到了对绿色生活方式的分割。作为一种实体文本，增刊独立于报纸的其他部分，因此提供了一个突出的例子，说明新闻业是如何区分公共领域和私人领域关注点的，这无疑妨碍了对"每个领域如何相互影响"的可能审查。但第三章中的另一项分析，不仅表明了主流环境新闻报道越来越认识到气候变化的科学和政治必然会影响公众的日常行为，而且突出了它们在多大程度上考虑了如何对个人的日常生活产生影响。这项分析还表明，平面媒体的政治取向影响着环保生活方式的报道，保守派报纸的报道数量最多，但也最为负面。这种架构凸显了几点：一是经济持续增长的需求；二是政府在实施环保措施方面的低效；三是公众关注绿色生活方式的短暂性；四是可持续生活方式追求者的不一致或虚伪。如此，这种架构同时也鲜明标志了主流媒体端口对促进环境变化的抵制。

　　第二章讨论了生活方式媒体的商业基础。在此类媒体中，文本内容和随附广告密切相关。作为一种流行的媒体形式，生活方式媒体不仅收获了大量能够吸引广告商的受众，而且收获了重视生活方式、有经济能力来拥有这些生活方式的特定受众，而绿色生活方式媒体就是其中之一。在前面的很多章节中，我们已经看到，绿色生活方式媒体对可持续的呈现，兼顾了消费过程、拥有的物质对象和技术——无论其环保方面有多"完美"。相比之下，很少有真正"替代性"的生活方式表征，在努力拒绝现代生活的传统商品陷阱——如《宏大设计》中"樵夫小屋"的主角本·劳，"再生木结构住宅"中的埃德和罗维纳。前面的讨论还指出，对绿色生活方式媒体的批评之声，应该是深受两点的影响：一是我们必然会接触物质文化；二是在可持续日常生活中必然会使用商品。第四章对绿色广告的研究，强调了绿色生活方式媒体的商业基础。在此类媒体中，观众和读者均被明确地视为消费者。然而，该章中的两个案例研究——新西兰能源电视广告和家庭可持续杂志广告——揭示了截然不同的可持续日常生活的表征形式，如此提醒了我们，即使是同一种媒体形式，对可持续的话语处理方式也往往大相径庭。能源公司的电视广告采用幽默和讽刺的方式，直接挑战关于环保主义的刻板印象，而家庭可持续杂志的广告则描绘了日常可持续的科学和技术细节。这种对比形象地说明,在公开呈现可持续生活方式及其"意味着什么"的话语争论中,媒体表征发挥着举足轻重的作用。

重要的是,媒体叙事也塑造了可持续日常生活的意义。从根本上说,可持续是一种历时且不确定的现象,因此有必要通过人们的自我讲述、他们的实践和关系,以及他们不断发展的成功和失败的故事,赋予可持续生活一定的实质和价值。我们在第五章《宏大设计》生态建筑剧集的案例研究中看到,个人和家庭的各种生活故事专题,生动刻画了影响可持续建筑工程的哲学和技术。这一点不仅体现在单个剧集的时间设定中,而且体现在《宏大设计》的所有"重访"剧集中。当然,这种剧集编排部分是因为制作的要求,即实惠、轻松地制作"新的"剧集,但它们也有利于个人生活故事的持续讲述。正如我们在"樵夫小屋"追踪本·劳的剧集中所看到的那样,他早期的独处,让位于对其新家庭的特写,以及他介绍的森林可持续之旅,在那里,他可以分享知识,并讲述自己的生活方式和森林管理故事。叙事也是约束和管理被表征主体的工具,这一点在《浪费!》节目的分析中体现得淋漓尽致。该节目通过环境稽核的方式,对特写家庭进行引导,并提出挑战以改变他们在剧集后续部分的行为。这种叙事结构使很多环保生活方式媒体的教育功能得以实现,其中既有明确或隐含的"自我提升"要求,也有对个人变革欲望的付诸实践和共同利益需求之间紧张关系的调节。

相关分析虽然表明了绿色生活方式媒体如何定位其所表征的主体,但也阐明了环境主体在自我表征的策略中如何使用媒体,特别是社交媒体。世界正努力应对气候危机,如此,对社区自身和更广泛的公众来说,传播可持续日常生活的特定表达形式,已成为一项日益紧迫的任务。这一点充分体现在我们对两个社交媒体的案例研究之中。第七章的地方可持续组织使用脸书,表达他们的身份和价值观。第六章的纽芬兰和拉布拉多社区的"海豹摄影"运动使用社交媒体,则是一场更明确的政治运动:反对名人艾伦·德杰尼勒斯和动物权利活动家的环保行动。"海豹摄影"运动的案例研究表明,现代环保行动主义的政治在很大程度上关涉社交媒体上的话语争论:因纽特原住民在当代能动性和文化权利的声明中,挑战式地使用了老套的图片模式。虽然德杰尼勒斯的名人品牌效应仍然主导着全球社交媒体的结构性体系,但纽芬兰和拉布拉多的公民策略性地利用了这种效应：链接德杰尼勒斯的推广策略，然后加以破坏。德杰尼勒斯自拍事件的非凡文化影响力，可能碾压了海豹摄影运动的推特传播，但在抗议动物权利倡导者的运动方面，社交媒体发挥的效能，与反海豹捕猎活动人士使用大众媒体开展运动的成功历史，形成了鲜明的对比。对地方可持续组织来说，图像是需要可视化可持续日常实践的另一种表现，如社区花园页面在其晨间板块中发布的照片。我们发现，这些图像（和随附叙事）有助于表征相关组织，并进一步激发会员的愉悦感。通过这种方式，社交媒体不仅促进了可持续的传播，而且成为现代可持续实践中不可或缺的一部分，原因很简单：从根本上来说，可持续要求建立与他人的互联网络。如此，社交媒体不仅发挥了宣传可持续的功能，而且有助于实现可持续所必需的社交属性。

对媒体以不同方式影响可持续日常生活呈现的讨论，不仅突出了在创造这类表征方面媒体角色的复杂性，而且突出了评估这种环境传播媒体角色的多元性。不过，我们可以从本书的分析中得出几个一般性结论。首先，我们可以看到，绿色生活方式的意义从根本上深受媒体表征方式的影响，这种意义的效能和价值尽管深受特定读者和观众感知取向的影响，但并不因媒体的类别而异。从倡导更大日常可持续的公认立场来看，我们可以说，在如此多样化的媒体类型和格式中，提供可持续日常生活的表征自有其价值所在。但就本书进行的具体分析而言，可持续日常生活的表征，在媒体领域中的分布仍然相对稀少。我们的感觉是，在"什么叫以可持续的方式生活、这种生活又意味着什么"的故事讲述中，我们还有很多的工作要做。其次，案例研究表明，某些媒体端口和文本的保守商业环境，加剧了这项任务的难度。从已经进行的分析中我们可以看出，在某些情况下，媒体端口的政治取向影响了对可持续日常生活的描绘，而且该主题受限于现代消费主义的既存规范。这些保守的商业环境在很大程度上限制了讲述新生活方式故事所需的那种创造性的想象力，并突出了媒体利益往往与现有政治和经济秩序的再生产保持一致的程度。再次，尽管存在上述值得注意的观察，但媒体文本的特征和媒体的传播力量，也的的确确提供了一种塑造可持续日常生活的重要手段。日常可持续不能被简单地呈现为一份清单，相反，它需要生动形象的故事、人物和背景。我们的分析表明，媒体有时可以有效表征可持续日常生活，并为人们提供表达自己可持续日常的载体。本书的目的虽不是为大众媒体和社交媒体建立一个评估框架，但我们发现，社交媒体既可以补充大众媒体文本的宣传目标，也可以提供一种更独立的表达方式，去捕捉地方可持续实践和生活方式的特别之处。虽然我们在将任何积极的政治力量归因于社交媒体时需要格外谨慎，但本书的案例研究的确表明，社交媒体提供了一种途径，供人们讲述自己的故事，并参与业已流通的媒体图像和故事。我们希望，后续研究可以进一步详细考察社交媒体与日常可持续之间的携手合作。

本书对不同形式的媒体如何表征可持续的分析，均以对可持续的特定理解为前提。我们首先强调的是，并不存在单一的、"正确的"可持续表达方式。在可持续发展的实效性、可持续更激进概念的可行性方面，一直存在很多争议，但除了这些考虑，还有一种认识：尽管存在与能源生产、减少浪费和循环经济等概念相关的传统做法，但在可持续的构成方面，并不存在一套业已定型的措施。同样，我们也注意到，可持续现状的"问题"决定了它是一个永久的过程。尽管如此，我们也观察到，可持续的重要价值之一在于其规范性地位，这一点引发了公众对如何理解和实施可持续的争论。如此，本研究强调可持续话语基础的重要性，以对比或补充对其物质表现的常规考察。可持续通过故事和图像获得意义，这种表征不仅使其成为一种存在：赋予其形状和身份，以响应特定的地理、文化和社会背景，而且使其成为一种激励他人加入必要关系的手段，这种关系有助于可持续领域的进一步传播和影响。

当代消费资本主义在很大程度上掩盖了生产、分销和消费过程之间的联系。我们在第四章中指出，广告向消费者展示明显完形的、具有自主身份的、脱离生产环境的商品。对很多人来说，垃圾处理后的相关过程通常不在其日常意识范围之内。我们注意到，媒体将世界划分为不同的社会领域，区分政治、商业和生活方式等新闻版块。新闻和媒体的这种分类，要求对作为公民和消费者的我们进行说明。相比之下，可持续致力于强调和质疑物质产品的制造和使用之间的联系。绿色生活方式媒体往往表明，平凡的日常实践具有更广泛的政治和社会影响。本研究强调可持续的网络化基础。这种网络化在《浪费！》《休的反浪费战争》之类的文本中，体现得尤为明显。可以说，对日常浪费网络的追踪，成为这些节目的重要叙事动力。这种网络化解读，不仅让我们注意到生产过程中不同阶段之间的相互联系，也让我们更广泛地去关注人类行为与特定环境之间的关系，从而挑战环境与社会之间的根本区别。对可持续的这种理解，也迫使我们思考这些网络中物质对象的功能，考察它们引导和促成其他行动和关系的方式。可持续被假定为物质和符号网络的复杂组合，具言之，它不仅仅是一个更健康、更可行的物质环境，而且是一项传播和社会工作：整合科学知识体系（特别是文化价值体系）、社会和人际关系，以及讲述其健康、可行性、斗争和乐趣的修辞方式，以生成、监测、调整可持续的不同表现。

　　本研究对可持续的关注主要落脚于日常生活层面，但也强调了可持续日常生活如何超越或不仅仅是局限于日常层面及家庭和地方社区这种共同的场所。对消费社会中家庭领域的传统描绘，将其看成是消费的有界场所，与之形成对比的是，可持续的网络化基础，将日常生活与更广阔的政治、社会和经济背景联系起来。我们在案例研究中看到了很多不同的例子：个人自行决定日常消费和生产实践，同时认识到这些实践与环境问题之间相互影响的辩证关系，显然，环境问题超越了个人实践的特殊性。在第四章中，子午线广告提醒用户，他们选择电力供应商的方式，与再生能源的国家来源密切相关。在第六章中，莫里森的客户被要求购买"品相不佳"的水果和蔬菜，以帮助供应农产品的农民，并减少浪费。这种网络化解读可持续日常生活的理论意义在于，个量分析揭示了绿色生活方式媒体呈现意义建构和权力关系的特定过程，从而助力我们洞察日常生活的政治可能性及其在社会再生产中的作用。

　　如此，在媒体、可持续和日常生活之间的关系方面，我们可以进一步得出整体的结论。首先，可持续的话语基础，派生了可持续与传播方式之间的根本性联系，换言之，传播方式决定了可持续的社会实现程度。除了显性的科学、技术和经济特征之外，我们对可持续概念的解读，还必须更充分地纳入其话语地位。也就是说，如果要满足应对气候危机的关键需求，那么除了考虑物理配置之外，我们还需要考虑产生可持续表征和意义的话语配置，并引入适当的社会关系。媒体显然是这一要求的核心，本书在这方面提供的几个案例研究只是表明，需要更频繁地实施更实质性的文本参与，以帮助我们迈向更可持续的未来。其次，我们可以认为，媒体的一个重要功能是它能够通过网络追踪，呈现可持续的互联基础。事实上，媒体往往与这种功能相悖。但我们看到，通过披露生产、分销和消费网络之间的关系，媒体的确传达了可持续的互联性；同时，通过整合物质和符号网络，环境网络得以逐步激活。这一点之所以得以实现，主要是因为可持续故事剖析了实践、对象和关系的构成性特征。尽管如此，我们也证明了执行这一功能的不仅仅是媒体的文本性，而且有名人环保倡议的社会流动性。基于行动者网络理论，我们阐述了对可持续网络化基础的解读，揭示了物质网络与符号网络共存的现象，并将其与对可持续的解读结合起来。我们认为，其他的环境传播研究将受益于本书案例分析中采用的"网络"方法。

虽然我们已经说明了日常生活与其他更广阔背景之间的网络互联关系，但对大多数人来说，日常生活仍然有一个固态场所——我们在此度过大部分人生，我们的自我意识在此产生并得以强化，我们也从中获得进入世界的能量。本书分析的文本，带领我们进入人们的家庭（有时是在建造的过程中），检查他们生产和消费的食物，并审查他们的个人行为，如废物管理。这些文本还探讨了特定个体的身份如何通过参与可持续实践而得以发展，这种参与又如何强化和挑战了关系特征。这些可持续生活方式投射于一系列（不）可持续的实践：里德兄弟在《浪费！》节目中随意乱扔垃圾，与之形成对比的是《宏大设计》中的艾德，他在"再生木结构住宅"剧集中的缓慢建筑工程，表明该主体深受可持续精神的影响。从这个意义上说，媒体呈现日常可持续的方式存在很大的差异，展示了不同生态意识和参与阶段的个体：在某些情况下，文本揭示了初步参与可持续的肤浅，如《休的反浪费战争》中的少女，被鼓励衣服不要只穿几次就扔掉；在某些方面，这些文本追踪了实质性的、常规化的可持续日常生活中发展主体性的尝试；而在有些地方，如第三章的《卫报》专栏，清楚地阐述了迈向日常可持续的困难，表明了个体将自己从现代消费主义中解脱出来的复杂性，并解释了这种追求引发焦虑和不足感的方式；又或者在其他地方，如第七章中地方可持续组织的脸书网站，则是展示和传播日常可持续愉悦和慷慨的空间。

由此可见，本研究揭示了媒体、可持续和日常生活文本生成不同类型主体性的方式。种种文本表征的各种个体，均处于生态惯习发展的不同阶段：某些人具有深刻的、"有据的"自我意识，这种意识既源自对特定地方生态的深刻认知，也源自他们与这种生态之间的具身关系；而其他人则在为渴望的主体性而努力奋斗。这些文本刻画的主体大部分都是"普通"人，但我们的研究发现，他们作为在私人领域过着日常生活的个体身份，具有更广泛的政治意义，而这种意义在对主体性的公共和私人形式的传统分类中并不明显。正如我们在生态公民身份的概念中所看到的那样，案例研究也表明，可持续日常生活中物质的、平凡的实践，也是一种具有重要公共意义的主体性表达。案例研究还说明，我们为何需要重塑对政治门槛的认知；道德和活动家的参照框架如何影响个人参与日常生活的细节；个人参与日常生活的细节又如何表达道德和活动家的参照框架。在种种叙事所表征的不同类型的主体性中，我们看到了绿色生活方式媒体是如何推动人们参与自我提升，并实施更高层面的可持续实践的。我们看到媒体专业人士——报纸专栏作家、生态真人秀电视节目主持人、名人——如何努力鼓励并引导文本参与者、读者／观众走向对环境更为友好的生活方式。我们看到，生活方式媒体如何实现新自由主义治理的形式，培养自律、有生产力和自我调节的个体，激励他们为环境福利和共同利益而采取行动。我们也看到，可持续任务本身总是需要进行不断的自我转变。

这些研究还证明了日常生活环境的重要性，特别是在认识到两种现实时：一是气候变化；二是现代消费主义对气候变化的影响愈发明显。尽管如此，这个世界仍然存在一种主导意识，即认为环境"远在天边"，因此与我们和我们的日常生活无关。我们希望，本书能在某种程度上帮助人们进一步提高"近在眼前"的环保意识：可持续与我们日常生活的空间和实践密切相关，在创造一个更可持续社会的斗争中，日常实践一定具有"积跬步以至千里"的意义。案例研究对可持续的分析，立足于个人和家庭对物质的使用，包括可持续技术、能源使用、废物处理及消费形式。如此，我们可以认为，尽管案例研究发现了种种差异，尽管此类表征的优缺点并存，但绿色生活方式媒体已经着手向公众介绍可持续是如何影响日常生活的。虽然再次对日常生活环境进行了不同的描绘，但案例研究重点考察的是西方消费者主体所在的城镇环境：《宏大设计》的生态建筑并没有发生在郊区，而《休的反浪费战争》聚焦一条普通的大曼彻斯特街道。当然，某些主体与"远在天边"的环境有着更深层次的联系。第六章中的"海豹摄影"运动有力地传达了因纽特文化如何保留与自然环境的密切接触，而这种接触已经演变为因纽特人维持生活的重要手段，以应对现代消费主义强加给他们的经济困境。

在探讨媒体、可持续和日常生活之间的关系方面，本书借鉴的是主流的社会和学术观点，以期对相关媒体文本如何表征日常绿色生活，进行相对均衡的评价。本书的主题在很多方面都非常直接，但正如我们所见，这一主题也涉及对生活方式媒体和日常生活价值的一系列深思熟虑的批评，从而进一步解读可持续传播为何是可持续实践中不可或缺的一部分。绿色生活方式媒体的表征方式必然是一种复杂而又令人担忧的现象，其再现主要是借助商业媒体的形式，而其流行则诉说着一种新兴的公众意识，即需要以更可持续的方式生活。

Abbots, Emma-Jayne. 2015. "The Intimacies of Industry: Consumer Interactions with the 'Stuff' of Celebrity Chefs." *Food, Culture & Society* 18 (2): 223–243.

Adams, Paul C., and Astrid Gynnild. 2013. "Environmental Messages in Online Media: The Role of Place." *Environmental Communication: A Journal of Nature and Culture* 7 (1): 113–130.

Agyeman, Julian. 2005. *Sustainable Communities and the Challenge of Environmental Justice.* New York: New York University Press.

Alberoni, Francesco. 1972. "The Powerless 'Elite': Theory and Sociological Research on the Phenomenon of the Stars." In *Sociology of Mass Communications*, edited by Denis McQuail, 75–98. Middlesex: Penguin.

Allon, Fiona. 2008. *Renovation Nation: Our Obsession with Home.* Sydney: UNSW Press.

Allon, Fiona. 2016. "The Household as Infrastructure: The Politics and Porosity of Dwelling in a Time of Environmental Emergency." In *The Greening of Everyday Life: Challenging Practices, Imagining Possibilities*, edited by John M. Meyer and Jens M. Kersten. Oxford: Oxford University Press.

Alperstein, Neil M. 2003. *Advertising in Everyday Life.* Cresskill, NJ: Hampton Press.

Anderson, Alison. 2013. "'Together We Can Save the Arctic': Celebrity Advocacy and the Rio Earth Summit 2012." *Celebrity* Studies 4 (3): 339 352.

Anderson, Benedict. 1991. *Imagined Communities: Reflections on the Origin and Spread of Nationalism.* Revised edition. London: Routledge.

Anderson-Minshall, Diane. 2017. "The Power of Pop Culture: Ellen DeGeneres Changed

Everything, but She Didn't Do It Alone." *Advocate*, June 1.

Axon, Stephen. 2017. "'Keeping the Ball Rolling': Addressing the Enablers of, and Barriers to, Sustainable Lifestyles." *Journal of Environmental Psychology* 52: 11–25.

Bakardjieva, Maria. 2009. "Subactivism: Lifeworld and Politics in the Age of the Internet." *The Information Society* 25 (2): 91–104.

Ball, David P. 2014. "Inuit Flood Twitter with 'Sealfies' After Ellen DeGeneres Selfie Funds Hunt Haters." *Indian Country Today*, March 31. https://indiancountrymedianetwork.com/news/first-nations/inuit-flood-twitter-withsealfies-after-ellen-degeneres-selfie-funds-hunt-haters/.

Banerjee, Subhabrata Bobby. 2003. "Who Sustains Whose Development? Sustainable Development and the Reinvention of Nature." *Organization Studies* 24 (1): 143–180.

Banerjee, Subhabrata, Charles S. Gulas, and Easwar Iyer. 1995. "Shades of Green: A Multidimensional Analysis of Environmental Advertising." *Journal of Advertising* 24 (2): 21–31.

Barnett, Clive, Paul Cloke, Nick Clarke, and Alice Malpass. 2005. "Consuming Ethics: Articulating the Subjects and Spaces of Ethical Consumption." *Antipode* 37 (1): 23–45.

Barry, John. 1996. "Sustainability, Political Judgement and Citizenship: Connecting Green Politics and Democracy." In *Democracy and Green Political Thought: Sustainability, Rights and Citizenship*, edited by Brian Doherty and Marius de Geus, 115–131. London: Routledge.

Bauman, Zygmunt. 2007. *Consuming Life*. Cambridge: Polity.

Bawden, Tom. 2014. "Not Just Climate Change—Change to Life as We Know It, UN Report Shows." *The Independent*, March 18.

Beck, Ulrich. 1992. *Risk Society: Towards a New Modernity*. London: Sage.

Beck, Ulrich. 1995. *Ecological Politics in an Age of Risk*. Cambridge: Polity.

Beck, Ulrich. 1997. *The Reinvention of Politics: Rethinking Modernity in the Global Social Order*. Translated by Mark Ritter. Cambridge: Polity.

Beck, Ulrich, and Elizabeth Beck-Gernsheim. 2002. *Individualization: Institutionalized Individualism and Its Social and Political Consequences*. Translated by P. Camiller. London: Sage.

Bell, David, and Joanne Hollows. 2005. "Making Sense of Ordinary Lifestyles." In *Ordinary Lifestyles: Popular Media, Consumption and Taste*, edited by David Bell and Joanne Hollows, 1–18. Maidenhead: Open University Press.

Bell, David, and Joanne Hollows. 2011. "From *River Cottage* to *Chicken Run*: Hugh Fearnley-Whittingstall and the Class Politics of Ethical Consumption." *Celebrity Studies* 2 (2): 178–191.

Bell, David, Joanne Hollows, and Steven Jones. 2017. "Campaigning Culinary Documentaries and the Responsibilization of Food Crises." *Geoforum* 84: 179–187.

Bennett, W. Lance, Chris Wells, and Allison Rank. 2009. "Young Citizens and Civic Learning: Two Paradigms of Citizenship in the Digital Age." *Citizenship Studies* 13 (2): 105–120.

Bennett, W. Lance, Chris Wells, and Deen Freelon. 2011. "Communicating Civic Engagement: Contrasting Models of Citizenship in the Youth Web Sphere." *Journal of Communication* 61: 835–856.

Bennett, W. Lance, Deen Freelon, and Chris Wells. 2010. "Changing Citizen Identity and the Rise of a Participatory Media Culture." In *Handbook of Research on Civic Engagement in Youth*, edited by L. R. Sherrod, C. A. Flanagan, and J. Torney-Purta, 393–423. New York: Routledge.

Binkley, Sam, and Jo Littler. 2011. "Introduction: Cultural Studies and Anticonsumerism: A Critical Encounter." In *Cultural Studies and Anti-consumerism*: *A Critical Encounter*, edited by Sam Binkley and Jo Littler, 1–12. London: Routledge.

Boggan, Steve. 2013. "Waste Not, Want Not: Britain Has Become Nation of Recyclers—But Is It Making a Difference?" *The Independent*, May 11. http://www.independent.co.uk/environment/green-living/waste-not-want-not-britainhas-become-a-nation-of-recyclers–but-is-it-making-a-difference-8607804.html.

Bonner, Frances. 2003. *Ordinary Television: Analyzing Popular TV*. London: Sage.

Bonner, Frances. 2005. "Whose Lifestyle Is It Anyway?" In *Ordinary Lifestyles: Popular Media, Consumption and Taste*, edited by David Bell and Joanne Hollows, 35–46. Maidenhead: Open University Press.

Boorstin, Daniel. 1961. *The Image*. Harmondsworth: Pelican.

Bourdieu, Pierre. 1984. *Distinction: A Social Critique of the Judgement of Taste.* Translated by Richard Nice. London: Routledge.

Bourdieu, Pierre. 1990. *The Logic of Practice*. Translated by Richard Nice. Cambridge: Polity Press.

Bourdieu, Pierre. 2002. "Habitus." In *Habitus: A Sense of Place*, edited by Jean Hillier and

Emma Rooksby, 27–36. Aldershot: Ashgate.

Boykoff, Maxwell T., and Michael K. Goodman. 2009. "Conspicuous Redemption? Reflections on the Promises and Perils of the 'Celebritization' of Climate Change." *Geoforum* 40: 395–406.

Boykoff, Maxwell T., and Shawn K. Olson. 2013. "'Wise Contrarians': A Keystone Species in Contemporary Climate Science, Politics and Policy." *Celebrity Studies* 4 (3): 276–291.

Bratich, Jack Z. 2006. "Nothing Is Left Alone for Too Long: Reality Programming and Control Society Subjects." *Journal of Communication Inquiry* 30: 65–83.

Bratich, Jack Z. 2007. "Programming Reality: Control Societies, New Subjects and the Powers of Transformation." In *Makeover Television: Realities Remodelled*, edited by D. Heller, 6–22. London: I.B. Tauris.

Brett, Nicholas, and Tim Holmes. 2008. "Supplements." In *Pulling Newspapers Apart: Analysing Print Journalism*, edited by Bob Franklin, 198–205. London: Routledge.

Bried, Erin. 2017. "Ellen DeGeneres' 9 Secrets for Living a Happier Life." *Good Housekeeping*, August 11. https://www.goodhousekeeping.com/life/entertainment/a45504/ellen-degeneres-cover-story/.

Brockington, Dan. 2009. *Celebrity and the Environment: Fame, Wealth and Power in Conservation*. London: Zed.

Brockington, Dan, and Spensor Henson. 2014. "Signifying the Public: Celebrity Advocacy and Post-democratic Politics." *International Journal of Cultural Studies* 18 (4): 431–448.

Brodie, Janine. 2000. "Imagining Democratic Urban Citizenship." In *Democracy, Citizenship and the Global City*, edited by Engin F. Isin, 110–128. London: Routledge.

Brook, Stephen. 2006. "Reuters Moves into Lifestyle Journalism." *The Guardian*, June 1. https://www.theguardian.com/media/2006/jun/01/reuters.pressandpublishing.

Brundtland, Gro Harlem. 1987. *Our Common Future: The World Commission on Environment and Development*. New York: Oxford University Press.

Bruns, Axel. 2008. "Life Beyond the Public Sphere: Towards a Networked Model for Political Deliberation." *Information Polity* 13: 65–79.

Brunsdon, Charlotte. 2003. "Lifestyling Britain: The 8–9 Slot on British Television."

International Journal of Cultural Studies 6 (1): 5–23.

Brunsdon, Charlotte, C. Johnson, R. Moseley, and H. Wheatley. 2001. "Factual Entertainment on British Television: The Midlands TV Research Group's '8–9 Project'." *European Journal of Cultural Studies* 4 (1): 29–62.

Callon, Michel. 1986. "Some Elements of a Sociology of Translation: Domestication of the Scallops and the Fishermen of St Brieuc Bay." In *Power, Action and Belief: A New Sociology of Knowledge?* edited by John Law, 196–233. London: Routledge & Kegan Paul.

Callon, Michel, and Bruno Latour. 1981. "Unscrewing the Big Leviathan: How Actors Macro-structure Reality and How Sociologists Help Them to Do So." In *Advances in Social Theory and Methodology: Toward and Integration of Micro- and Macro-sociologies*, edited by K. Knorr-Cetina and A. V. Cicourel, 277–303. Boston: Routledge & Kegan Paul.

Carfagna, Lindsey B., Emilie A. Dubois, Connon Fitzmaurice, Monique Y. Ouimette, Juliet B. Schor, and Margaret Willis. 2014. "An Emerging Ecohabitus: The Reconfiguration of High Cultural Capital Practices Among Ethical Consumers." *Journal of Consumer Culture* 14 (2): 158–178.

Carrington, Damian. 2014. "First It Was Glaciers, Now Your Coffee Faces Climate Threat." *The Guardian*, March 29.

Carvalho, Anabela, and Jean Burgess. 2005. "Cultural Circuits of Climate Change in UK Broadsheet Newspapers, 1985–2003." *Risk Analysis* 25 (6): 1457–1469.

Cavagnaro, Elena, and George Curiel. 2012. *The Three Levels of Sustainability*. Sheffield: Greenleaf.

Chaney, David. 1996. *Lifestyles*. London: Routledge.

Childs, Ben. 2014. "Canadian Inuit Post 'Sealfies' in Protest Over Ellen DeGeneres' Oscar-Night Selfie." *The Guardian*, March 28. https://www.theguardian.com/film/2014/mar/28/inuit-seal-sealfies-selfie-degeneres-oscars.

Christensen, Henrik Serup. 2011. "Political Activities on the Internet: Slacktivism or Political Participation by Other Means?" *First Monday* 16 (2). http://uncommonculture.org/ojs/index.php/fm/article/view/3336.

Commoner, Barry. 1971. *The Closing Circle: Confronting the Environmental Crisis*. London: Jonathan Cape.

Cooper, Charlie. 2011. "The Night I Ate Out ... of a Bin." *The Independent*, October 15. https://www.independent.co.uk/environment/green-living/the-night-i-ate-outof-a-bin-2370923.html.

Corbett, C. J., and R. P. Turco. 2006. "Sustainability in the Motion Picture Industry." Report prepared for the Integrated Waste Management Board of the State of California. http://personal. anderson.ucla.edu/charles.corbett/papers/mpis_report.pdf.

Corbett, Sarah. 2017. *How to Be a Craftivist: The Art of Gentle Protest*. London: Unbound.

Couldry, Nick. 2003. *Media Rituals: A Critical Approach*. London: Routledge.

Cox, Robert. 2013. *Environmental Communication and the Public Sphere*. 3rd edition. Thousand Oaks, CA: Sage.

Craig, Geoffrey. 1999. *Journalistic Visions: Media, Visualisation and Public Life*. PhD thesis, University of Wales, Cardiff.

Craig, Geoffrey. 2004. *The Media, Politics and Public Life*. Sydney: Allen & Unwin.

Cruikshank, Barbara. 1999. *The Will to Empower: Democratic Citizens and Other Subjects*. Ithaca, NY: Cornell University Press.

Cullens, Chris. 1999. "Gimme Shelter: At Home with the Millennium." *Differences* 11 (2): 204–227.

Curran, James. 2011. *Media and Democracy*. London: Routledge.

Dahl, Richard. 2010. "Green Washing: Do You Know What You're Buying?" *Environmental Health Perspectives* 118 (6): A247–A252.

Dauvergne, Peter, and Kate J. Neville. 2011. "Mindbombs of Right and Wrong: Cycles of Contention in the Activist Campaign to Stop Canada's Seal Hunt." *Environmental Politics* 20 (2): 192–209.

Davis, Aeron. 2013. *Promotional Cultures: The Rise and Spread of Advertising, Public Relations, Marketing and Branding*. Cambridge: Polity.

Davison, Aidan. 2011. A Domestic Twist on the Eco-efficiency Turn: Environmentalism, Technology, Home. In *Material Geographies of Household Sustainability*, edited by Ruth Lane and Andrew Gorman-Murray, 35–50. Farham: Ashgate.

de Certeau, Michel. 1984. *The Practice of Everyday Life*. Translated by S. Rendall. Berkeley, CA: University of California Press.

DEFRA. 2008. *A Framework for Pro-Environmental Behaviours*. London: Department for Environment, Food and Rural Affairs.

DeLuca, Kevin Michael. 1999. *Image Politics: The New Rhetoric of Environmental Activism*. New York: The Guildford Press.

Dobson, Andrew. 2003. *Citizenship and the Environment*. New York: Oxford University Press.

Douglas, Mary, and Baron Isherwood. 1978. *The World of Goods*. London: Routledge.

Dreher, Tanja, Kerry McCallum, and Lisa Waller. 2016. "Indigenous Voices and Mediatized Policy-Making in the Digital Age." *Information, Communication & Society* 19 (1): 23–39.

Dryzek, John S. 1997. *The Politics of the Earth: Environmental Discourses*. Oxford: Oxford University Press.

Eide, Martin, and Graham Knight. 1999. "Public/Private Service: Service Journalism and the Problems of Everyday Life." *European Journal of Communication* 14: 525–547.

Ekström, Mats. 2000. "Information, Storytelling and Attractions: TV Journalism in Three Modes of Communication." *Media, Culture & Society* 22: 465–492.

Elden, Stuart. 2005. "Missing the Point: Globalization, Deterritorialization and the Space of the World." *Transactions of the Institute of British Geographers* 30 (1): 8–19.

Ellen DeGeneres Launches. 2016. "Ellen DeGeneres Launches New Digital Network and Unveils First Original Programming Slate at 2016 Digital Content NewFronts." *Time Warner*, May 4. http://www.timewarner.com/newsroom/press-releases/2016/05/05/ellen-degeneres-launches-newdigital-network-and-unveils-first.

Ellison, N. B., C. Lampe, C. Steinfeld, and J. Vitak. 2010. "With a Little Help from My Friends: How Social Network Sites Affect Social Capital Processes." In *A Networked Self: Identity, Community and Culture on Social Network Sites*, edited by Z. Papacharissi, 124–143. New York: Routledge.

Escoffery, David S., ed. 2006. *How Real Is Reality TV? Essays on Representation and Truth*. Jefferson, NC: McFarland & Company.

Evans, David, and Wokje Abrahamse. 2009. "Beyond Rhetoric: The Possibilities of and for 'Sustainable Lifestyles'." *Environmental Politics* 18 (4): 486–502.

Fahy, Ben. 2015. "Puns of Steel: Wells Gets His Kit off in Latest Meridian Promotion." *Stop*

Press NZ: Marketing, Advertising & Media Intelligence, May 4. http://stoppress.co.nz/news/puns-steel-wells-gets-his-kit-latestmeridian-promotion.

Fearnley-Whittingstall, Hugh. 2006. "Getting Fired—The Best Thing to Happen to Me." *The Guardian*, September 30. https://www.theguardian.com/lifeandstyle/2006/sep/30/features.weekend.

Featherstone, Mike. 1991. *Consumer Culture and Postmodernism*. London: Sage.

Felski, Rita. 1999/2000. "The Invention of Everyday Life." *New Formations* 39: 15–31.

Felski, Rita. 2002. "Introduction." *New Literary History* 33: 607–622.

Fish, Robert. 2005. "Countryside Formats and Ordinary Lifestyles." In *Ordinary Lifestyles: Popular Media, Consumption and Taste*, edited by David Bell and Joanne Hollows, 158–169. Maidenhead: Open University Press.

Forno, Francesca, and Paolo R. Graziano. 2014. "Sustainable Community Movement Organisations." *Journal of Consumer Culture* 14 (2): 139–157.

Foucault, Michel. 1982. "The Subject and Power." *Critical Inquiry* 8 (4): 777–795.

Foucault, Michel. 1988. "Technologies of the Self." In *Technologies of the Self: A Seminar with Michel Foucault*, edited by Luther H. Martin, Hugh Gutman, and Patrick H. Hutton, 16–49. Amherst: The University of Massachusetts Press.

Foucault, Michel. 1991. "Governmentality." In *The Foucault Effect: Studies in Governmentality*, edited by Graham Burchell, Colin Gordon, and Peter Miller, 87–104. Chicago: University of Chicago Press.

Fowler III, Aubrey R., and Angeline G. Close. 2012. "It Ain't Easy Being Green: Macro, Meso, and Micro Green Advertising Agendas." *Journal of Advertising* 41 (4): 119–132.

Fürsich, Elfriede. 2013. "Lifestyle Journalism as Popular Journalism: Strategies for Evaluating Its Public Role." In *Lifestyle Journalism*, edited by Folker Hanusch, 11–24. Oxford: Routledge.

Gaard, Greta. 2015. "Ecofeminism and Climate Change." *Women's Studies International Forum* 49: 20–33.

Georgalou, Mariza. 2017. *Discourse and Identity on Facebook*. London: Bloomsbury.

Gibson, Chris, Lesley Head, Nick Gill and Gordon Waitt. 2010. "Climate Change and Household Dynamics: Beyond Consumption, Unbounding Sustainability." *Transactions of the*

Institute of British Geographers 36 (1): 3–8.

Giddens, Anthony. 1984. *The Constitution of Society: Outline of the Theory of Structuration.* Cambridge: Polity.

Giddens, Anthony. 1990. *The Consequences of Modernity.* Cambridge: Polity.

Giddens, Anthony. 1991. *Modernity and Self-Identity: Self and Society in the Late Modern Age.* Stanford: Stanford University Press.

Goldenberg, Suzanne. 2014. "Climate Threat Is Here and Now, Says Report." *The Guardian,* May 7, 16.

Goldman, Robert. 1992. *Reading Ads Socially.* London: Routledge.

Goodman, Michael K. 2004. "Reading Fair Trade: Political Ecological Imaginary and the Moral Economy of Fair Trade Foods." *Political Geography* 23: 891–915.

Goodman, Michael K., and Jo Littler. 2013. "Celebrity Ecologies: Introduction." *Celebrity Studies* 4: 269–275.

Gosden, Emily. 2014. "An Inconvenient Truth: Greenpeace Boss Commutes 500 Miles by Air." *The Telegraph,* June 24.

Greenpeace Chief. 2014. "Greenpeace Chief Who Commutes—On a Plane." *The Daily Mail,* June 24.

Gummerus, Johanna, Veronica Liljander, and Reija Sihlman. 2017. "Do Ethical Social Communities Pay Off? An Exploratory Study of the Ability of Facebook Ethical Communities to Strengthen Consumers' Ethical Consumption Behavior." *Journal of Business Ethics* 144: 449–465.

Gunderson, Lance H., and C. S Holling, eds. 2002. *Panarchy: Understanding Transformations in Human and Natural Systems.* Washington, DC: Island Press.

Guthman, Julie. 2003. "Fast Food/Organic Food: Reflexive Tastes and the Making of 'Yuppie Chow'." *Social and Cultural Geography* 4 (1): 45–58.

Guthman, Julie. 2008. "Neoliberalism and the Making of Food Politics in California." *Geoforum* 39: 1171–1183.

Guthman, Julie. 2011. "If They Only Knew: The Unbearable Whiteness of Alternative Food." In *Cultivating Food Justice: Race, Class, and Sustainability,* edited by Alison Hope Alkon and Julian Agyeman, 263–281. Cambridge, MA: MIT Press.

Haenfler, Ross, Brett Johnson, and Ellis Jones. 2012. "Lifestyle Movements: Exploring the Intersection of Lifestyle and Social Movements." *Social Movement Studies* 11 (1): 1–20.

Hall, Stuart. 1977. "Culture, the Media and the 'Ideological Effect'." In *Mass Communication and Society*, edited by James Curran, Michael Gurevitch and Janet Woollacott, 315–348. London: Edward Arnold.

Haluza-DeLay, Randolph. 2008. "A Theory of Practice for Social Movements: Environmentalism and Ecological Habitus." *Mobilization* 13 (2): 205–218.

Harcup, Tony. 2014. *A Dictionary of Journalism*. Oxford: Oxford University Press.

Hardisty, Paul E. 2010. *Environmental and Economic Sustainability*. Boca Raton, FL: CRC Press.

Hartley, John. 1992. *The Politics of Pictures: The Creation of the Public in the Age of Popular Media*. London: Routledge.

Hartley, John. 1996. *Popular Reality: Journalism, Modernity, Popular Culture*. London: Arnold.

Hartley, John. 1999. *Uses of Television*. London: Routledge.

Hartmann, Patrick, and Vanessa Apaolaza-Ibàñez. 2009. "Green Advertising Revisited: Conditioning Virtual Nature Experiences." *Journal of Advertising* 28 (4): 715–739.

Hawkes, Steve. 2014. "Fracking UK." *The Sun*, May 8.

Hawkins, Roberta, and Jennifer J. Silver. 2017. "From Selfie to #sealfie: Nature 2.0 and the Digital Cultural Politics of an Internationally Contested Resource." *Geoforum* 79: 114–123.

Heller, Dana, ed. 2007. *Makeover Television: Realities Remodelled*. London: I.B. Tauris.

Highmore, Ben. 2002. *Everyday Life and Cultural Theory: An Introduction*. London: Routledge.

Hill, Annette. 2005. *Reality TV: Audiences and Popular Factual Television*. Oxford: Routledge.

Hobsbawm, Julia, and John Lloyd. 2008. *The Power of the Commentariat*. London: Editorial Intelligence and Reuters Foundation.

Hobson, Kersty. 2011. "Environmental Politics, Green Governmentality and the Possibility of a 'Creative Grammar' for Domestic Sustainable Consumption." In *Material Geographies of Household Sustainability*, edited by Ruth Lane and Andrew Gorman-Murray, 193–210. Farnham: Ashgate.

Hollows, Joanne. 2003. "Feeling Like a Domestic Goddess: Postfeminism and Cooking."

European Journal of Cultural Studies 6 (2): 179–202.

Hollows, Joanne, and Steve Jones. 2010. "'At Least He's Doing Something': Moral Entrepreneurship and Individual Responsibility in *Jamie's Ministry of Food*." *European Journal of Cultural Studies* 13 (3): 307–322.

Holmes, Tim, ed. 2008. *Mapping the Magazine: Comparative Studies in Magazine Journalism*. London: Routledge.

Holmes, Tim, and Liz Nice. 2012. *Magazine Journalism*. Los Angeles: Sage.

Holt, Douglas. 1997. "Distinction in America? Recovering Bourdieu's Theory of Taste from Its Critics." *Poetics* 25: 93–120.

Holt, Douglas. 1998. "Does Culture Capital Structure American Consumption?" *Journal of Consumer Research* 25: 1–25.

Holzer, Boris, and Mads P. SØrensen. 2003. "Rethinking Subpolitics: Beyond the 'Iron Cage' of Modern Politics?" *Theory, Culture & Society* 20 (2): 79–102.

Hopkinson, Amanda. 2005. "Colour Supplements, Newspaper." In *The Oxford Companion to the Photograph*, edited by Robin Lenman. Oxford: Oxford University Press.

Hopkinson, Gillian C., and James Cronin. 2015. "'When People Take Action...' Mainstreaming Malcontent and the Role of the Celebrity Institutional Entrepreneur." *Journal of Marketing Management* 31 (13–14): 1383–1402.

Houston, Melinda. 2012. "House Proud." *The Sydney Morning Herald*, September 3. https://www.smh.com.au/entertainment/tv-and-radio/house-proud-20120831-253yg.html.

Hudson, Wayne. 2000. "Differential Citizenship." In *Rethinking Australian Citizenship*, edited by Wayne Hudson and John Kane, 15–25, Cambridge: Cambridge University Press.

Humphery, Kim. 2010. *Excess: Anti-consumerism in the West*. Cambridge: Polity.

Humphery, Kim. 2011. "The Simple and the Good: Ethical Consumption as Anti-consumerism." In *Ethical Consumption: A Critical Introduction*, edited by Tania Lewis and Emily Potter, 40–53. London: Routledge.

Hunter, Ian. 1993. "Subjectivity and Government." *Economy and Society* 22 (1): 123–134.

Hunter, Robert. 1971. *The Storming of the Mind*. Garden City, NY: Doubleday.

Husni, Samir A. 1987. "Newspapers' Sunday Supplements: Rocky Present, Bright Future?"

Newspaper Research Journal 8 (2): 15–21.

Inda, Jonathan Xavier, and Renato Rosaldo. 2002. "Introduction: A World in Motion." In *The Anthropology of Globalization: A Reader*, edited by Jonathan Xavier Inda and Renato Rosaldo, 1–34. Malden, MA: Blackwell.

Jackson, Peter, Philip Crang, and Claire Dwyer. 2004. "Introduction: The Spaces of Transnationality." In *Transnational Spaces*, edited by Peter Jackson, Philip Crang, and Claire Dwyer, 1–23. London: outledge.

Johns, Nikara. 2017. "The Ellen Effect." *Footwear News*, May 29.

Johnson, Niall. 2015. "Hugh's Waste Crusade Increases by 38% in One Week on BBC One." *Mediatel Newsline*, November 10. http://mediatel.co.uk/newsline/2015/11/10/hughs-waste-crusade-increases-by-38-in-oneweek-on-bbc-one/.

Johnston, Josée. 2008. "The Citizen-Consumer Hybrid: Ideological Tensions and the Case of Whole Foods Market." *Theory and Society* 37 (3): 229–270.

Johnston, Josée, Alexandra Rodney, and Phillipa Chong. 2014. "Making Change in the Kitchen? A Study of Celebrity Cookbooks, Culinary Personas, and Inequality." *Poetics* 47: 1–22.

Johnston, Josée, Michelle Szabo, and Alexandra Rodney. 2011. "Good Food, Good People: Understanding the Cultural Repertoire of Ethical Eating." *Journal of Consumer Culture* 11 (3): 293–318.

Jones, Meredith. 2008. *Skintight: An Anatomy of Cosmetic Surgery*. Oxford: Berg.

Juris, Jeffrey S. 2004. "Networked Social Movements: Global Movements for Global Justice." In *The Network Society: A Cross-Cultural Perspective*, edited by Manuel Castells, 341–362. Cheltenham: Edward Elgar.

Kavka, Misha. 2008. *Reality Television, Affect and Intimacy: Reality Matters*. Houndsmills: Palgrave Macmillan.

Kristensen, Nete NØrgaard, and Unni From. 2013. "Lifestyle Journalism: Blurring Boundaries." In *Lifestyle Journalism*, edited by Folker Hanusch, 25–40. Oxford: Routledge.

Landzelius, Kyra, ed. 2006. *Native on the Net: Indigenous and Diasporic Peoples in the Virtual Age.* New York: Routledge.

Lane, Ruth, and Andrew Gorman-Murray, eds. 2011. *Material Geographies of Household*

Sustainability. Farnham: Ashgate.

Latour, Bruno. 1993. *We Have Never Been Modern.* Cambridge, Mass: Harvard University Press.

Latour, Bruno. 2004. *Politics of Nature: How to Bring the Sciences into Democracy.* Translated by Catherine Porter. Harvard: Harvard University Press.

Latour, Bruno. 2005. *Reassembling the Social.* Oxford: Oxford University Press.

Law, John. 2003. *Notes on the Theory of the Actor Network: Ordering, Strategy and Heterogeneity.* http://www.comp.lancs.ac.uk/sociology/papers/Law-Notes-on-ANT.pdf.

Law, John. 2009. "Actor Network Theory and Material Semiotics." In *Social Theory*, edited by Bryan Turner, 141–158. Malden, MA: Wiley-Blackwell.

Lawless, Greenpeace Activists. 2013. "Lawless, Greenpeace Activists Sentenced. *Stuff*, February 7. http://www.stuff.co.nz/national/crime/8273450/Lawless-Greenpeace-activists-sentenced.

Lea, Robert. 2014. "Nimbys Refuse to Believe Leaders When It Comes to Building in Their Back Yard." *The Times*, April 14.

Lefebvre, Henri. 1984. *Everyday Life in the Modern World.* Translated by Sacha Rabinovitch. New Brunswick: Transaction Publishers.

Lefebvre, Henri. 1987. "The Everyday and Everydayness." *Yale French Studies* 73: 7–11.

Lefebvre, Henri. 1988. "Towards a Leftist Cultural Politics." In *Marxism and the Interpretation of Culture*, edited by Cary Nelson and Lawrence Grossberg, 75–88. Chicago: University of Illinois Press.

Lehman-Wilzig, Sam N., and Michal Seletzky. 2010. "Hard News, Soft News, 'General' News: The Necessity and Utility of an Intermediate Classification." *Journalism* 11: 37–56.

Leiss, William, Stephen Kline, Sut Jhally, and Jacqueline Botterill. 2005. *Social Communication in Advertising: Consumption in the Mediated Marketplace.* 3rd edition. New York: Routledge.

Lester, Libby, and Brett Hutchins. 2009. "Power Games: Environmental Protest, News Media and the Internet." *Media, Culture & Society*, 31 (4): 579–595.

Lewis, Justin, Andrew Williams, and Bob Franklin. 2008. "Four Rumours and an

Explanation." *Journalism Practice* 2 (1): 27–45.

Lewis, Tania. 2008. *Smart Living: Lifestyle Media and Popular Expertise*. New York: Peter Lang.

Lewis, Tania, and Alison Huber. 2015. "A Revolution in an Eggcup? Supermarket Wars, Celebrity Chefs and Ethical Consumption." *Food, Culture & Society* 18: 289–307.

Lewis, Tania, and Fran Martin, eds. 2016. *Lifestyle Media in Asia: Consumption, Aspiration and Identity*. London: Routledge.

Littler, Jo. 2009. *Radical Consumption: Shopping for Change in Contemporary Culture*. Maidenhead: Open University Press.

Littler, Jo. 2011. "What's Wrong with Ethical Consumption?" In *Ethical Consumption: A Critical Introduction*, edited by Tania Lewis and Emily Potter, 27–39. Oxford: Routledge.

Lonsdale, Sarah. 2012a. "Green living: Eco-renovating a Period Property." *The Telegraph*, July 10. http://www.telegraph.co.uk/property/greenproperty/9389621/Green-living-eco-renovating-a-period-property.html.

Lonsdale, Sarah. 2012b. "Eco Living: Trying Out the Green Deal." *The Telegraph*, July 5. http://www.telegraph.co.uk/property/greenproperty/9378560/Eco-livingtrying-out-the-Green-Deal.html.

Lonsdale, Sarah. 2012c. "Green Living: The 'Eco-clicktivists'." *The Telegraph*, May 23. http://www.telegraph.co.uk/property/9284525/Green-living-theeco-clicktivists.html.

Lonsdale, Sarah. 2013. "Eco-living: Working Together for a More Sustainable World." *The Telegraph*, April 30. http://www.telegraph.co.uk/property/greenproperty/10025301/Eco-living-working-together-for-a-more-sustainableworld.html.

Lonsdale, Sarah. 2014. "The Green Deal Is a Mean Deal." *The Sunday Telegraph*, June 15, Life Property.

Lonsdale, Sarah. 2015. Personal communication.

Louw, Eric. 2010. *The Media and Political Process*. 2nd edition. Los Angeles: Sage.

Luke, Timothy W. 1999. "Environmentality as Green Governmentality." In *Discourses of the Environment*, edited by éric Darier, 121–151. Oxford: Blackwell.

Machin, David, and Theo van Leeuwen. 2007. *Global Media Discourse: A Critical Introduction*.

London: Routledge.

Macnaghten, Phil. 2006. "Environment and Risk." In *Beyond the Risk Society: Critical Reflections on Risk and Human Security*, edited by G. Mythen and S. Walklate, 132–146. Maidenhead: Open University Press.

Macnaghten, Phil, and John Urry. 1998. *Contested Natures*. London: Sage.

Magee, Richard M. 2007. Food Puritanism and Food Pornography: The Gourmet Semiotics of Martha and Nigella. *Americana: The Journal of American Popular Culture* 6 (2). http://www.americanpopularculture.com/journal/articles/fall_2007/magee.

Makower, Joel. 2010. "Is TerraChoice Greenwashing?" *GreenBiz*, November 1. https://www.greenbiz.com/blog/2010/11/01/terrachoice-greenwashing.

Marichal, Jose. 2016. *Facebook Democracy: The Architecture of Disclosure and the Threat to Public Life*. London: Routledge.

Marshall, P. David. 1997. *Celebrity and Power: Fame in Contemporary Culture*. Minneapolis: University of Minnesota Press.

Marshall, P. David. 2013. "Personifying agency: The Public–Persona–Place–Issue Continuum." *Celebrity Studies* 4: 369–371.

Marshall, P. David. 2014. "Persona Studies: Mapping the Proliferation of the Public Self." *Journalism* 15 (2): 153–170.

Marshall, T. H. 1963. *Sociology at the Crossroads and Other Essays*. London: Heinemann.

Massey, Doreen. 1994. *Space, Place and Gender*. Cambridge: Polity.

Massey, Doreen. 1995. "Places and Their Pasts." *History Workshop Journal* 39: 182–192.

McKee, Alan. 2003. *Textual Analysis: A Beginner's Guide*. London: Sage.

McKee, Alan. 2012. "The Aesthetic System of Entertainment." In *Entertainment Industries: Entertainment as a Cultural System*, edited by Alan McKee, Christy Collis, and Ben Hamley, 9–20. London: Routledge.

McNair, Brian. 2000. *Journalism and Democracy: An Evaluation of the Political Public Sphere*. London: Routledge.

McNair, Brian. 2008. "I, Columnist." In *Pulling Newspapers Apart: Analysing Print Journalism*, edited by Bob Franklin, 112–120. London: Routledge.

McQuail, Denis. 1991. *Mass Communication Theory: An Introduction*. London: Sage.

Medhurst, Andy. 1999. "Day for Night." *Sight and Sound* 9 (6): 26–27.

Meikle, Graham. 2016. *Social Media: Communication, Sharing and Visibility*. London: Routledge.

Meinzen-Dick, Ruth, Chiara Kovarik, and Agnes R. Quisumbing. 2014. "Gender and Sustainability." *Annual Review of Environment and Resources* 39: 29–55.

Mendick, Robert. 2014. "Lifestyle to Blame for Our Climate Catastrophe." *The Sunday Telegraph*, March 30.

Mentz, Steve. 2012. "After Sustainability." *PMLA* 127 (3): 586–592.

Middlemiss, Lucie. 2011. "The Power of Community: How Community-Based Organizations Stimulate Sustainable Lifestyles Among Participants." *Society & Natural Resources* 24: 1157–1173.

Miller, Daniel. 1987. *Material Culture and Mass Consumption*. Oxford: Basil Blackwell.

Miller, Daniel. 1995. *Acknowledging Consumption*. London: Routledge.

Miller, Toby. 2006. *Cultural Citizenship*. Philadelphia, PA: Temple University Press.

Miller, Toby. 2013. "Why Coldplay Sucks." *Celebrity Studies* 4: 372–376.

Milne, Markus J., Kate Kearins, and Sarah Walton. 2006. "Creating Adventures in Wonderland: The Journey Metaphor and Environmental Sustainability." *Organization* 13 (6): 801–839.

Ministry for the Environment. 2007. Talk Sustainability. Issue 4. http://www.mfe.govt.nz/publications/sus-dev/talk-sustainability.

Morley, David. 2000. *Home Territories: Media, Mobility and Identity*. London: Routledge.

Morozov, Evgeny. 2009. "The Brave New World of Slacktivism." *Foreign Policy*, May 19.

Morse, Margaret. 1998. *Virtualities: Television, Media Art and Cyberculture*. Bloomington and Indianapolis: Indiana University Press.

Morse, Stephen. 2010. *Sustainability: A Biological Perspective*. Cambridge: Cambridge University Press.

Morton, Timothy. 2010. *The Ecological Thought*. Cambridge, MA: Harvard University Press.

Murdoch, Jonathan. 1998. "The Spaces of Actor-Network Theory." *Geoforum* 29 (4): 357–374.

Murdoch, Jonathan. 2006. *Post-Structuralist Geography*. London: Sage.

Murdock, Graham, and Peter Golding. 1974. "For a Political Economy of Mass Communications." *Socialist Register* 10: 205–234.

Naess, Arne. 1973. "The Shallow and the Deep, Long-Range Ecology Movement. A Summary." *Inquiry* 16: 95–100.

Neumayer, Eric. 2010. *Weak Versus Strong Sustainability: Exploring the Limits of Two Opposing Paradigms*. 3rd edition. Cheltenham: Edward Elgar.

New Zealand Heads. 2016. "New Zealand Heads Towards 90% Renewable Generation." *Scoop*, August 9. http://www.scoop.co.nz/stories/BU1608/S00257/new-zealand-heads-towards-90-renewable-generation.html.

Niezen, Ronald. 2009. *The Rediscovered Self: Indigenous Identity and Cultural Justice*. Montreal: McGill-Queen's University Press.

Nimmo, Dan D., and James E. Combs. 1992. *Political Pundits*. New York: Praeger.

O'Sullivan, Tim, John Hartley, Danny Saunders, Martin Montgomery, and John Fiske. 1994. *Key Concepts in Communication and Cultural Studies*. 2nd edition. London: Routledge.

Ouellette, Laurie, and James Hay. 2008. *Better Living Through Reality TV*. Oxford: Blackwell.

Oxlade, Andrew. 2014. "Why Did We All Give a Red Light to the Green Deal?" *The Sunday Telegraph*, May 25.

Park, Namsu, Kerk F. Kee, and Sebastián Valenzuela. 2009. "Being Immersed in Social Networking Environment: Facebook Groups, Uses and Gratifications, and Social Outcomes." *CyberPsychology and Behavior* 12 (6): 729–733.

Parkins, Wendy. 2016. "Silkworms and Shipwrecks: Sustainability in *Dombey and Son*." *Victorian Literature and Culture* 44: 455–471.

Parkins, Wendy, and Geoffrey Craig. 2006. *Slow Living*. Oxford: Berg.

Parkins, Wendy, and Geoffrey Craig. 2009. "Culture and the Politics of Alternative Food Networks." *Food, Culture & Society* 12 (1): 77–103.

Parkins, Wendy, and Geoffrey Craig. 2011. "Slow Living and the Temporalities of Sustainable Consumption." In *Ethical Consumption: A Critical Introduction*, edited by Tania Lewis and Emily Potter, 189–201. London: Routledge.

Peters, Michael Derek, Philip Sinclair, and Shane Fudge. 2012. "The Potential for Community Groups to Promote Sustainable Living." *The International Journal of Interdisciplinary Social Sciences* 6 (8): 35–53.

Petray, Theresa-Lynn. 2011. "Protest 2.0: Online Interactions and Aboriginal Activists." *Media, Culture & Society* 33 (6): 923–940.

Phau, Ian, and Denise Ong. 2007. "An Investigation of the Effects of Environmental Claims in Promotional Messages for Clothing Brands." *Marketing Intelligence and Planning* 25: 772–788.

Phillips, Angela. 2008. "Advice Columnists." In *Pulling Newspapers Apart: Analysing Print Journalism*, edited by Bob Franklin, 102–111. London: Routledge.

Pickerill, Jenny. 2001. "Environmental Internet Activism in Britain." *Peace Review* 13: 365–370.

Piper, Nick. 2015. "Jamie Oliver and Cultural Intermediation." *Food, Culture & Society* 18 (2): 245–264.

Prakash, Aseem. 2002. "Green Marketing, Public Policy and Managerial Strategies." *Business Strategy and the Environment* 11 (5): 285–297.

Prins, Harald E. L. 2002. "Visual Media and the Primitivist Perplex: Colonial Fantasies, Indigenous Imagination, and Advocacy in North America." In *Media Worlds: Anthropology on New Terrain*, edited by Faye D. Ginsburg, Lila Abu-Lughod, and Brian Larkin, 58–74. Berkeley, CA: University of California Press.

Raisborough, Jayne. 2011. *Lifestyle Media and the Formation of the Self.* Basingstoke: Palgrave Macmillan.

Ratto, Matt, and Megan Boler. 2014. "Introduction." In *DIY Citizenship: Critical Making and Social Media*, edited by Matt Ratto and Megan Boler, 1–22, Cambridge, MA: MIT Press.

Raynauld, Vincent, Emmanuelle Richez, and Katie Boudreau Morris. 2018. "Canada is #IdleNoMore: Exploring Dynamics of Indigenous Political and Civic Protest in the Twitterverse." *Information, Communication & Society* 21 (4): 626–642.

Record First Half. 2016. "Record First Half Keeps UK Adspend Resilient." http://adassoc.org.uk/news/record-first-half-keeps-uk-adspend-resilient/.

Reid, Louise, Philip Sutton, and Colin Hunter. 2010. "Theorizing the Meso Level: The

Household as a Crucible of Pro-environmental Behaviour." *Progress in Human Geography* 34: 309–327.

Renton, Alex. 2014. "How Climate Change Will Wipe Out Coffee Crops—And Farmers." *The Guardian*, March 30. http://www.theguardian.com/environment/2014/mar/30/latin-america-climate-change-coffee-crops-rust-fungusthreat-hemileaia-vastatrix.

Rogers, Kathleen, and Willow Scobie. 2015. "Sealfies, Seals and Celebs: Expressions of Inuit Resilience in the Twitter Era." *Interface: A Journal for and About Social Movements* 7 (1): 70–97.

Rose, David. 2014. "BBC Spends £500k to Ask 33,000 Asians 5,000 miles from UK What They Think of Climate Change." *The Daily Mail*, June 29.

Rose, Nikolas. 1999. *Powers of Freedom: Reframing Political Thought*. Cambridge: Cambridge University Press.

Rose, Nikolas, and Peter Miller. 1992. "Political Power Beyond the State: Problematics of Government." *British Journal of Sociology* 43 (2): 173–205.

Rutherford, Stephanie. 2007. "Green Governmentality: Insights and Opportunities in the Study of Nature's Rule." *Progress in Human Geography* 31 (3): 291–307.

Scannell, Paddy. 1996. *Radio, Television and Modern Public Life*. London: Sage.

Scholes, Lucy. 2011. "A Slave to the Stove? The TV Celebrity Chef Abandons the Kitchen: Lifestyle TV, Domesticity and Gender." *Critical Quarterly* 53 (3): 44–59.

Schor, Juliet B., and Craig J. Thompson, eds. 2014. *Sustainable Lifestyles and the Quest for Plenitude: Case Studies of the New Economy*. New Haven: Yale University Press.

Schudson, Michael. 1999. *The Good Citizen: A History of American Civic Life*. Cambridge, MA: Harvard University Press.

Sealer Boycotting Ellen. 2014. "Sealer Boycotting Ellen DeGeneres Show over Oscars Selfie." *CBC News*, March 13. http://www.cbc.ca/news/canada/newfoundland-labrador/sealer-boycotting-ellen-degeneres-show-over-oscars-selfie-1.2571169.

Sheehan, Kim, and Lucy Atkinson. 2012. "Special Issue on Green Advertising." *Journal of Advertising* 41 (4): 5–7.

Sheppard, Kate. 2013. "The Heat Is on as the New York Times Closes Its Environment Desk." *The Guardian*, January 14. https://www.theguardian.com/commentisfree/2013/jan/14/new-yorktimesenvironment-climate-change.

Siegle, Lucy. 2012a. "Ethical Living: How Can I Become More Self-Sufficient?" *The Guardian*, August 12. http://www.guardian.co.uk/environment/2012/aug/12/ethical-living-lucy-siegle-self-sufficient-home.

Siegle, Lucy. 2012b. "Ethical Living: Should I Swap My Bank?" *The Guardian*, July 29. http://www.guardian.co.uk/environment/2012/jul/29/lucy-siegleethical-living-banking.

Siegle, Lucy. 2012c. "Ethical Living: It Is Right to Give a Dam?" *The Guardian*, July 22. http://www.guardian.co.uk/environment/2012/jul/22/lucy-sieglebelo-monte-dam.

Siegle, Lucy. 2012d. "Ethical Living: Is It OK to Buy from Pound Shops?" *The Guardian*, July 15. http://www.guardian.co.uk/environment/2012/jul/15/lucy-siegle-pound-shops-discount.

Siegle, Lucy. 2017a. "The Eco Guide to Electric Vehicle Hype." *The Guardian*, August 20. https://www.theguardian.com/environment/2017/aug/20/the-eco-guideto-electric-vehicle-hype.

Siegle, Lucy. 2017b. "The Eco Guide to Cleaning Products." *The Guardian*, September 24. https://www.theguardian.com/environment/2017/sep/24/the-eco-guide-to-cleaning-products.

Siegle, Lucy. 2017c. "The Eco Guide to Christmas Trees." *The Guardian*, December 10. https://www.theguardian.com/environment/2017/dec/10/the-eco-guide-to-christmas-trees.

Seigle, Lucy. 2017d. "The Eco Guide to Using Your Money." *The Guardian*, November 11. https://www.theguardian.com/environment/2017/nov/11/the-eco-guide-to-using-your-money.

Siegle, Lucy. 2017e. "The Eco Guide to Big Ethics." *The Guardian*, November 5. https://www.theguardian.com/environment/2017/nov/05/the-eco-guideto-big-ethics.

Siegle, Lucy. 2017f. "The Eco Guide to the Cod Bounceback." *The Guardian*, November 19. https://www.theguardian.com/environment/2017/nov/19/the-eco-guide-to-the-cod-bounceback.

Siegle, Lucy. 2017g. "The Eco Guide to Zero Wasters." *The Guardian*, August 27. https://www.theguardian.com/environment/2017/aug/27/the-eco-guide-to-zero-wasters.

Siegle, Lucy. 2017h. "The Eco Guide to Not Buying Stuff." *The Guardian*. December 17. https://www.theguardian.com/environment/2017/dec/17/the-eco-guide-to-not-buying-stuff.

Siegle, Lucy. 2017i. "The Eco Guide to New Mindful Activism." *The Guardian*, October 22. https://www.theguardian.com/environment/2017/oct/22/the-eco-guide-to-the-new-mindful-activism.

Sobel, Michael E. 1981. *Lifestyle and Social Structure: Concepts, Definitions, Analyses*. New York: Academic Press.

Spaargarten, Gert. 2003. "Sustainable Consumption: A Theoretical and Environmental Policy Perspective." *Society and Natural Resources* 16: 687–701.

Spaargarten, Gert, and Bas Van Vliet. 2000. "Lifestyles, Consumption and the Environment: The Ecological Modernization of Domestic Consumption." *Environmental Politics* 9 (1): 50–76.

Spencer, Ben, and Tamara Cohen. 2014. "South's Oil and Gas Boom Is a Big Myth." *The Daily Mail*, May 24.

Statista. 2018. "Number of Monthly Active Facebook Users Worldwide as of 4th Quarter 2017 (in millions)." https://www.statista.com/statistics/264810/number-of-monthly-active-facebook-users-worldwide/.

Stern, Claire. 2016. "13 Eco-friendly Celebrities You Need to Follow on Twitter." *InStyle*, April 20. https://www.instyle.com/celebrity/eco-friendly-celebrities-to-follow-twitter.

Taylor, Lisa. 2002. "From Ways of Life to Lifestyle: The 'Ordinari-ization' of British Gardening Lifestyle Television." *European Journal of Communication* 17 (4): 479–493.

Thiele, Leslie Paul. 2011. *Indra's Net and the Midas Touch: Living Sustainably in a Connected World*. Cambridge, MA: The MIT Press.

Thiele, Leslie Paul. 2016. *Sustainability*. Cambridge: Polity.

ThØgersen, John. 2005. "How May Consumer Policy Empower Consumers for Sustainable Lifestyles?" *Journal of Consumer Policy* 28: 143–178.

Thompson, John. 1995. *The Media and Modernity: A Social Theory of the Media.* Cambridge: Polity.

Thrall, A. Trevor, Jaime Lollio-Fakhreddine, Jon Berent, Lana Donnelly, Wes Herrin, Zachary Paquette, Rebecca Wenglinski, and Amy Wyatt. 2008. "Star Power: Celebrity Advocacy and the Evolution of the Public Sphere." *International Journal of Press/Politics* 13: 362–385.

Tomlinson, John. 1999. *Globalization and Culture*. Cambridge: Polity.

Tönnies, Ferdinand. 1887. *Community and Society*. Translated by Charles Loomis. Mineola, NY: Dover, 2002.

Topham, Gwyn, and Kim Willsher. 2014. "Tycoon Vincent Bolloré to Back London Electric

Car Hire Scheme." *The Guardian*, March 12. http://www.theguardian.com/uk-news/2014/mar/12/vincent-bollorelondon-electric-car-hire-scheme.

Turnbull, Tony. 2014. "The End of Our Love Affair with Farmers' Markets." *The Times*, June 24, times2.

Turner, Graeme. 2004. *Understanding Celebrity*. London: Sage.

Turner, Graeme, and Jinna Tay, eds. 2009. *Television Studies After Television: Understanding Television in the Post Broadcast Era*. London: Routledge.

Turner, Janice. 2006. "The Subtle Distinction of the New Monthly Weekly?" *Press Gazette*, March 23.

Turow, Joseph. 2011. *The Daily You: How the New Advertising Industry Is Defining Your Identity and Your Worth*. New Haven: Yale University Press.

United Nations. 2019. Sustainable Development Goals. https://www.un.org/sustainabledevelopment/.

United Nations Development Programme. 2011. Human Development Report 2011. Sustainability and Equity: A Better Future for All. http://hdr.undp.org/sites/default/files/hdr_2011_en_summary.pdf.

US Advertising Industry. 2017. "U.S. Advertising Industry—Statistics & Facts." https://www.statista.com/topics/979/advertising-in-the-us/.

van Krieken, Robert. 2012. *Celebrity Society*. London: Routledge.

van Leeuwen, Theo. 2001. "What Is Authenticity?" *Discourse Studies* 3: 392–397.

Van Zoonen, Lisbet. 1998. "One of the Girls? The Changing Gender of Journalism." In *News, Gender and Power*, edited by Cindy Carter, G. Branston, and Stuart Allan, 33–46. New York: Routledge.

Van Zoonen, Lisbet. 2005. *Entertaining the Citizen: When Politics and Popular Culture Converge*. Lanham, MD: Rowman & Littlefield.

Vegh, Sandor. 2003. "Classifying Forms of Online Activism: The Case of Cyberprotests Against the World Bank." In *Cyberactivism: Online Activism in Theory and Practice*, edited by M. McCaughey and M. D. Ayers, 71–95. New York: Routledge.

Wainwright, Joel. 2005. "Politics of Nature: A Review of Three Recent Works by Bruno

Latour." *Capitalism Nature Socialism* 16 (1): 115–122.

Waitt, Gordon, Peter Caputi, Chris Gibson, Carol Farbotko, Lesley Head, Nick Gill, and Elyse Stanes. 2012. "Sustainable Household Capability: Which Households Are Doing the Work of Environmental Sustainability?" *Australian Geographer* 43 (1): 51–74.

Webster, Ben. 2014a. "Greenpeace Chief Travels to the Office by Plane." *The Times*, June 24.

Webster, Ben. 2014b. "Greenpeace Chief Approved £15,000 Commuter Flights." *The Times*, June 25.

Webster, Ben. 2014c. "Crying Wolf Over Climate Harms Trust." *The Times*, June 24.

Wernick, Andrew. 1991. *Promotional Culture: Advertising, Ideology and Symbolic Expression.* London: Sage.

Whatmore, Sarah, and Lorraine Thorne. 1997. "Nourishing Networks: Alternative Geographies of Food." In *Globalizing Food*, edited by David Goodman and Michael J. Watts, 287–304. London: Routledge.

Wheeler, Mark. 2013. *Celebrity Politics: Image and Identity in Contemporary Political Communications.* Cambridge: Polity.

Williams, Kevin. 2010. *Read All About It! A History of the British Newspaper.* London: Routledge.

Williamson, Judith. 1995. *Decoding Advertisements: Ideology and Meaning in Advertising.* London: Marion Boyars.

Winch, Jessica. 2014. "Is the Green Deal Really Such a Bargain?" *The Telegraph*, May 29.

Wood, Gillen D'Arcy. 2011. "What Is Sustainability Studies?" *American Literary History* 24 (1): 1–15.

Wood, Helen, and Beverley Skeggs. 2011. "Reacting to Reality TV: The Affective Economy of an 'Extended Social/Public Realm'." In *The Politics of Reality Television: Global Perspectives*, edited by Marwan M. Kraidy and Katherine Sender, 93–106. London: Routledge.

Young, Iris Marion. 1990. "The Ideal of Community and the Politics of Difference." In *Feminism/Postmodernism*, edited by L. J. Nicholson, 300–323. New York: Routledge.

Young, Iris Marion. 1997. "House and Home: Feminist Variations on a Theme." In *Intersecting Voices: Dilemmas of Gender, Political Philosophy and Policy*. Princeton: Princeton University Press.

译后记

　　《媒体、可持续与日常生活》是传播学界探讨可持续日常生活的优秀作品，其作者杰弗里·克雷格曾任路透社记者，现任教于奥克兰理工大学，担任该校传播学院的研究主管，并兼任多家期刊的编委，如《传播杂志》和《环境传播》。克雷格的系列研究成果均与新闻、政治传播、环境传播、生活方式等主题相关。译者翻译的这部出版于 2019 年的作品，对求解当今世界的可持续问题有着丰富的启示，其价值至少体现在四个方面。

　　第一，克雷格基于万物互联的理念，指出了媒体、可持续与日常生活之间的复杂关联性。

　　万物互联是生态学的第一定律。在克雷格看来，媒体、可持续与日常生活之间的交叠彰显了万物互联的原则，而这种交叠源于日常生活的世俗性、多孔性和建构性。就世俗性而言，日常生活由烹饪、清洁、园艺、睡觉和社交等日常实践组成，种种常规性的实践不仅表明了个人的生态意识，而且个人可持续实践的累积终将对整个社会产生实质性影响。就多孔性而言，日常生活虽然发生在私人的家庭领域，但种种实践无不深受外部世界的影响和渗透。例如，媒体对可持续的表征和传播对我们日常生活的影响可谓是无孔不入。就建构性而言，日常生活的可持续与媒体的权力息息相关，一方面，媒体是借助叙事和图像以形象化可持续的重要场所，可以再现我们的可持续日常实践；另一方面，媒体能够在很大程度上调节我们的日常生活，引导我们走向对环境更为友好的生活方式。

第二，克雷格接续了行动者网络理论，探讨了可持续的网络化基础。

行动者网络理论拓展了万物互联原则，强调行动者的异质性和物质行为体的转译功能，认为社会并非单一的、封闭的实体，而是一个动态的网络化组合。克雷格继承了该理论的基本论点，将可持续假定为物质网络和符号网络的复杂组合，而这种假定之所以得以突显，主要是因为其所剖析的可持续新闻故事具现了实践、对象和关系的构成性特征：从商品在消费社会的完时化过程，到各类媒体对可持续日常实践的不同转译方式；从传统大众媒体教育受众的功能，到新兴社交媒体"教育＋娱乐"合二为一的导向；从全球性食品公司与地方、人工制品、代码、生物体之间错综复杂的交织，到个人日常可持续生活中物质和符号网络的共存，莫不如此。在此基础上，克雷格指出，个人、技术、媒体、实践、物体等行动者的有机聚合，可以架构个人及社会的可持续方式。

第三，克雷格通过对媒体真实案例的分析，实证了新自由主义治理意义上可持续主体身份的形成方式。

福柯的权力和治理术研究，一方面表明权力在很大程度上是通过个人的自由来发挥作用的，另一方面强调权力也是通过知识的生产形式和专业知识的指导来实现的。基于此，克雷格在认可媒体权力的基础上，探讨可持续的公共话语基础，从英国保守大报的可持续报道，到真人秀电视节目惯用的苛评，再到地方可持续组织在社交媒体上表达的情感支持，解读不同类型的媒体如何表征个人"自由"选择可持续生活轨迹的方式，并将其转译为可以证明和展示道德与政治基础、且可以有效促进个人可持续实践的专业语言。如此，种种不同类型的媒体表征和传播，累积而成一种特定的技术或实现方式，引导人们进入可持续行为模式，培养自我调节的、自律的、理性的、正常的、具有生产力的可持续主体。

第四，克雷格基于不同团体对可持续的援用，梳理了可持续与可持续发展的不同内涵。

在克雷格看来，不同社会团体对环境可持续话语的援用具现了两种立场：

改良主义和生态主义。前者主要是出于对经济发展的考虑，多与可持续发展的表达相关，相信通过技术的进步和审慎的经济管理，可以克服环境风险和挑战，而不会对现有的经济结构造成根本性的挑战。后者主要是出于对人类整体状况的考虑，认为可持续不仅意味着当代人之间有效的资源分配，而且意味着未来几代人公平分配资源的机会。在此基础上，克雷格强调可持续的网络基础、未竟事业和未来取向。具言之，可持续不仅仅是一个更健康、更可行的物质环境，而且是一项协作性的传播和社会工作：整合科学知识体系、社会和人际关系，以及讲述其健康、可行性、斗争和乐趣的修辞方式，以生成、监测、调整可持续的不同表现形式。

作为一名话语分析者，译者翻译这部作品，觉得是一个愉快的工作，不但对可持续的内涵有了较深一点的理解，而且比照作者探讨可持续问题的认识论及方法论，译者本人的媒体话语分析实践也得到了许多启发。正如译者同仁们在译后记中所言——"一本书的面世，乃是多人协作的成果"，我想，这种致谢同样具现了万物互联原则和行动者网络理论：从南京师范大学金陵女子学院的精心组织，到南京师范大学出版社的通力合作；从译者的作品选择与几易其稿，到责任编辑李思思的严谨、认真与付出；从作者呕心沥血的创作，到译者如履薄冰的推介。诚望本书的"网络"方法能够给我国学者的研究提供新的启迪，并为探讨并推进我国的可持续实践提供新的支持。